EL PODER
DE LA PRESENCIA

AMY CUDDY

EL PODER
DE LA PRESENCIA

Autoestima, seguridad, poder personal:
utiliza el lenguaje del cuerpo para afrontar
las situaciones más estresantes

URANO
Argentina – Chile – Colombia – España
Estados Unidos – México – Perú – Uruguay – Venezuela

Título original: *Presence - Bringing your boldest self to your biggest challenges*
Editor original: Little, Brown and Company –Hachette Book Group, New York
Traducción: Núria Martí Pérez

A fin de proteger la intimidad de algunas personas la autora ha cambiado sus nombres y rasgos idiosincrásicos. En algunos casos ha combinado en una persona los distintos rasgos de múltiples personas.

La autora agradece el permiso para reproducir un fragmento de "Bright as Yellow" de Karen Peris (vocalista de The Innocence Mission)

Ilustraciones del capítulo 6: cortesía de Nikolaus F.Troje, de Cuddy y Troje (en preparación)

Ilustraciones y gráfico del capítulo 8: cortesía de Dailey Crafton

1.ª edición Octubre 2016

ISBN: 978-84-7953-953-5
E-ISBN: 978-84-16715-11-4
Depósito legal: B-16.447-2016

Fotocomposición: Ediciones Urano, S.A.U.

Impreso por Rodesa, S.A. – Polígono Industrial San Miguel
Parcelas E7-E8 – 31132 Villatuerta (Navarra)

Impreso en España – *Printed in Spain*

Para Jonah y Paul,
los amores de mi vida…
Gracias por recordarme pacientemente, una y otra vez,
que «siga plantada en la tabla de surf»

Índice

Y vives la vida con los brazos abiertos,
mirando a los ojos al hablar,
entrando en las habitaciones gritando de alegría,
feliz del encuentro...
tan tan brillante como el amarillo,
tan cálido como el amarillo.

Karen Peris
(vocalista de The Innocence Mission)

Introducción

Estoy sentada en el café de mi librería preferida de Boston, con el portátil abierto, escribiendo. Hace diez minutos, al pedirle un café y una madalena a la camarera —una joven morena con gafas y amplia sonrisa— se detuvo para decirme en voz baja: «No sabes cuánto significó para mí tu charla TED,[1] hasta qué punto me inspiró. Hace dos años mi profesor la colgó en su página web en una de sus clases. Ahora he solicitado ingresar en la Facultad de Medicina y quiero que sepas que antes de hacer la prueba para entrar en la universidad adopté en el lavabo la postura de Wonder Woman, y eso me ayudó mucho. Aunque no me conozcas, me ayudaste a ver lo que quería hacer con mi vida —estudiar medicina— y a dar los pasos para conseguirlo. Te lo agradezco enormemente».

—¿Cómo te llamas? —le pregunté con lágrimas en los ojos.

—Fetaine —me respondió.

---

1. TED es una organización sin ánimo de lucro dedicada a difundir ideas sobre las que vale la pena hablar. Es muy conocida por su congreso anual y sus charlas dadas en ocasiones por algunos de los pensadores y emprendedores más importantes del mundo, que tratan de gran variedad de temas, como arte y diseño, política, educación, cultura, entretenimiento, desarrollo, problemas mundiales… Un gran número de charlas se pueden descargar de Internet. La sigla TED significa Tecnología, Entretenimiento y Diseño, tres grandes áreas que están dando forma a nuestro futuro. (*N. de la T.*)

Después charlamos diez minutos sobre sus retos del pasado y la nueva ilusión con la que se enfrentaba al futuro.

Cualquier persona que me aborde es única y memorable, pero esta clase de interacción se da mucho más a menudo de lo que me imaginaba: un desconocido me saluda efusivamente, comparte conmigo su historia personal sobre cómo logró salir airoso de una situación difícil y luego me da las gracias por mi pequeño papel en su vida. Se trata de toda clase de personas: mujeres y hombres, ancianos y jóvenes, individuos tímidos y sociables, pobres y ricos. Pero todos ellos se habían sentido inseguros y ansiosos al enfrentarse a situaciones estresantes y descubrieron una forma pasmosamente sencilla de liberarse de aquella sensación, al menos en esos momentos.

En el caso de la mayoría de los autores, primero publican un libro y después surgen las respuestas. Pero en mi caso fue al revés. Primero realicé una serie de experimentos que me llevaron a dar una conferencia en el congreso TED Global en el año 2012. En aquella conferencia hablé de algunos hallazgos fascinantes que yo y otros expertos habíamos hecho sobre cómo el cuerpo influye en el cerebro y en la conducta. (Fue donde describí lo de Wonder Woman en el lavabo que Fetaine me mencionó, más adelante explicaré por qué esta postura aumenta rápidamente la autoconfianza y reduce la ansiedad en situaciones retadoras.) También compartí mi propia lucha con el síndrome del impostor y cómo aprendí a engatusarme a mí misma para sentirme más segura y acabar estándolo. Me referí a este fenómeno como «fingirlo hasta serlo». (Por cierto, en la conferencia apenas planeaba hablar de mi propia lucha, porque no creía que tuviera la audacia de revelar algo tan personal a los cientos de personas del público. ¡Quién lo iba a decir...!) No sabía si la gente se identificaría con esos temas. Pero para mí eran muy importantes. En cuanto el vídeo de mi charla de veintiún minutos apareció en Internet, empecé a oír hablar de gente que la había visto.

Como es natural, ver mi charla no le dio a Fetaine como por arte de magia los conocimientos necesarios para superar la prueba de acceso a la Facultad de Medicina. No adquirió milagrosamente una detallada comprensión de las características que distinguen una bacteria lisa de otra rugosa, o cómo el teorema de la energía cinética está relacionado con los cambios en esta. Pero tal vez la liberó del miedo que podría haberle impedido expresar lo que sabía. La sensación de impotencia nos engulle, junto con todo lo que creemos, sabemos y sentimos. Nos envuelve, haciéndonos invisibles. Incluso nos aleja de nosotros mismos.

Lo opuesto a la impotencia debe de ser el poder, ¿no? En un sentido así es, pero no es tan sencillo como parece. La gran cantidad de información procedente de las investigaciones que he estado realizando durante años ha revelado una cualidad que yo llamo *presencia*. La presencia viene de creer y confiar en ti, en tus sentimientos auténticos y sinceros, en tus valores y tus aptitudes. Esto es importante, porque si no confías en ti, ¡cómo lo van a hacer los demás! Tanto si hablamos ante dos personas como ante cinco mil, tenemos una entrevista de trabajo, negociamos un aumento de sueldo, presentamos una idea empresarial a posibles inversores o decimos lo que pensamos en cuanto a nosotros mismos o a otros, la cuestión es que todos debemos superar con aplomo esos momentos abrumadores si queremos sentirnos bien y progresar en la vida. La presencia nos da el poder para estar a la altura que requieren esos momentos.

El camino que me llevó a aquella charla y a dar este importante paso fue sinuoso, como mínimo. Pero es evidente dónde empezó.

Lo que más recuerdo son las caricaturas y las notas cariñosas que mis amigas me dejaron en la pizarra blanca. En aquella época era una estudiante universitaria de segundo año. Me desperté de pronto en la habitación de un hospital. Miré a mi alrededor: por todas partes había tarjetas y flores. Estaba exhausta. Pero también me sentía ansiosa y agitada. Apenas podía mantener los ojos abiertos. Nunca me había sentido de ese modo. No lo entendía, pero me faltaba la energía para intentar averiguarlo. Me dormí.

Me volvió a ocurrir muchas veces.

Lo último que recordaba con claridad antes de despertarme en el hospital era estar viajando en el coche desde Missoula (Montana) a

Boulder (Colorado) con dos buenas amigas mías y compañeras de piso. Habíamos ido a Missoula para ayudar a organizar un congreso con estudiantes de la Universidad de Montana y a visitar el lugar con unas amigas. El domingo nos fuimos de Missoula a última hora de la tarde, a las seis más o menos. Nuestro propósito era llegar a Boulder a tiempo para las clases matinales. Viéndolo en retrospectiva, sobre todo como madre, ahora me doy cuenta de que aquel viaje fue una locura, porque tardas de trece a catorce horas en recorrer en coche la distancia entre Missoula y Boulder. Pero teníamos diecinueve años.

Creíamos haber ideado un buen plan: cada una conduciría una tercera parte del viaje, la copiloto se mantendría despierta para que la conductora no cabeceara al volante y la otra pasajera dormiría con el saco de dormir en la parte trasera del Jeep Cherokee, con los asientos bajados. Conduje mi parte del trayecto, creo que fui la primera en ponerme al volante. Luego me encargué de vigilar en el asiento de delante a la conductora para que no se durmiera. Es un recuerdo muy tierno. Muy sereno. Me encantaban las chicas con las que iba. Me encantaban los inmensos espacios abiertos del Oeste de Estados Unidos. Las tierras vírgenes. No se veían los faros de ningún coche. Solo circulábamos nosotras por la autopista vacía. Me llegó el turno de dormir en el asiento trasero.

Como me enteré más tarde, esto fue lo que ocurrió a continuación. A mi amiga le tocó conducir la peor parte del trayecto. Era aquella hora de la noche en la que te sientes como si fueras la única persona del mundo que está despierta. No solo era la mitad de la noche, sino la mitad de la noche en medio de Wyoming. Era una meseta muy oscura, desnuda y solitaria. Con apenas nada que te mantuviera despierta. Alrededor de las cuatro de la madrugada mi amiga se salió de la carretera. Al notar que pisaba el ranurado del arcén, intentó esquivarlo dando un bandazo. El coche dio varias vueltas de campana y quedó con las ruedas hacia arriba. Mis amigas llevaban puesto el cinturón. Pero yo al dormir detrás con los asientos bajados, salí despedida del coche y me quedé tirada fuera en medio de la noche. Mi sien derecha impactó contra el asfalto de la autopista. El resto de mi cuerpo siguió dentro del saco de dormir.

Sufrí una conmoción cerebral. En concreto, una lesión axonal difusa (LAD). En una LAD el cerebro es sometido a unas «fuerzas de corte» causadas por las vueltas de campana, algo muy común en los accidentes de coche. Imagínate lo que ocurre en un accidente a gran velocidad: al chocar el coche se detiene de golpe y tu cuerpo también, pero tu cerebro sigue moviéndose y a veces incluso gira dentro del cráneo, un movimiento para el que no está hecho. La fuerza con la que mi cabeza chocó contra el asfalto hizo que se me fracturara el cráneo, lo cual probablemente empeoró aún más las cosas.

El cerebro está hecho para estar en un lugar seguro, protegido por el cráneo y resguardado por varias membranas finas, conocidas como meninges, y por el fluido cerebroespinal. El cráneo es el amigo del cerebro, pero no están hechos para tocarse. Las fuerzas de corte de un traumatismo craneal severo desgarran y estiran las neuronas y sus fibras, llamadas axones, por el cerebro. Como los cables eléctricos, los axones están aislados por una capa protectora o amortiguadora, conocida como cubierta mielínica. Aunque un axón no se rompa, el daño que sufre la capa mielínica puede ralentizar de manera importante la velocidad con la que la información se transmite de una neurona a otra.

En una LAD la lesión abarca todo el cerebro, a diferencia de una lesión cerebral focal, como una herida de bala, en la que se lesiona solo una parte en concreto. El cerebro depende por entero de la comunicación de las neuronas y cuando las neuronas se dañan, la comunicación también se altera de manera inevitable. Cuando sufres una LAD ningún médico te va a decir: «Como se te ha dañado la zona motora, tendrás problemas con el movimiento». O «Como te ha afectado el área del habla, vas a tener problemas a la hora de hablar y procesar las palabras». No saben *si* te recuperarás, *hasta qué punto* lo harás o *qué funciones cerebrales* habrá afectado: ¿tendrás problemas con la memoria? ¿Con las emociones? ¿Con el razonamiento espacial? ¿Con las habilidades motoras finas? Dado lo poco que se conoce de la LAD, lo más probable es que un médico no pueda ofrecerte un pronóstico exacto.

Tras sufrir una LAD, ya no eres el mismo. En muchos sentidos. Cómo piensas, cómo sientes, cómo te expresas, respondes e interactúas… todos estos aspectos de ti cambian. Y como encima tu capacidad para comprenderte tampoco está demasiado fina que digamos, no puedes saber exactamente *en qué sentido* has cambiado. Y nadie —NADIE— puede decirte lo que te espera.

Así es como *en esos momentos interpreté* lo que le ocurrió a mi cerebro: (rellena este espacio con cantos de grillos).

Me encontraba en el hospital. Había tenido que dejar aparcados mis estudios y los médicos me dijeron que dudaban mucho que volviera a tener la capacidad cognitiva necesaria para retomarlos. Basándose en la gravedad de mi lesión y en las estadísticas de los pacientes con lesiones parecidas, añadieron: *No esperes terminar la carrera. Te pondrás bien —«tu cerebro funcionará adecuadamente»—, pero es mejor que te plantees dedicarte a otra profesión.* Descubrí que mi CI había bajado treinta puntos. No fue el médico quien me lo dijo. Lo supe porque el CI aparecía como un elemento más en el largo informe que me entregaron después de hacerme durante dos días seguidos un montón de pruebas neuropsicológicas. Los médicos no creyeron que fuera importante contármelo. ¿O tal vez pensaron que no era lo bastante lista como para entenderlo? No quiero darle al CI más importancia de la que tiene, no estoy afirmando que sea capaz de predecir los resultados que obtendremos en la vida. Pero en aquella época creía que medía mi inteligencia. Lo interpreté como que, según los médicos, yo ya no era una chica lista y eso me dolió mucho.

Hice terapia ocupacional, terapia cognitiva, terapia del lenguaje y terapia física, y también recibí ayuda psicológica. Seis meses después del accidente, cuando estaba en casa durante el verano, un par de amigas íntimas que se habían alejado de mí de forma evidente me dijeron: «No eres la misma». ¿Cómo las dos personas que parecían ser las que más me entendían me decían semejante cosa? ¿En qué sentido había cambiado? No me reconocían y yo tampoco me reconocía a mí misma.

Un traumatismo craneal te hace sentir confundida, ansiosa y frustrada. Pero cuando los médicos te comunican que no saben si te recuperarás del todo y tus amigas te dicen que no eres la misma, te sientes más confundida, ansiosa y frustrada aún.

Me pasé el año siguiente metida en una bruma: ansiosa, desorientada, tomando malas decisiones, sin saber con certeza qué paso dar a continuación. Después retomé los estudios. Pero era demasiado pronto. No podía pensar. No podía procesar bien la información verbal. Era como escuchar a alguien hablar en parte en mi idioma y en parte en chino, por lo que me sentí más frustrada y ansiosa si cabe. Tuve que dejar los estudios porque no aprobaba las asignaturas.

A pesar de haberme roto varios huesos y de tener varias cicatrices horribles a causa del accidente, estaba entera físicamente. Y como las lesiones cerebrales son invisibles para los demás, la gente me decía cosas como: «¡Caramba, qué suerte has tenido! ¡Podías haberte partido el cuello!» «¿Qué suerte has tenido?», me decía yo con ironía. Y luego me sentía culpable y avergonzada por lo frustrada que sus comentarios bien intencionados me habían hecho sentir.

Nunca esperamos que cambie nuestro modo de pensar, nuestro intelecto, nuestro estado afectivo, nuestra personalidad. Lo damos por sentado. Nos da miedo quedarnos paralizados, inválidos, sordos o ciegos por culpa de un accidente. Pero no pensamos que también puede hacernos sentir como unos extraños en nuestra propia piel.

Muchos años después de haber sufrido el traumatismo craneal seguía intentando fingir ser la misma… aunque no sabía cómo era yo antes. Me sentía como una impostora, una impostora en mi propio cuerpo. Tuve que aprender de nuevo a aprender. Seguía intentando retomar los estudios porque no aceptaba que me dijeran que no podría hacerlo.

Tuve que estudiar muchísimo más que los demás. Pero poco a poco, para gran alivio mío, recuperé la claridad mental. Me licencié cuatro años más tarde que mis antiguos compañeros de clase.

Una de las razones por las que persistí fue que encontré una carrera que me gustaba estudiar: psicología. Tras licenciarme, me las apañé para entrar en una profesión que requería el pleno funcionamiento del cerebro. Como Anatole France escribió: «Todos los cambios… llevan consigo cierta melancolía, porque aquello que dejamos atrás es una parte de nosotros mismos: debemos morir en una vida para entrar en otra». A lo largo de mi camino es lógico que para mí se volvieran muy importantes todas aquellas cuestiones de la presencia y el poder, de la confianza en mí misma y la inseguridad.

Mi lesión me llevó a estudiar la ciencia de la presencia, pero fue mi charla TED la que me hizo ver lo universal de este anhelo. Porque la cuestión es que la *mayoría* de las personas se enfrentan a retos estresantes cada día. En cualquier rincón del planeta hay personas de todos los ámbitos de la vida intentando reunir el valor para hablar en clase, presentarse a una entrevista de trabajo, asistir a una audición para recibir un papel, hacer frente a una dificultad cotidiana, defender aquello en lo que creen o simplemente encontrar paz siendo quienes son. Les ocurre tanto a los indigentes como a las personas que según los modelos tradicionales son grandes triunfadores. Los ejecutivos de la lista de Fortune 500, los abogados talentosos, los artistas y actores dotados, las víctimas de acosos, prejuicios y abusos sexuales, los refugiados políticos, los que están lidiando con enfermedades mentales o que han sufrido lesiones graves, todos ellos se enfrentan a esos retos. Al igual que los que trabajan para asistirles: los padres, cónyuges, hijos, orientadores, médicos, colegas y amigos de los que están intentando salir adelante.

Todas estas personas —que en su gran mayoría *no* son científicos—, me han obligado a abordar mis propias investigaciones de una nueva forma: me han alejado de la ciencia y acercado a ella al mismo tiempo. Al oír sus historias me vi obligada a pensar en cómo los descubrimientos de las ciencias sociales se aplicaban en el mundo real. Empecé a dedicarme a realizar una investigación que le está cambiando la vida a la gente de manera positiva. Pero también empecé a hacerme unas preguntas básicas que nunca se me habrían ocurrido de haberme quedado metida en el laboratorio y dedicado solo a leer obras de psicología.

Al principio me abrumó la respuesta que mi charla TED generó en el sentido de que quizá había cometido un gran error al compartir mi investigación y mi historia personal con la gente. No esperaba que tantos desconocidos la vieran ni tenía idea de que me fuera a sentir tan vulnerable y expuesta. Es lo que le pasa a cualquiera que salga por

Internet y de golpe internautas de todas partes del mundo vean su vídeo. Algunas personas te reconocen por la calle. Y tienes que amoldarte a la situación, tanto si es un desconocido que me pide hacerse un selfie conmigo mientras adopto la postura de Wonder Woman, como alguien que grita desde un triciclo (como me ocurrió en Austin): «Pero ¡si es la chica de la charla TED!»

Pero sobre todo me siento *muy* afortunada por la oportunidad de compartir esta investigación y mi historia con tanta gente, e incluso más afortunada si cabe por el montón de personas que me han contado sus historias después de haberme visto por Internet. Me encanta el mundo académico, pero me parece mucho más estimulante el ambiente de fuera del laboratorio y de las aulas de la universidad. Una de las grandes ventajas de trabajar en la Escuela de Negocios de Harvard es que me han animado a traspasar la frontera de investigadora y profesora, por eso ya he empezado a hablar con miembros de organizaciones sobre cómo se aplica mi investigación, qué es lo que funciona, dónde están los problemas y otros temas por el estilo. Pero no me imaginé a este gran mundo de amables desconocidos abriéndome su corazón tras aparecer mi charla TED en Internet.

Me encantan y me siento eternamente conectada y fiel a ellos. Quiero rendirles homenaje, celebrar su deseo de intentarlo —de subirse otra vez a la silla de montar o de ayudar a los demás a seguir intentándolo— y de mandarme correos electrónicos a mí, una absoluta desconocida, para describirme sus luchas vitales. O de contármelas en un aeropuerto o en el café de una librería. Ahora veo que una charla puede ser como una canción, hasta qué punto la gente la personaliza, conecta con la letra y se siente reconocida al saber que alguien también ha pasado por lo mismo. Como Dave Grohl apuntó en una ocasión: «Es una de las mejores cosas de la música: cuando cantas una canción a 85.000 personas, estas la cantarán por 85.000 razones distintas». Mientras daba una charla en un refugio para indigentes jóvenes al preguntarles qué situaciones habían sido las más difíciles, una adolescente me respondió: «Cruzar el umbral de este centro». En otro centro una mujer repuso: «Llamar para pedir que me asistan, ayuden o apoyen. Sé que voy a tener que esperar un buen rato y que la persona que me atenderá al otro lado de la línea me juzgará irritada». Otra mujer del refugio respondió: «Como antes trabajaba en un centro de llamadas, iba a decir "atender llamadas de gente frustrada y cabreada por haber estado esperando una eternidad mientras yo respondía cientos de otras llamadas"».

Miles de personas me han escrito para hablarme sobre una variedad de retos, variedad que me deja de una pieza, en unos contextos que nunca habría considerado como situaciones en las que esta investigación pudiera aplicarse. Aquí tienes un botón de muestra de temas de correos electrónicos, la mayoría empezaban diciendo: «Tu charla me ha ayudado a...»: familias con enfermos de alzhéimer, bomberos, el sobreviviente de un traumatismo cerebral, redondear el mejor negocio de mi vida, la negociación de una casa, la entrevista para entrar en la universidad, adultos con discapacidades, un veterano de la Segunda Guerra Mundial con la moral por los suelos, recuperarse de un trauma, participar en campeonatos mundiales de vela, niños víctimas de acoso escolar, la autoconfianza en el sector de servicios, estudiantes de quinto intimidados por las matemáticas, mi hijo con autismo, una cantante de ópera profesional en una dura audición, proponerle una nueva idea a mi jefe, decir lo que pensaba en el momento necesario. Y todo esto no es más que una pequeña muestra.

Todas las respuestas que recibí de la charla TED son regalos que me han permitido entender mejor por qué esta investigación ha tenido tan buena acogida. Es decir, las historias me han ayudado a saber cómo escribir este libro y me han motivado a hacerlo. Proceden de personas del mundo entero de todos los estratos sociales y compartiré muchas de ellas en estas páginas. Quizás encuentres alguna con la que te sientas identificado.

1

¿Qué es la presencia?

Convencemos a los demás con nuestra presencia.
WALT WHITMAN

La notamos cuando la sentimos y también cuando la vemos, pero la presencia no es fácil de definir. Aunque la mayoría sabemos describir sin ningún problema cuándo brilla por su ausencia. Esta es mi historia, una entre muchas otras.

Anhelando convertirme en profesora universitaria (como cualquier buen doctorando desea), entré en el mercado laboral académico en el otoño de 2004. Si una doctoranda en Psicología social tiene suerte, su tutor de la facultad hará que «debute» en un congreso anual más bien pequeño al que asistirán los mejores psicólogos sociales del mundo. Es una fiesta de presentación colectiva para estudiantes de doctorado de quinto curso competitivos y marca su ascenso al estatus de profesionales que quizá serán tomados en serio. Esta presentación en público también te hace «sentir como un impostor» en grado sumo. Poniéndote tus mejores galas para este evento con la esperanza de haber acertado en tu elección, tienes la oportunidad de mezclarte con profesores veteranos y muchos de ellos proceden además de universidades de investigación destacadas que tal vez te contraten al año siguiente. Los profesores veteranos, vestidos con ropa de calle, tienen la oportunidad de descubrir nuevos talentos, pero sobre todo van a esta clase de congresos para ponerse al día unos con otros.

En cierto modo los estudiantes se aplican durante los cuatro o cinco años de la carrera para alcanzar este momento. Llegan preparados. Listos para resumir sucintamente su programa de investigación y sus metas en noventa segundos, siendo lo bastante breves como para captar el interés de los interlocutores sin mostrar una falta de respeto sin querer al quitarles demasiado tiempo. Se han preparado para lo que tanto dentro como fuera del mundo académico se conoce coloquialmente como «el discurso del ascensor».

La ansiedad que me causaba aquel congreso era inimaginable.

El congreso iba a tener lugar en un hotel mediano del montón de una ciudad mediana del montón. Cuando me dirigía al comedor para cenar, me subí al ascensor del vestíbulo con tres personas más; todas eran figuras de reconocido prestigio en mi campo, eminencias que había estado idolatrando durante años. Me sentí como si fuera una guitarrista rítmica de la banda de rock *indie* de una ciudad universitaria mediocre, llevando en la mano el cedé que había grabado en el sótano de la casa del baterista con el que salía mi madre, entrando en el ascensor con Jimmy Page, Carlos Santana y Eric Clapton. Era la única que necesitaba llevar una etiqueta gigantesca con mi nombre.

—Venga. Ya estamos en el ascensor. Suelta tu discurso —me dijo sin presentarse siquiera una de las estrellas de rock de una prestigiosa universidad de investigación donde me habría encantado conseguir un trabajo.

Me sonrojé de golpe, tenía la boca seca. Siendo de sobras consciente de que no solo una, sino *tres* lumbreras universitarias estaban encerradas conmigo en ese diminuto espacio, empecé mi discurso, o más bien las palabras me empezaron a salir atropelladamente de la boca. En cuanto acabé la primera frase supe que iba por mal camino. Me oí a mí misma diciendo cosas como «Pues… ¡oh, lo siento!, antes de explicar esta parte…» A duras penas sabía qué iba a decir. Y al darme cuenta de mi estrepitoso fracaso, se esfumó como por arte de magia mi habilidad de pensar en cualquier otra cosa que no fuera mi apabullante ansiedad. Segura de haber arruinado mi oportunidad de trabajar no solo en una, sino en tres universidades, ¡oh, no!, y encima en las universidades donde trabajaban colegas suyos con los que mantenían una estrecha colaboración, fui presa del pánico. Consideré todo lo que estaba intentando volver a exponerles. No tenía la más remota oportunidad de hacerlo en el poco tiempo que tardaría el ascensor en llegar a la planta veinte,[2] donde iba a tener lugar la cena. Mis ojos fueron rápidamente de un ídolo a otro y a otro, buscando un destello de comprensión en sus ojos, una minúscula muestra de apoyo, aprobación o empatía. Algo. Lo que fuera. ¡Por favor!

La puerta del ascensor se abrió. Dos de los ocupantes se escabulleron con presteza con la cabeza agachada.

—Ha sido el peor discurso del ascensor que he oído en mi vida —me espetó el tercero al salir y pisar tierra firme (¿quizá con una ligera mueca burlona plantificada en la cara?)

Las puertas del ascensor se cerraron. Desplomándome en la cabina con la espalda pegada a la pared del fondo, me quedé hecha un ovillo, bajando con el ascensor, abajo, abajo, abajo, directa de vuelta al vestíbulo. A pesar de mis inequívocos autorreproches, sentí una vaga aunque pasajera sensación de alivio.

Pero de pronto me dije: *Oh, Dios mío, ¿qué he hecho? ¿Cómo es posible que no haya sabido decir una sola cosa interesante sobre un tema que llevo estudiando durante más de cuatro años? ¿Cómo ha sido posible?*

Nada más salir del ascensor, el discurso que tanto me había preparado empezó a tomar forma en mi mente a medida que se disipaba la neblina que lo envolvía. Ahí estaba. Sentí el impulso de volver a meterme en el ascensor a toda prisa e ir a buscar a los profesores para pedirles que me dieran otra oportunidad.

En su lugar me pasé los tres días del congreso reviviendo aquel momento, recordando las numerosas formas en las que debería haber transcurrido, abochornada por el desprecio, o incluso la diversión, que mis tres compañeros de ascensor debían de haber sentido. Analicé sin la menor piedad el recuerdo, fragmentándolo y diseccionándolo por todas partes, sin olvidarme por un instante de que no solo había fracasado al

---

2. Tal vez fuera el quinto piso. No importa. Me pareció como si hubieran sido mil plantas las que subí con el ascensor.

presentarme, sino que también le había fallado a mi tutora de la facultad que se había pasado años preparándome para el momento y que había invertido un poco del capital de su reputación al llevarme a aquel congreso. En mi mente no dejaba de revivir una y otra vez, como un disco rayado, mi fracaso de noventa segundos. No podía quitármelo de la cabeza. Aunque asistí a todas las conferencias durante los tres días del congreso, en realidad no estuve presente en una sola de ellas.

Le conté mi terrible experiencia a Elizabeth, una buena amiga mía.

—¡Oh, ha sido el espíritu de las escaleras! —exclamó.

—¿El qué de qué?

Me contó la siguiente historia, tal como la recordaba haber oído en clase de filosofía cuando iba a la universidad.

Denis Diderot, el filósofo y escritor francés del siglo XVIII, se enzarzó durante una cena en un debate sobre un tema que dominaba a fondo. Pero quizás aquella noche no estaba en su mejor momento, tal vez se sentía un poco cortado, aturdido o preocupado por miedo a hacer el ridículo. En un momento dado Diderot no supo qué argumentarle a su contrincante, no se le ocurrió ninguna respuesta inteligente. Poco después abandonó la reunión.

Mientras bajaba las escaleras, Diderot siguió recordando el humillante momento, buscando en vano la réplica perfecta. Pero nada más llegar al pie de las escaleras, le vino a la cabeza. ¿Debía dar media vuelta, subir las escaleras y volver a la cena para darle su aguda respuesta? Claro que no. Era demasiado tarde. El momento —y la oportunidad— habían pasado. Lo lamentó profundamente. ¡Qué lástima no haber tenido la presencia mental para encontrar las palabras adecuadas cuando más lo necesitaba!

Reflexionando sobre esta experiencia en 1773, Diderot escribió: «Un hombre sensible como yo, abrumado por la réplica de su interlocutor, se siente confundido y solo puede pensar con claridad de nuevo al llegar al pie de las escaleras».[3]

---

3. D. Diderot, *Paradox sur le comédien: Ouvrage posthume*, A. Sautelet, París, 1830, pág. 37.

De modo que acuñó la expresión francesa *l'esprit d'escalier* —el espíritu de las escaleras, o la agudeza de las escaleras—. En yidis, *trepverter;* en alemán, *treppenwitz*. Se conoce como la agudeza del ascensor, que tiene una carga sentimental para mí. Mi expresión preferida para designar este término es *agudeza retardada*. Pero la idea es la misma: se te ocurre la réplica aguda demasiado tarde. Es la réplica dilatada. La respuesta huérfana. Y lleva consigo una sensación de pesar, decepción y humillación. Nos quedamos deseando una segunda oportunidad. Pero nunca la tendremos.

Por lo visto todos hemos vivido momentos como la pesadilla de mi discurso en el ascensor, incluso los filósofos franceses del siglo XVIII.

Rajeev, uno de los primeros desconocidos que me escribieron después de aparecer mi charla TED en Internet, me lo describió de esta manera: «En muchas ocasiones no me quedo con la sensación de haber dado lo mejor de mí ni de haberlo puesto todo sobre el tapete, por decirlo así. Y al analizar la situación una y otra vez en mi cabeza, siempre me arrepiento de mi reacción y al final me acaba pareciendo una falta de carácter y un estrepitoso fracaso».

La mayoría tenemos nuestra propia versión de esta experiencia. Nos ha pasado después de una entrevista de trabajo, de una audición para conseguir un papel, una cita, tras proponer una idea, dar nuestra opinión en una reunión o una clase, o discutir con alguien durante una cena.

Pero ¿por qué nos ocurre? Seguramente estábamos preocupados por lo que los demás pensarían de nosotros, pero creyendo saber al mismo tiempo lo que pensaban, sintiendo que no podíamos hacer nada y aceptando además esta sensación, aferrándonos al resultado y dándole demasiada importancia en lugar de concentrarnos en el proceso. Esta combinación de preocupaciones crea un cóctel tóxico muy contraproducente. Así es como nos ocurre.

Antes siquiera de pisar el umbral de una oportunidad, ya estamos llenos de terror y ansiedad, pidiéndole a gritos problemas a un futuro que todavía no se ha manifestado.[4] Cuando hablamos en una situación muy estresante en ese estado de ánimo estamos abocados a dejarla atrás sintiéndonos fatal.

Si me hubiera acordado de decir esto… Si hubiera actuado de aquella manera… Si les hubiera mostrado quién soy de verdad. Mantenemos una interacción dudando de nosotros mismos, ensimismados en la rueda de hámster dando vueltas en nuestra cabeza: los análisis confusos, frenéticos e inseguros de lo que *creemos* está ocurriendo en la habitación. La horrible conciencia de estar en una situación muy estresante. Y la estamos echando a perder. Cuando más presentes tenemos que estar es cuando menos solemos estarlo.

Como Alan Watts escribió en *La sabiduría de la inseguridad*: «Para comprender la música, hay que escucharla, pero mientras pensamos "[Yo] estoy escuchando esta música", no la escuchamos».[5] Cuando te encuentras en una entrevista de trabajo pensando «estoy en una entrevista de trabajo», no puedes entender por completo al entrevistador ni implicarte plenamente con él, ni presentarte tal como te gustaría hacerlo, ofreciéndole tu lado más auténtico, agudo, atrevido y relajado.

Watts describió la angustiosa anticipación de esos momentos como buscar «un fantasma en constante retirada, y cuanto mayor es la rapidez con que uno le persigue, tanto más velozmente corre delante de nosotros».[6] Esos momentos se convierten en fantasmas. Y les damos el poder de acosarnos antes, durante y después de la situación.

---

4. Como Alan Watts escribió en *La sabiduría de la inseguridad*: «Puesto que lo que sabemos del futuro está constituido por elementos puramente abstractos y lógicos —inferencias, suposiciones, deducciones—, no puede comerse, sentirse, olerse, verse, oírse o disfrutarse de otro modo. Buscarlo con afán es como buscar un fantasma en constante retirada, y cuanto mayor es la rapidez con que uno le persigue, tanto más velozmente corre delante de nosotros». Watts, A., *The wisdom of insecurity: A message for an age of anxiety*, Vintage, Nueva York, 2011, pág. 60. (Primera edición en 1951). [Edición en castellano: *La sabiduría de la inseguridad: mensaje para una era de ansiedad*, Planeta de Agostini, Barcelona, 2008, pág. 60]

5. Ibíd, pág. 87

6. Ibíd, pág. 60.

La próxima vez que te enfrentes a uno de esos momentos tan tensos, imagínate que los abordas con confianza y entusiasmo en lugar de con dudas y miedo. Imagínate que te sientes cargado de energía y a gusto en tu piel mientras estás allí, libre de los miedos de cómo los demás te juzgarán. E imagínate que dejas atrás esos momentos sin reprocharte nada, sintiéndote satisfecho por haber dado lo mejor de ti, sea cual sea el resultado perceptible. Sin haber perseguido ningún fantasma, sin ningún espíritu esperándote debajo de las escaleras.

Tina, una mujer de Nueva Orleans, me escribió para contarme cómo le había marcado haber dejado el instituto a medias, lo cual no solo no le permitió conseguir un trabajo fijo y bien pagado, sino que socavó además su autoestima hasta el punto de no creer merecérselo. Desempeñó muchas clases de trabajo, muchas horas al día, durante muchos años, y a los treinta y cuatro terminó los estudios universitarios. A partir de entonces fue aprendiendo, a través de pequeños cambios cada vez más significativos, a ver «incluso las interacciones más difíciles como oportunidades para revelar aquello de lo que soy capaz y para expresar mi valía».

Imagínatelo. Esto sí es vivir estando presente.

Los elementos de la presencia

Varios años atrás, durante una *labmeeting* [7] que estábamos manteniendo en mi departamento, tuve una epifanía que me hizo desear a toda costa descifrar la fisiología de la presencia.

Aquel día Lakshmi Balachandra, una estudiante visitante, nos pedía nuestra opinión sobre una nueva información. Había estado investigando la forma en que los empresarios intentaban convencer a posibles inversores y cómo estos les respondían. Después de analizar meticulosamente vídeos de 185 formas de conseguir inversiones con capital de riesgo —observando tanto la conducta verbal como la no verbal— de los empresarios, Lakshmi obtuvo unos resultados que la dejaron de una pieza: el mayor indicador de quiénes conseguirían el dinero no eran las cre-

---

7. Reunión realizada a través de una red social para científicos. (*N. de la T.*)

denciales ni el contenido de las palabras de los empresarios, sino sus rasgos: *confianza, desenvoltura y entusiasmo apasionado*. Los que triunfaban no vivían aquellos valiosos momentos en los que eran el centro de atención preocupados por cómo les iba la cosa o por lo que los inversores pensarían de ellos. No les esperaba ningún espíritu debajo de las escaleras, sabían que estaban dando lo mejor de ellos mismos. Es decir, los que triunfaban estaban plenamente presentes y su estado de presencia se palpaba en el aire. Se percibía sobre todo de forma no verbal: en las cualidades vocales, los gestos, las expresiones faciales y otros factores parecidos.[8]

Los hallazgos dejaron perplejas a varias personas de aquella reunión. Las decisiones que tienen que ver con grandes inversiones se toman solo basándose en la impresión que produce el que lanza la propuesta. ¿Es una mera cuestión de carisma?

Yo tuve una reacción muy distinta mientras escuchaba a Lakshmi. Sospechaba que estas cualidades —confianza, desenvoltura, pasión y entusiasmo— indicaban algo más poderoso que las palabras de los empresarios en cuanto a que aquella inversión valía la pena. Estaban reflejando hasta qué punto creían en el valor y la integridad de su idea y en su propia capacidad para materializarla, lo cual indicaba a su vez algo sobre la cualidad de la misma propuesta.

A veces proyectamos fácilmente una confianza serena y entusiasta. Como sugiere el estudio de Lakshmi y otras investigaciones, esto cuenta enormemente. Prevé quiénes serán los empresarios que conseguirán la financiación de los inversores. Prevé cómo serán evaluados los candidatos en las entrevistas de trabajo[9], y si los volverán a

---

8. Véase Balachandra, L., *Keep calm and pitch on: Balancing and moderating affect in the entrepreneur's pitch*, 2015. Manuscrito presentado para su publicación.

9. En un estudio sobre cómo influyeron en la puntuación de las respuestas verbales de los candidatos en las entrevistas de trabajo y en la decisión de contratarlos para el puesto solicitado, Angela Young y Michele Kacmar descubrieron que las «características interpersonales del entusiasmo, la autoconfianza y la efectividad influenciaban notablemente la puntuación del entrevistador en cuanto a las cualidades del candidato y la decisión definitiva de contratarlo». A. M. Young y C. M. Kacmar, «ABCs of the interview: The role of affective, behavioral and cognitive responses by applicants in the employment interview», *International Journal of Selection and Assessment*, 6, 1998, págs. 211-221.

llamar y acabarán contratándolos. ¿Es correcto valorar tanto este rasgo? ¿Es solo una preferencia superficial? El éxito de esas decisiones relacionadas con contratos de trabajo y con inversiones sugieren lo contrario. A decir verdad, la confianza entusiasta en uno mismo es un indicador de éxito increíblemente útil. En estudios sobre empresarios esta cualidad pronostica el empuje, el deseo de trabajar duro, la iniciativa, la perseverancia ante los obstáculos, una mayor actividad mental, creatividad y la capacidad de identificar buenas oportunidades e ideas innovadoras.[10]

Pero todavía hay más. El firme entusiasmo de los empresarios es contagioso, genera un alto nivel de compromiso, confianza, pasión y rendimiento en las personas para las que trabajan y con las que trabajan. Por otro lado, a los empresarios y los candidatos a un puesto de trabajo que no transmiten estas cualidades se les considera menos seguros y creíbles, menos hábiles como comunicadores y menos productivos.[11]

Hay otra razón por la que solemos confiar en la gente que proyecta pasión, confianza en sí misma y entusiasmo: estos rasgos no se pueden fingir fácilmente. Cuando nos sentimos valientes y seguros, el registro y la amplitud de nuestra voz son mucho más variados, por lo que parecemos más expresivos y relajados. En cambio, cuando estamos tensos a causa del miedo, al activarse la respuesta de lucha o huida del sistema nervioso simpático, las cuerdas vocales y el diafragma

---

10. Para leer un artículo excelente de la investigación sobre los resultados de la pasión empresarial tanto para el empresario como para sus empleados, véase M. S. Cardon, J. Wincent, J. Singh y M. Drnovsek, «The nature and experience of entrepreneurial passion», *Academy of Management Review*, 34, 2009, págs. 511-532. Véase también M. S. Cardon, D. A. Gregoire, C. E. Stevens y P. C. Patel, «Measuring entrepreneurial passion: Conceptual foundations and scale validation», *Journal of Business Venturing*, 28, 2013, págs. 373-396.

11. S. P. Levine y R. S. Feldman, «Women and men's nonverbal behavior and self-monitoring in a job interview setting», *Applied HRM Research*, 7, 2002, págs. 1-14. W. B. Gudykunst y T. Nishida, «Anxiety, uncertainty, and perceived effectiveness of communication across relationships and cultures», *International Journal of Intercultural* Relations, 25, 2001, págs. 55-71. J. McCarthy y R. Goffin, «Measuring job interview anxiety: Beyond weak knees and sweaty palms», *Personnel Psychology, 57*, 2004, págs. 607-637.

se crispan, ahogando nuestro verdadero entusiasmo.[12] Si alguna vez has tenido que cantar mientras sufrías miedo escénico sabrás de lo que estoy hablando: los músculos que producen el sonido se agarrotan, haciendo que nuestra voz suene débil y tensa, lo cual no tiene nada que ver con la imagen que queremos transmitir.

Cuando intentamos fingir confianza o entusiasmo los demás notan que hay algo que falla, aunque no sepan decir exactamente qué es. En realidad, cuando los candidatos a un puesto de trabajo intentan a toda costa dar una buena impresión usando tácticas no verbales como sonrisas forzadas, les pueden estallar en la cara, porque los entrevistadores los descartan tachándolos de falsos y manipuladores.[13]

Advertencia: en mi campo, la Psicología social, existe una gran cantidad de evidencias de que los humanos tomamos constantemente decisiones tendenciosas basadas en primeras impresiones mínimas, engañosas y mal interpretadas. Se ha demostrado claramente que las primeras impresiones suelen ser inconsistentes y peligrosas, y yo no lo estoy poniendo en duda. Al fin y al cabo, gran parte de mis investigaciones se han centrado en identificar y entender estos sesgos destructivos.[14] Lo que quiero decir es que las primeras impresiones basadas en las cualidades del entusiasmo, la pasión y la confianza *pueden* ser ciertas precisamente porque cuesta mucho fingirlas. Cuando no estás presente, los demás lo notan. Cuando lo estás, responden.

---

12. T. DeGroot y S. J. Motowidlo, «Why visual and vocal interview cues can affect interviewers' judgments and predict job performance», *Journal of applied Psychology, 84*, 1999, págs. 986-993. T. V. McGovern y H. E. Tinsley, «Interviewer evaluations of interviewee nonverbal behavior», *Journal of Vocational Behavior, 13*, 1978, págs. 163-171.

13. R. A. Baron, «Self-presentation in job interviews: When there can be "too much of a good thing"», *Journal of Applied Social Psychology, 16*, 1986, págs. 16-28.

14. Para ver un resumen de algunas de mis investigaciones sobre los estereotipos, los prejuicios y la discriminación, véase A. J. Cuddy, S. T. Fiske y P. Glick, «Warmth and competence as universal dimensions of social perception: The stereotype content model and the BIAS map», en M. P. Zanna (ed.), *Advances in experimental social psychology*, vol. 40, 2008, págs. 61-149, Academic Press, Waltham, Massachusetts. A. J. C. Cuddy, P. Glick y A. Beninger, «The dynamics of warmth and competence judgments, and their outcomes in organizations», *Research in Organizational Behavior*, 31, 2011, págs. 73-98.

Me gustaría hacer una aclaración para asegurarme de que me sigues. Este libro no es otro más de consejos dirigidos exclusivamente a empresarios y ejecutivos. El estado de presencia que necesitas para persuadir a una sala llena de inversores con el fin de que financien tu proyecto es el mismo que te hace falta para convencerte a ti mismo de que está bien decir lo que piensas en una reunión. O para pedir un aumento de sueldo. O para exigir un trato más respetuoso.

Mientras estoy escribiendo este libro me vienen a la cabeza las numerosas personas que han compartido sus historias conmigo. Como Nimanthi, de Sri Lanka, estudiante universitaria de primera generación que se esfuerza por confiar en sí misma; Cedric, de Alabama, que está intentando a toda costa seguir siendo independiente tras perder a su mujer debido a un cáncer mientras se enfrenta a sus propios problemas de salud; Katharina, de Alemania, que se está recuperando después de dejar una relación poco sana; Udofoyo, de Nigeria, que está intentando superar una discapacidad física que le impide participar en las clases de la universidad; Nicole, de California, que está buscando maneras poderosas de motivar a sus alumnos adolescentes con síndrome de Down; Fariha, de Karachi, que está procurando aprovechar las nuevas oportunidades educativas que nunca se imaginó tener; Marcos, de Brasil, que está reuniendo el valor para montar un pequeño negocio familiar; Aleta, de Rochester, que está recuperando su identidad después de sufrir una traumática lesión cerebral; Kamesh, de la India, que está intentando salir adelante después de perder a un miembro de la familia de corta edad. Este libro es para ellos y para ti.[15]

Las historias que más me han inspirado son de personas cuyo mayor reto es enfrentarse a cada nuevo día con un poco más de optimismo y dignidad que el día anterior, gente con recursos limitados y muy poco poder formal o estatus, muchos de ellos han vivido situaciones durísimas y, sin embargo, todavía encuentran en su interior la fuerza para *intentarlo*. Para intentar sentirse presentes y poderosos, no solo por lo que respecta a ellos mismos, sino también a las personas que

---

15. Por motivos de privacidad se han cambiado algunos nombres a lo largo del libro.

aman y respetan. No luchan para conseguir un trabajo con un gran sueldo o un jugoso capital de riesgo, sino que están intentando encontrar el modo de acceder a su poder y de usarlo para estar presentes mientras afrontan los retos más comunes de la vida.

Ahora ya sabes que estar presente es un estado increíblemente poderoso, pero todavía queda por responder la pregunta más importante: ¿qué es exactamente? ¿Y cómo puedes conseguirlo?

La presencia es los cinco minutos siguientes

La presencia es despojarse de cualquier juicio,
muro y máscara para crear una conexión verdadera
y profunda con la gente o con las experiencias.
Pam, estado de Washington, Estados Unidos

La presencia es amar a los de tu alrededor y
disfrutar de lo que haces por ellos.
Anónimo, Croacia

La presencia es ser yo mismo y no perder la confianza,
pase lo que pase.
Abdelghani, Marruecos

Son algunos de los numerosos mensajes de internautas de todo el mundo en respuesta a la pregunta que colgué en Internet: «¿Cómo defines la presencia?» Me sorprendieron tanto las diferencias como las similitudes de este diverso conjunto de respuestas.

La presencia tal vez siga pareciendo un concepto nebuloso. Sin duda tiene diversos significados para distintas personas. ¿Tiene que ver con lo físico, lo psicológico o lo espiritual? ¿Con un solo individuo o con los demás? ¿Es una característica estable o una experiencia pasajera?

La idea de una clase de presencia permanente y trascendente creció en el terreno filosófico y espiritual. Como la bloguera Maria Popova ha escrito: «El concepto de la presencia tiene sus orígenes en las ideas orientales del mindfulness: la capacidad de movernos por la vida con una conciencia cristalina y de vivir plenamente nuestras experiencias».[16] Fue el filósofo británico Alan Watts quien lo popularizó en Occidente a mediados del siglo xx, el cual explica Popova, «sostiene que la causa de nuestra frustración humana y de la ansiedad cotidiana es nuestra tendencia a vivir pensando en el futuro, lo cual es una abstracción», y que «nuestra forma principal de no estar presentes es abandonando el cuerpo y recluyéndonos en la mente: esa caldera hirviente de pensamientos calculadores y autoevaluadores, predicciones, ansiedad, juicios y de incesantes metaexperiencias sobre la propia experiencia».

Si bien alcanzar el estado filosófico de vivir en-el-momento a todas horas es una meta venerable, no es la clase de presencia que yo estudio ni sobre la que escribo, porque me baso en la realidad de… bueno, en la realidad y punto. La búsqueda de una «conciencia cristalina» duradera requiere tener los medios y la libertad necesarios para decidir exactamente cómo emplearemos nuestro tiempo, nuestra energía… es decir, nuestra vida. Ojalá pudiéramos gozar todos de esta libertad, pero para la mayoría no es así no solo por tener bocas que alimentar, seres que cuidar, trabajos que hacer y facturas que pagar, sino también porque ninguna mente humana es capaz de cerrarse a todas horas a los pensamientos que nos impiden vivir el instante. No es fácil leer una página de un libro o mantener una conversación de cinco minutos sin distraernos con algún pensamiento que nos viene a la cabeza. Y esto significa que tenemos que encontrar otras formas para sentirnos presentes y poderosos.

La presencia a la que me refiero es el estado de ser conscientes de nuestros verdaderos pensamientos, sentimientos, valores y potencial, y ser capaces de expresarlos sintiéndonos a gusto. Es esto. *No* es una forma de ser permanente y trascendente. Va y viene. Es un fenómeno de momento a momento.

La presencia aflora cuando nos sentimos poderosos por dentro, lo cual nos permite ser conscientes de nuestro yo más sincero. En ese

---

16. M. Popova, 6 de enero, 2014, «An antidote to the age of anxiety», procedente de http://www.brainpickings.org/2014/01/06/alan-watts-wisdom-of-insecurity-1/.

estado psicológico somos capaces de estar presentes incluso en situaciones tremendamente estresantes que normalmente nos aturdirían y nos harían sentir impotentes. Cuando nos sentimos presentes, nuestras palabras, expresiones faciales, posturas y movimientos están en armonía. Se sincronizan y centran. Y esta convergencia y armonía interior es patente y resonante, porque es real. Es lo que nos hace ser convincentes. Ya no estamos luchando contra nosotros mismos, sino siendo nosotros mismos. La búsqueda de la presencia no es una cuestión de carisma o extroversión, o de cuidar hasta el mínimo detalle la impresión que damos a los demás, sino de la conexión sincera y poderosa que mantenemos internamente con nosotros mismos.

La clase de presencia de la que estoy hablando surge de unos cambios cada vez mayores. No hace falta que emprendas un largo peregrinaje, tengas una epifanía espiritual o intentes vivir una transformación interior absoluta. Aunque no hay nada malo en vivir estas experiencias, son abrumadoras y «enormes». Para muchas personas son escurridizas, abstractas y utópicas. Es mejor que nos centremos en los momentos de la vida, alcanzar un estado de presencia psicológica lo bastante duradero como para superar las situaciones más difíciles y arriesgadas en las que nos jugamos muchas cosas, como entrevistas de trabajo, conversaciones difíciles, propuestas de ideas, peticiones de ayuda, discursos públicos, actuaciones de gran rendimiento y otras situaciones parecidas.

La presencia tiene que ver con lo cotidiano. Es incluso, me atrevería a decir, algo normal y corriente. Todos podemos manifestarla, aunque muchas personas no sepan cómo conservarla cuando la pierden temporalmente en los momentos más críticos de su vida.

Un buen número de investigaciones científicas revelan los mecanismos psicológicos y fisiológicos de esta clase de presencia pasajera. Y lo mejor de todo es que podemos regular estos mecanismos. A base de pequeños esfuerzos y cambios en el lenguaje corporal y en la actitud mental podemos alcanzar un estado de presencia. Podemos autoinducirlo. Hasta cierto punto, no es más que una cuestión de dejar que el cuerpo dirija la mente, pero hablaré de este tema más adelante.

¿Puede esta clase de presencia ayudarte a tener más éxito en el sentido tradicional? Es muy probable. Pero lo esencial es que te permite afrontar las situaciones estresantes sin ansiedad, miedo ni temor, y dejarlas atrás sin remordimientos, dudas ni frustración. En su lugar sentirás que has hecho todo cuanto estaba en tu mano. Que has dado una imagen fiel y plena de ti y de tus aptitudes. Que les has mostrado a los demás quién eres de verdad. Que te has mostrado a *ti* quién eres realmente.

Siempre habrá nuevos retos, nuevas situaciones desagradables, nuevos papeles… vivencias que nos hacen perder el equilibrio y alimentan nuestra ansiedad, obligándonos a analizar de nuevo quiénes somos y cómo podemos conectar con los demás. Para estar presentes tenemos que afrontar esos retos como momentos. La presencia no es una cuestión de todo o nada. A veces perdemos este estado y tenemos que volver a recuperarlo, pero es algo de lo más normal.

Vamos ahora a considerar estas ideas, a averiguar cómo encajan con la ciencia y a aplicarlas en nuestra vida no a gran escala, sino dentro de cinco minutos, cuando vayamos a mantener una entrevista para conseguir un trabajo o acceder a la universidad, cuando estemos a punto de lanzar ese penalti, cuando saquemos ese tema espinoso con un compañero de trabajo o un amigo, o cuando propongamos la nueva idea que tanto entusiasmo y nerviosismo nos causa. Este es el momento de la verdad. El aspecto más útil de aprender a estar presentes.

¿Cómo se manifiesta la presencia y qué sensación produce?

La presencia es confianza sin arrogancia.
Rohan, Australia

La presencia se manifiesta de dos formas. En primer lugar, cuando estamos presentes comunicamos la clase de rasgos de carácter que Lakshmi Balachandra identificó en su investigación sobre las propuestas para conseguir capitales de riesgo: pasión, confianza y un agradable entusiasmo. O, como Rohan de Australia la describió, es confianza sin arrogancia. En segundo lugar la presencia surge de algo que yo llamo sincronía, de la que hablaré más adelante.

Volvamos a los capitalistas de riesgo, a quienes les fascina en especial el tema de cómo la presencia se manifiesta y suena. Tienen que decidir en un santiamén si una idea, y lo que es más importante, su autor, son una inversión que vale la pena. *¿En qué* se fijan los capitalistas de riesgo exitosos? Si se dedican a comparar numerosas buenas propuestas de negocios, ¿cuáles son las diminutas pistas que hacen que se decanten por un empresario en busca de financiación por encima de otro?

Resumiré las observaciones de muchos capitalistas de riesgo exitosos que he ido reuniendo a lo largo de los años:

> Me fijo en las pistas que me revelan que no están convencidos del todo de lo que me proponen. Si es así, no me lo trago.
>
> Observo si intentan a toda costa darme una buena impresión en lugar de mostrarme lo mucho que les importa la idea que me proponen.
>
> Me fijo en si son demasiado enérgicos y agresivos, quizás un tanto avasalladores. Lo interpreto como un mecanismo de defensa. No espero que tengan todas las respuestas. A decir verdad, no quiero que las tengan todas.
>
> No me importa si los veo un poco nerviosos, me están presentando una gran propuesta, algo importante para ellos, es lógico que se sientan un tanto nerviosos.

Analicemos estas observaciones.

Me fijo en las pistas que me revelan que no están convencidos del todo de lo que me proponen. Si es así, no me lo trago.

Si una persona que te pide que inviertas en su proyecto no cree en su propia historia, ¡por qué ibas tú a creer en él! «Estar convencido de lo que dices es esencial en una propuesta»,[17] escribió el experto en

---

17. J. Haigh, «Fear, truth and reality in making presentations», *Management Decision*, *32*, 1994, págs. 58-60.

dirección de empresas Jonathan Haigh. Una idea no sobrevivirá si quien la propone no cree en ella.

La presencia viene de creer y confiar en tu historia: en tus sentimientos, creencias, valores y aptitudes. Tal vez en una ocasión tuviste que vender un producto que no te gustaba o convencer a alguien de una idea en la que no creías. Esta clase de situaciones te hacen sentir desesperado, desanimado y falso. Te sientes poco honrado, porque es algo deshonesto.

No creo que la gente pueda aprender a vender algo en lo que no cree. Y aunque yo creyera lo contrario, no enseñaría a nadie a hacerlo. Si es eso lo que buscas, estás leyendo el libro equivocado.

De la misma manera, tampoco puedes fingir una habilidad de la que careces. A veces la gente me malinterpreta al creer que estoy sugiriendo que se puede aprender a fingir ser competente.[18] La presencia no consiste en fingir serlo, sino en creer en tus capacidades de verdad y en manifestarlas. En desprenderte de lo que te impide expresar quién eres. Es más bien aceptar que en realidad posees esta capacidad.

A veces tienes que superar esas partes tuyas que te hacen la zancadilla para poder *ser* tú mismo.

Hace poco llevé a cabo un estudio, junto con los estudiantes de posgrado Caroline Wilmuth y Nico Thornley, en el que los participantes tenían que asistir a unas entrevistas de trabajo simuladas muy intensas.[19] Les pedimos que se imaginaran que les estaban entrevistando para el trabajo de sus sueños y que se prepararan una respuesta de cinco minutos para la pregunta más frecuente (y sin duda las más desconcertante) en esta clase de entrevistas: «¿Por qué tendríamos que contratarte?» Les advertimos que no podían dar una imagen falsa de sí mismos y que te-

---

18. «Fíngelo hasta serlo». Hablaré de este fenómeno detalladamente más adelante en el libro. Pero lo esencial de la idea es que a veces tenemos que engañarnos a nosotros mismos para ver quiénes somos y aquello de lo que somos capaces. No estamos engañando a los demás, porque no tienen ninguna razón para creer que somos incapaces de manifestar nuestro potencial. En realidad estamos siendo un obstáculo para nosotros mismos, por esta razón tenemos que fingir de vez en cuando.

19. A. J. C. Cuddy, C. A. Wilmuth y N. Thornley, «Nonverbal presence signals believability in job interviews». Manuscrito en proceso de elaboración.

nían que ser sinceros. Acto seguido, los participantes respondieron a dos duros entrevistadores explicándoles por qué debían contratarles. Para aumentar el estrés, se les indicó a los entrevistadores que durante la entrevista no respondieran, animaran ni ayudaran a los entrevistados en ningún momento. Que no mostraran ninguna reacción. Durante cinco largos minutos. Aunque la situación no parezca demasiado desmoralizadora, imagínate que intentas convencer a dos personas que están sentadas ante ti en silencio observándote, tomando notas y evaluándote para que te contraten, mientras te miran impertérritos todo el tiempo. Además, les dijimos a los participantes que las entrevistas se grabarían para que las evaluaran más tarde otra serie de expertos formados para ello.

Seis expertos evaluaron los vídeos. Dos puntuaron a los entrevistados en una escala de cinco puntos para evaluar el grado de presencia exhibido: hasta qué punto se habían mostrado cautivadores, cómodos, seguros y entusiastas. Un segundo par de expertos puntuaron la credibilidad de los entrevistados en una escala de cinco puntos: si habían sido auténticos, creíbles y genuinos. Y un tercer par de expertos puntuaron la actuación en general de los entrevistados y hasta qué punto eran adecuados para el puesto de trabajo: si lo habían hecho bien y si debían contratarlos.

Al igual que en el caso de los descubrimientos sobre las propuestas de los empresarios, cuanto más presentes estaban los entrevistados, mejor los evaluaban los expertos y con más vehemencia los recomendaban para que los contrataran, y este efecto producido por la presencia era importante. Pero aquí está el secreto. El estado de presencia del entrevistado fue fundamental para los evaluadores porque reflejaba autenticidad, credibilidad y sinceridad. Les indicaba que podían confiar en la persona, que lo que estaban observando era real… que sabían que estaban tomando la decisión correcta. Es decir: las evidentes cualidades de la presencia —confianza, entusiasmo, sentirse cómodo, ser cautivador— se interpretan como signos de autenticidad, y además por una buena razón: cuanto más capaces somos de ser nosotros mismos, más presentes estamos. Y esto nos hace convincentes.

Más tarde les preguntamos a los participantes si creían que la entrevista les había ido bien. Los que habían mostrado una mayor presencia en la entrevista eran los que más satisfechos estaban. Al parecer creían que habían dado una buena imagen de sí mismos. Se habían quedado satisfechos, sin reprocharse nada, al margen de los resultados.

Antes de seguir adelante me gustaría aclarar que la presencia no es exclusiva de los extrovertidos, una idea falsa muy extendida. No solo las personas introvertidas pueden manifestar la misma firme presencia que las extrovertidas, sino que además las investigaciones de la última década revelan de forma abrumadora que las personas introvertidas suelen tener cualidades que favorecen el liderazgo y el espíritu emprendedor, como la capacidad de concentrarse durante largos espacios de tiempo, una mayor resistencia a dejarse llevar por la clase de prejuicios en la toma de decisiones que son funestos para las empresas, una menor necesidad de ser validados por los demás, y una mayor habilidad para escuchar, observar y sintetizar. Susan Cain, licenciada por la Facultad de Derecho de Harvard y autora del rompedor superventas *Quiet: The Power of Introverts in a World That Can't Stop Talking*, explica: «Por naturaleza, a los individuos introvertidos les apasionan una, dos o tres cosas en la vida… y su pasión por una idea les empuja a abrirse, establecer alianzas y redes de contactos, adquirir experiencia y hacer lo que sea necesario para materializarla». Para ser apasionado y efectivo no hace falta hablar en voz alta ni ser extremadamente sociable. A decir verdad, el estado de presencia va unido a un cierto silencio.[20]

Observo si intentan a toda costa darme una buena impresión en lugar de mostrarme lo mucho que les importa la idea que me proponen.

Cuando estamos pendientes de la impresión que damos a los demás, nuestra coreografía vital es poco natural. Esta nos exige demasia-

---

20. Si estás interesado en conocer más a fondo el tema de la introversión, te recomiendo vivamente leer el superventas de Susan Cain *Quiet: The Power of Introverts in a World That Can't Stop Talking*, Crown, Nueva York, 2013. Las citas se han extraído de un artículo de Elizabeth Bernstein publicado el 24 de agosto de 2015 en el *Wall Street Journal*, «Why Introverts Make Great Entrepreneurs», www.wsj.com/articles/why-introverts-make-great-entrepreneurs-1440381699.

do esfuerzo y no estamos en la longitud de onda cognitiva ni emocional para triunfar. El resultado es que damos una imagen de falsedad.

Sin embargo, mucha gente intenta manipular la impresión que da a los demás escribiendo el guion y la coreografía de su comunicación tanto verbal como no verbal. Esta actitud presupone que tenemos más control sobre cualquier situación del que en realidad tenemos. Pero ¿funciona esta táctica?

La ciencia ha analizado esta pregunta, sobre todo en el contexto de los resultados de entrevistas de trabajo y de selección de candidatos. Por ejemplo, hay individuos que intentan dar una imagen positiva a los entrevistadores aprovechando la menor oportunidad para recitar de un tirón sus logros o sonriendo y estableciendo contacto visual con frecuencia. La táctica de intentar manipular la impresión que causamos no suele funcionar, sobre todo en las entrevistas largas o estructuradas y con entrevistadores bien formados. Cuanto más intentan los candidatos dar una buena impresión —cuantas más tácticas usan—, más empiezan los entrevistadores a ver a los candidatos como falsos y manipuladores, por lo que al final tienen pocas probabilidades de conseguir el trabajo.[21]

---

21. Si deseas obtener más información sobre cómo las técnicas del manejo de las impresiones afectan a los resultados de las entrevistas de trabajo, la encontrarás en M. R. Barrick, J. A. Shaffer y S. W. DeGrassi, «What you see may not be what you get: Relationships among self-presentation tactics and ratings of interview and job performance», *Journal of Applied Psychology*, 94, 2009, págs. 1394-1411. W. C. Tsai, C. C. Chen y S. F. Chiu, «Exploring boundaries of the effects of applicant impression management tactics in job interviews», *Journal of Management*, 31, 2005, págs. 108-125. D. C. Gilmore y G. R. Ferris, «The effects of applicant impression management tactics on interviewer judgments», *Journal of Management*, 15, 1989, págs. 557-564. C. K. Stevens y A. L. Kristof, «Making the right impression: A field study of applicant impression management during job interviews», *Journal of Applied Psychology*, 80, 1995, págs. 587-606. J. L. Howard y G. R. Ferris, «The employment interview context: Social and situational influences on interviewer decisions», *Journal of Applied Social Psychology*, 26, 1996, págs. 112-136. R. A. Baron, «Self-presentation in job interviews: When there can be "too much of a good thing"», *Journal of Applied Social Psychology*, 16, 1986, págs. 16-28. R. A. Baron, «Impression management by applicants during employment interviews: The "too much of a good thing effect"», en R. W. Eder y G. R. Ferris (eds.), *The employment interview: Theory, research, and practice*, Sage Publications, Newbury Park, California, 1989.

Pero esto no solo se aplica a las personas que están allí para ser juzgadas. No olvides que en cualquier interacción ambas partes juzgan y son juzgadas a la vez. En las entrevistas de trabajo, la mayoría de las personas piensan que el candidato es el que está siendo evaluado, pero los candidatos también evalúan a los entrevistadores. Esto ocurre en parte porque nos hacemos una impresión a primera vista de cualquier persona con la que nos relacionemos. Pero también hay una razón práctica: como el entrevistador representa a la organización, el candidato lo sondea en busca de información que le resulte útil.

Por eso los entrevistadores suelen «venderse» a sí mismos y a la compañía para adaptarse a lo que creen que los candidatos quieren oír. En un estudio reciente, los profesores expertos en conducta empresarial Jennifer Carson Marr y Dan Cable quisieron averiguar si el deseo de los entrevistadores de presentar una imagen atractiva de sí mismos y de la compañía a los candidatos —en lugar de evaluarlos y contratarlos como es debido—, afectaría a la cualidad de su evaluación y selección. En una combinación de estudios de laboratorio y de campo, descubrieron que cuanto más se centraban los entrevistadores en resultarles atractivos a los candidatos (por ejemplo, cuanto más intentaban «caerles bien»), menos acertaban a la hora de seleccionar a los candidatos adecuados para la empresa en cuanto al rendimiento laboral, civismo y valores esenciales de los mismos.[22]

Moraleja: *céntrate menos en la impresión que das y más en la impresión que te llevas de ti.* Lo segundo condiciona lo primero, un fenómeno que espero veas cada vez con más claridad a medida que leas este libro.

Me fijo en si son demasiado enérgicos y agresivos, quizás un tanto avasalladores. Lo interpreto como un mecanismo de defensa. No espero que tengan todas las respuestas. A decir verdad, no quiero que las tengan todas.

---

22. J. C. Marr y D. M. Cable, «Do interviewers sell themselves short? The effects of selling orientation on interviewers' judgments», *Academy of Management Journal*, 57, 2014, págs. 624-651.

Por desgracia, la confianza en uno mismo suele tomarse como engreimiento. Como me dejaron claro los inversores con los que hablé, la auténtica confianza no consiste en creer a ciegas en una idea. Si alguien cree de verdad en la importancia y el potencial de un proyecto, querrá solucionar sus puntos débiles y mejorarlo incluso más. Lo verá con precisión, reconociendo tanto los puntos fuertes como los débiles. Su meta no será endosárselo al primero que se presente, sino ayudar a los posibles inversores a verlo con exactitud para que entiendan de qué se trata. La auténtica confianza viene del amor real y lleva a adquirir el compromiso a largo plazo de crecer. La falsa confianza viene, en cambio, de una pasión desesperada y lleva a relaciones disfuncionales, decepciones y frustración.

La enorme cantidad de libros publicados sobre autoestima tal vez ayude a ver esta idea con más claridad. Los intentos de mejorar la autoestima, considerados en el pasado el antídoto a todos los males de la sociedad, han ido perdiendo aceptación en los últimos años. Entre otras razones, porque cuesta lo suyo evaluar adecuadamente la autoestima. Algunas personas que afirman tener una imagen positiva de sí mismas, de hecho la tienen. Pero otras están expresando algo conocido como una alta autoestima frágil, la aparente buena imagen que cobijan de sí mismos depende de una continua validación exterior, una visión que no se basa en la realidad, sino más bien en hacerse ilusiones. No toleran a la gente ni las respuestas que puedan poner en duda la gran opinión que tienen de sí mismos. Aunque parezcan estar llenas de confianza, las personas con una alta autoestima frágil se ponen enseguida a la defensiva y descartan las situaciones o la gente que perciben como amenazas.[23]

En cambio, una alta autoestima sólida surge del interior. No necesita la validación exterior para prosperar ni se desmorona al primer signo de amenaza. Las personas que se valoran profundamente reflejan este sentimiento al afrontar los cambios de la vida y las relaciones

23. Para un análisis sobre el tema, véase M. H. Kernis, «Toward a conceptualization of optimal self-esteem», *Psychological Inquiry, 14,* 2003, págs. 1-26.

de una forma sana y eficaz, y al volverse más fuertes y abiertas con esas experiencias.

Si bien la autoestima no es sinónimo de autoconfianza, ambas comparten ciertos rasgos. Una persona que confíe en sí misma no tiene por qué ser arrogante. En realidad, la arrogancia no es más que una cortina de humo para ocultar la inseguridad. Un individuo seguro —que conoce su identidad y cree en ella—, lleva consigo herramientas en lugar de armas. No necesita quedar por encima de los demás. Está presente al interactuar con ellos, escucha sus puntos de vista y los integra de un modo que hace que todo el mundo se sienta valorado.

Cuando crees de verdad —en ti, en tus ideas—, no te sientes amenazado, sino seguro.

No me importa si los veo un poco nerviosos, me están presentando una gran propuesta, algo importante para ellos, es lógico que se sientan un tanto nerviosos.

Cuando algo nos importa mucho, podemos sentirnos un poco nerviosos al presentárselo a otra persona porque valoramos su opinión. En realidad nos podemos sentir seguros y un tanto nerviosos a la vez. En las situaciones retadoras una cantidad moderada y controlable de nerviosismo puede ser un mecanismo de adaptación en el sentido evolutivo, ya que nos mantiene alerta ante un peligro real y a veces es un signo de respeto. Preocuparnos un poco nos permite ser conscientes de las cosas reales que no van bien y centrarnos en prevenir los desastres. Un cierto nerviosismo incluso indica a los demás lo mucho que tu proyecto te apasiona. Después de todo, no te pondrías nervioso si no te importara y no puedes persuadir fácilmente a un inversor o a un posible cliente a que acepte tu idea si no es evidente que te importa mucho si lo consigues o no.[24]

---

24. Para un análisis sobre el tema, véase A. M. Perkins y P. J. Corr, «Anxiety as an adaptive emotion», en G. Parrott (ed.), *The positive side of negative emotions*, Guilford Press, Nueva York, 2014.

No creas que tienes que eliminar como por arte de magia cualquier vestigio de nerviosismo. Intentar mantenerte sereno a toda costa no te ayudará a estar presente. Dicho esto, una ansiedad intensa puede al mismo tiempo desgastarte e impedir que te concentres. No te aferres a ella, adviértela simplemente y sigue adelante. La ansiedad se vuelve pegadiza y destructiva cuando empezamos a sentirnos ansiosos por estar ansiosos. Paradójicamente, la ansiedad también hace que te vuelvas más egocéntrico, porque cuando estás muy ansioso te obsesionas contigo mismo y con lo que los demás piensan de ti.[25]

La presencia se manifiesta como confianza sin arrogancia.

El yo sincronizado

La presencia es cuando todos tus sentidos coinciden
en algo al mismo tiempo.
Majid, Emiratos Árabes Unidos

Prácticamente todas las teorías sobre el yo auténtico y, por extensión, sobre la presencia, requieren un cierto grado de alineación —de sincronía— como yo la llamo. Para estar presentes de verdad, los diversos elementos del yo —emociones, pensamientos, expresiones físicas y faciales, conductas— deben estar en armonía. Si nuestras acciones no son coherentes con nuestros valores, no sentiremos que estamos siendo fieles a quienes somos. Si nuestras emociones no se reflejan en nuestras expresiones físicas, no nos sentiremos auténticos.

Carl Jung creía que el proceso más importante en el desarrollo humano era integrar las distintas partes de uno mismo: el consciente con el inconsciente, lo disposicional con lo experiencial, lo congruente con lo incongruente. Llamó a este proceso que dura toda la vida

---

25. A. R. Todd, M. Forstmann, P. Burgmer, A. W. Brooks y A. D. Galinsky, «Anxious and egocentric: How specific emotions influence perspective taking», *Journal of Experimental Psychology: General, 144*, 2015, págs. 374-391.

individuación. En el fondo, Jung sostenía que la individuación puede llevarte a enfrentarte a tu «verdadera personalidad», un proceso que creía tenía «un profundo efecto curativo» tanto psicológica como físicamente. A través de la individuación, afirmaba, «nos volvemos armoniosos, serenos, maduros y responsables».[26] En la psicoterapia analítica junguiana la individuación es la meta. En cuanto a nuestra meta, cuando alcanzamos esta alineación psicológica interior nos encontramos más cerca de un estado de presencia.

Cuando estamos realmente presentes en un momento difícil, nuestra comunicación verbal y no verbal fluye. Ya no nos hallamos en un estado mental confuso —como el que experimenté en aquellos nefastos momentos en el ascensor— analizando simultáneamente lo que creemos que los demás piensan de nosotros, lo que hemos dicho un minuto antes y lo que pensamos que pensarán de nosotros en cuanto nos alejemos, mientras intentamos desesperadamente ajustar lo que estamos diciendo y haciendo para darles la impresión que creemos quieren percibir.

En general, es relativamente fácil controlar las palabras que pronunciamos. Podemos repetir simplemente las frases y los términos que hemos estudiado y ensayado frente al espejo. Pero controlar el resto de nuestros mecanismos de comunicación —lo que el rostro, el cuerpo y nuestra conducta le transmiten al mundo exterior— es mucho más difícil. Y esta clase de comunicación no verbal —las no palabras— importa. Importa mucho.

«Estoy convencida de que los gestos existieron antes que las palabras», afirma la gran bailarina Maya Plisetskaya. «Un gesto lo entendemos todos... no necesitamos nada más, palabra alguna.»

Si bien existen algunos gestos idiosincrásicos en determinadas culturas, Plisetskaya tenía razón, la gran mayoría se reconocen en todo el mundo, sea cual sea el idioma del gesticulante o del observador. Cuando expresamos una emoción genuina nuestro lenguaje no verbal suele seguir unos patrones previsibles.

26. C. G. Jung, *An analysis of a prelude to a case of schizophrenia*, vol. 2 de *Symbols of transformation*, R. F. C. Hull, trad., Harper & Brothers, Nueva York, 1962.

Las evidencias seminales de la universalidad de las expresiones emocionales las obtuvo el investigador pionero Paul Ekman, que estuvo estudiando las emociones durante más de cincuenta años, junto con los psicólogos Carroll Izard y Wallace Friesen. Viajando por todo el mundo a lugares como Borneo y Papúa Nueva Guinea, descubrieron que los habitantes de cualquier parte del planeta, tanto en las culturas de tradición oral como en las que carecen de ella, entendían en gran medida las expresiones faciales. Es decir (sin doble sentido), no necesitamos el lenguaje verbal para interpretar las expresiones de la cara de los demás.

De hecho, en la actualidad existen sólidas evidencias transculturales que respaldan la universalidad de al menos nueve emociones: ira, miedo, repugnancia, felicidad, tristeza, sorpresa, desprecio, vergüenza y orgullo. Nuestras expresiones faciales, vocalizaciones e incluso posturas y movimientos tienden a armonizar unas con otras, lo cual comunica una importante información social sobre en quién y en qué confiar, a quién evitar, y otras cosas por el estilo. Estas expresiones emocionales son universales, son prácticamente las mismas en todas las sociedades del mundo.

Imagínate que le preguntas a una amiga cómo le ha ido el trabajo y te cuenta algo que la ha sacado de quicio. Su cuerpo te comunica la misma historia que sus palabras. Arruga el entrecejo, los ojos le brillan, frunce la boca, su voz se vuelve más grave y sube de tono, inclina probablemente el cuerpo hacia delante y sus movimientos se vuelven rápidos y crispados.

El aspecto y la voz de alguien que esté cantando una nana serán, en cambio, muy distintos. Si no es así, estará reflejando alguna clase de conflicto interior (por ejemplo, es muy probable que no le apetezca nada cantarla). Sea negativa o positiva, la emoción es auténtica, por lo que sus manifestaciones a través de los canales verbales y no verbales están sincronizadas.

Otra forma de entender la sincronía que se da cuando estamos siendo auténticos es observar la *falta de sincronía* de cuando no lo somos. El engaño tiene el potencial de decirnos muchas cosas sobre por qué la presencia genera una conducta sincronizada.

Empezaré a ilustrarlo con una pregunta: ¿cómo sabes cuándo alguien miente? Si eres como la mayoría de la gente, tu primera respuesta será algo como: «Los mentirosos no establecen contacto visual». En una encuesta en la que participaron 2.520 adultos de sesenta y tres países, el 70 por ciento dieron esta respuesta.[27] La gente también suele enumerar otros signos que supuestamente nos indican que alguien miente, como los movimientos de inquietud, el nerviosismo y las divagaciones. En una entrevista con *The New York Times,* el psicólogo Charles Bond, que estudia el engaño, dijo que el estereotipo de lo que hacen los mentirosos «sería menos desconcertante si tuviéramos más razones para creer que es cierto».[28] Por lo visto, no existe el «efecto Pinocho»,[29] no hay una sola pista no verbal que traicione a un mentiroso. Juzgar la honestidad de una persona no consiste en identificar una «manifestación» estereotipada, como moverse inquieto o desviar la mirada, sino en lo bien o mal que sus numerosos canales de comunicación —expresiones faciales, postura, movimientos, cualidades vocales, palabras— cooperan en ello.

Cuando no somos auténticos —al proyectar una emoción falsa u ocultar una real— nuestra conducta verbal y no verbal empieza a discordar. Nuestras expresiones faciales no coinciden con las palabras que decimos. Nuestra postura no está en sincronía con nuestra voz. Ya no se manifiestan en armonía, cada una va por su lado en una cacofonía.

---

27. Para un análisis sobre los estereotipos de los mentirosos, véase M. Hartwig y C. F. Bond, Jr., «Why do lie-catchers fail? A lens model meta-analysis of human lie judgments», *Psychological Bulletin, 137,* 2011, págs. 643-659.

28. R. M. Henig, 5 de febrero de 2006, «Looking for the lie», *The New York Times Magazine,* págs. 47-53.

29. Dicho esto, sirviéndose de la termografía, un equipo de investigadores de la Universidad de Granada han presentado por primera vez varias pruebas de que la temperatura alrededor de la nariz se eleva cuando mentimos. Al no apreciarse a simple vista, no puede considerarse un «efecto Pinocho». Véanse las investigaciones de la Universidad de Granada, 3 de diciembre de 2012, *Researchers confirm the «Pinocchio Effect»: When you lie, your nose temperature raises,* procedente de http://canalugr.es/index.php/social-economic-and-legal-sciences/item/61182-researchers-confirm-the "pinocchio-effect"-when-you-lie-your-nose-temperature-raises.

Esta idea no es exactamente nueva. En realidad, Darwin la presentó: «Cuando un hombre está un tanto enojado, e incluso cuando está enfurecido, puede controlar los movimientos de su cuerpo, pero... aquellos músculos de la cara que son menos obedientes a la voluntad revelarán a veces una pequeña y pasajera emoción tan solo».[30]

Cuando alguien miente está dándole vueltas a numerosos diálogos interiores: lo que sabe que es cierto, lo que quiere que sea cierto, lo que está presentando como cierto y todas las emociones que se dan en cada uno de los diálogos: miedo, ira, culpabilidad, esperanza. Mientras tanto, está intentando proyectar una imagen creíble de sí mismo, lo cual se vuelve de pronto muy difícil, dificilísimo. Sus creencias y sentimientos están en conflicto consigo mismo y también unas con otros.[31] Manejar todos esos conflictos —conscientes e inconscientes, psicológicos y fisiológicos— nos aleja del presente.

Es decir, mentir —o no ser auténticos— cuesta una barbaridad. Estamos contando una historia y ocultando otra al mismo tiempo, y por si esto ya no fuera lo bastante complicado, la mayoría nos sentimos culpables psicológicamente al hacerlo, una sensación que también intentamos ocultar. No tenemos la capacidad mental para manejar todo esto sin meter la pata, sin que se nos «escape» algo. Las mentiras van aparejadas con los «escapes». De hecho, una forma de interpretar los signos clásicos que nos revelan que alguien miente es verlos simplemente como signos corrientes de «escapes». Como la psicóloga social y experta en el engaño Leanne ten Brinke lo explica:

---

30. C. Darwin, *The expression of the emotions in man and animals,* University of Chicago Press, Chicago, 1872. (Tal como se cita en Leanne ten Brinke, Sarah MacDonald, Stephen Porter, Brian O'Connor, «Crocodile tears: Facial, verbal and body language behaviours associated with genuine and fabricated remorse», *Law and Human Behavior, 36,* 2012, págs. 51-59.)

31. T. C. Ormerod y C. J. Dando, «Finding a needle in a haystack: Toward a psychologically informed method for aviation security screening», *Journal of Experimental Psychology: General 144,* 2014, págs. 76-84.

Los mentirosos tienen que mantener su doblez falsificando las expresiones emocionales para que concuerden con la mentira, procurando al mismo tiempo que no se les «escapen» sus verdaderas emociones. Por ejemplo, un empleado mentiroso debe expresar convincentemente tristeza cuando le explica a su jefe que tendrá que ausentarse del trabajo porque tiene que ir al funeral de su tía en las afueras de la ciudad, reprimiendo su excitación sobre sus auténticos planes de alargar unas vacaciones con sus amigos.[32]

En su popular libro *Cómo detectar mentiras,* el experto en emociones Paul Ekman afirma que las mentiras conllevan «escapes» de manera inevitable y que podemos aprender, mediante una amplia formación, a detectarlos observando las expresiones faciales y otras conductas no verbales. Sostiene que debemos buscar en especial incongruencias entre lo que la gente dice y lo que hace.[33]

Para estudiarlo, Leanne ten Brinke y sus colegas analizaron cerca de trescientas mil imágenes de vídeos que mostraban a personas que estaban realmente arrepentidas por unas faltas reales frente a otras que fingían estarlo. Las que expresaban un arrepentimiento sincero manifestaban una conducta verbal y no verbal fluida emocionalmente. En cambio, las que fingían estarlo presentaban un estado agitado y caótico: expresaban una mayor variedad de emociones contradictorias y sus pausas y vacilaciones eran mucho menos naturales. Los investigadores describieron estas manifestaciones poco sinceras como «turbulentas emocionalmente».[34]

Uno de los estudios más fascinantes sobre la psicología del engaño lo llevó a cabo la psicóloga de la Universidad de Harvard Nancy Etcoff

---

32. Ten Brinke et al., «Crocodile tears», pág. 52.

33. P. Ekman, *Telling lies: Clues to deceit in the marketplace, politics, and marriage* (ed. revisada), W. W. Norton & Company, Nueva York, 2009. [Edición en castellano: *Cómo detectar mentiras: una guía para utilizar en el trabajo, la política y la pareja,* Paidós Ibérica, Barcelona, 2005.]

34. Ten Brinke et al., «Cocodrile tears», pág. 51.

y sus colegas. Al parecer, lo de detectar mentiras no se nos da demasiado bien, aunque la mayoría creamos tener un olfato muy fino para ello.[35] Etcoff supone que se debe a que cuando intentamos detectar una mentira le prestamos demasiada atención al lenguaje, al contenido de lo que una persona nos está diciendo. Etcoff decidió estudiar a un grupo de personas que *no* pueden prestar atención al lenguaje: individuos con afasia, un trastorno relacionado con el procesamiento del lenguaje que daña profundamente la capacidad del cerebro de comprender las palabras.[36]

En este estudio en particular todos los afásicos habían sufrido una lesión en el hemisferio izquierdo, un área del cerebro asociada con el lenguaje y la comprensión y producción del habla. Etcoff los comparó con otras personas que habían sufrido una lesión en el hemisferio derecho (que no está asociado con el lenguaje ni con la comprensión y producción del habla), y también con participantes sanos sin ningún tipo de lesión.

Todos los participantes miraron un vídeo de diez desconocidos hablando. Los desconocidos hablaron dos veces: en una secuencia mentían y en otra decían la verdad. Los afásicos, que no podían procesar bien las palabras pronunciadas en las confesiones, eran mucho mejores que los de los otros dos grupos en cuanto a detectar a los mentirosos, sugiriendo que prestar atención a las palabras reduce, paradójicamente, nuestra capacidad de detectar mentiras.

En un par de experimentos recientes que respaldaban estos descubrimientos, Leanne ten Brinke y sus colegas demostraron que los humanos, como los primates no humanos, detectamos mejor las mentiras

---

35. Charles Bond y Bella DePaulo analizaron las respuestas de cerca de veinticinco mil sujetos y descubrieron que la gente distingue con precisión una mentira de una verdad en un 54 por ciento de las ocasiones, lo cual es apenas mejor que echar una moneda al aire. Este dato coincide con muchos otros hallazgos anteriores. Véase C. F. Bond y B. M. DePaulo, «Accuracy of deception judgments», *Personality and Social Psychology Review, 10,* 2006, págs. 214-234.

36. N. L. Etcoff, P. Ekman, J. J. Magee y M. G. Frank, «Lie detection and language comprehension», *Nature, 405,* 2000, pág. 139.

usando las partes inconscientes de la mente.[37] Las partes conscientes de la mente son, como es lógico, las que captan las palabras y las que se tragan las mentiras. Estos hallazgos sugieren que cuanto más nos fijamos en las pistas verbales que creemos que indican poca sinceridad, menos advertimos los signos no verbales que la revelan.

Evidentemente, nos resulta mucho más fácil mentir con palabras que con las acciones físicas que las acompañan. Por otro lado, cuando intentamos advertir signos de mentiras o de veracidad, nos fijamos demasiado en las palabras y demasiado poco en la *gestalt*[38] no verbal de lo que está teniendo lugar. Cuando decidimos presentarnos hacemos lo mismo: nos fijamos en exceso en las palabras que decimos y no prestamos atención a lo que el resto de nuestro cuerpo está haciendo, por lo que nuestro lenguaje verbal y no verbal no está en sincronía. Cuando dejamos de intentar controlar todos los pequeños detalles, la *gestalt* fluye en armonía. Funciona. Tal vez parezca paradójico sugerir que debemos ser conscientes de nuestro cuerpo para actuar con naturalidad, pero como veremos más adelante, las dos cosas pueden ir unidas.

La verdad se revela con más claridad a través de nuestras acciones que de nuestras palabras. Como la gran bailarina estadounidense Martha Graham afirmó: «El cuerpo dice lo que las palabras no expresan». También señaló: «El cuerpo nunca miente». Sin duda alguna, ser poco sincero no es lo mismo que mentir intencionadamente, pero los resultados son parecidos. Presentar una versión poco sincera de ti le puede chocar tanto al observador como si le mintieras aposta, porque tu conducta no verbal está en asincronía con la verbal. Cuanto menos presentes estemos, peor será nuestra actuación. Ambas cosas se refuerzan mutuamente.

A decir verdad, incluso podemos sentirnos inseguros y obtener escasos resultados ante la audiencia si se introduce una falsa asin-

---

37. Se usa en psicología con el significado de un todo, de un conjunto como unidad. (*N. de la T.*)

38. L. ten Brinke, D. Stimson y D. R. Carney, «Some evidence for unconscious lie detection», *Psychological Science, 25,* 2014, págs. 1098-1105.

cronía, un hecho que los investigadores han demostrado en sus estudios.[39] Los músicos dependen enormemente de la respuesta sincrónica del público a sus interpretaciones musicales: escuchar la música interpretada mientras la interpretan. Cuando esta sincronía es manipulada artificialmente por medio de auriculares, los músicos pierden confianza en sus aptitudes y se distraen al intentar comprender la asincronía, lo cual hace que la calidad de su actuación baje.

Como Majid escribió, la presencia se da «cuando todos nuestros sentidos coinciden en algo al mismo tiempo». *La presencia se manifiesta como una sincronía resonante.*

¿Qué es lo que sabemos hasta ahora? Que la presencia viene de creer en nuestras propias historias. Cuando no nos las creemos somos inauténticos, en cierto sentido nos estamos engañando a nosotros mismos y a los demás. Y este autoengaño lo ven los demás a medida que nuestra seguridad se esfuma y nuestra conducta verbal y no verbal se vuelve disonante. No significa que estén pensando «Es un mentiroso», sino más bien «Hay algo que no me cuadra. No puedo confiar del todo en esta persona». Como Walt Whitman dijo: «Convencemos a los demás con nuestra presencia», y para convencer a los demás, tenemos que estar convencidos de lo que intentamos transmitirles.

¿Cómo aprendemos a creer en nuestras propias historias?

---

39. B. H. Repp y Y. H. Su, *Sensorimotor synchronization: A review of recent research, 2006-2012, Psychonomic Bulletin & Review, 20,* 2013, págs. 403-452.

2

Cree en tu historia
y hazla tuya

La presencia es el yo interior revelándose.
PADI, ESPAÑA

El deseo de ser percibido y considerado como una persona «auténtica» parece ser una necesidad humana básica y quizá por eso el térmico «yo auténtico» se haya vuelto tan popular en la actualidad. A decir verdad, a veces me da la impresión de que lo usamos a diestro y siniestro con si fuera las serpentinas de Nochevieja.

Pero la cuestión es: ¿en qué consiste el yo auténtico? ¿Qué significa exactamente ser fiel a uno mismo? ¿Es lo que tus amigos creen cuando te animan a ser «tú mismo»? ¿Es la sensación que tenemos cuando «somos reales»? ¿Podemos esperar ser la misma persona, en cada circunstancia y en todo momento? ¿Cuántos yoes hay en nuestro interior y qué determina cuál será el que expresaremos?

Antes de responder a estas preguntas me gustaría hablar brevemente de otra más amplia: ¿qué es el yo?

Muchos psicólogos se han formulado esta pregunta, por lo que a lo largo de más de cien años se ha reunido un caudal de teorías e investigaciones al respecto, además del que han estado amasando los filósofos al intentar responder a esta pregunta durante miles de años. No puedo resumir aquí como es debido toda esta labor, pero estas son, a mi juicio, las tres cosas más importantes sobre el yo, en especial porque tienen que ver con la presencia.[40]

El yo es:

1. Multifacético en lugar de único.
2. Se expresa y refleja por medio de nuestros pensamientos, sentimientos, valores y conductas.
3. Es dinámico y flexible, en lugar de estático y rígido. Refleja la situación y responde a ella no como un camaleón, sino de un modo que nos anima y estimula a crecer. No significa que nuestros valores esenciales cambien, pero a veces se da un proceso que implica adaptar nuestro yo verdadero a la situación o al papel que nos ha tocado vivir al elegir cuáles serán los valores y rasgos que sacaremos a la luz.

Si el yo es multifacético y dinámico, ¿*existe* siquiera un yo auténtico único y estático?[41] En el pasado hubo eruditos que se decantaron

---

40. Si estás interesado en conocer más a fondo la psicología del yo, te recomiendo vivamente el libro de E. L. Deci (con R. Flaste), *Why we do what we do: The dynamics of personal autonomy*, Putnam, Nueva York, 1995.

41. Para obtener más información sobre las teorías académicas del yo verdadero y la autenticidad personal, véase Kernis y Goldman. Afirman que una persona auténtica posee lo siguiente: el conocimiento y la motivación para saber cuáles son sus metas, sentimientos e ideas sobre sí misma, aunque sean contradictorios; procesa objetivamente sus propios atributos, emociones, experiencias y conocimientos; actúa de acuerdo con sus necesidades personales, deseos y valores; y se relaciona con los demás con una actitud sincera y abierta. Wood afirma que para ser auténticos, nuestras acciones deben coincidir con los valores personales, las preferencias, las creencias y las motivaciones de las que somos conscientes. A. H. Maslow, «Some basic propositions of a growth and self-actualization psychology», en G. Lindzey y L. Hall (eds.), *Theories of personality: Primary sources and research*, 1965, págs. 307-316, John Wiley, Nueva York. C. R. Rogers, «The concept of the fully functioning person», *Psychotherapy: Theory, Research & Practice, 1*, 1963, págs. 17-23. M. H. Kernis y B. M. Goldman, «A multicomponent conceptualization of authenticity: Theory and research», 2006, en M. P. Zanna (ed.), *Advances in experimental social psychology*, vol. 38, págs. 283-357, Academic Press, Waltham, Massachusetts. A. M. Wood, P. A. Linley, J. Maltby, M. Baliousis y S. Joseph, «The authentic personality: A theoretical and empirical conceptualization and the development of the Authenticity Scale», *Journal of Counseling Psychology, 55*, 2008, págs. 385-399. D. M. Cable, F. Gino y B. R. Staats, «Breaking them in or eliciting their best? Reframing socialization around newcomers' authentic self-expression», *Administrative Science Quarterly, 58*, 2013, págs. 1-36.

por la idea romántica de que así era, pero la mayoría de los psicólogos y filósofos actuales coinciden en que no poseemos un yo auténtico totalmente integrado y permanente.

Soy partidaria de una visión pragmática, el yo auténtico es una experiencia, un estado y no un rasgo. Este fenómeno transitorio lo describió la psicóloga Alison Lenton como «la sensación subjetiva de ser uno mismo»[42] y como la «sensación momentánea de sentir que se está en armonía con el "verdadero yo de uno"».[43] Yo la interpreto como la experiencia de *saber* y *sentir* que estás siendo de lo más sincero y valiente. Es expresar de manera autónoma y sincera tus valores a través de tus actos. Este estado va y viene, pero lo reconocemos porque nos hace «sentir bien». Cualquier persona puede recordar un momento en el que haya sentido que está siendo tal como es, pero pocas pueden decir que siempre se sientan así. Albergamos ideas flexibles de nosotros mismos basadas en el papel que desempeñamos en cada momento y contexto (por ejemplo, el de progenitor, cónyuge, profesor).[44] Cuando sentimos que estamos siendo fieles a nuestro yo auténtico, los elementos específicos de ese yo —las partes que se han activado— cambian de una situación a otra.

Pero ¿nuestro *mejor* yo auténtico es lo mismo que nuestro yo *verdadero*? Sin duda, hay partes de nosotros que no nos gustan (y a la gente que nos conoce tampoco), y algunas incluso se pueden considerar destructivas. Muchas personas intentan cambiar estas partes suyas como, por ejemplo, un miedo irracional, un temperamento colérico. Son las partes de nuestro ser que no revelamos, no por ser dañinas, sino porque no estamos obligados a compartirlo absolutamente todo con el resto del mundo.

---

42. A. P. Lenton, M. Bruder, L. Slabu y C. Sedikides, «How does "being real" feel? The experience of state authenticity», *Journal of Personality, 81*, 2013, págs. 276-289.

43. A. Lenton (sin fecha), «Social Psychology Network profile», procedente de http://lenton.socialpsychology.org.

44. D. K. Sherman y G. L. Cohen, «The psychology of self-defense: Self-affirmation theory», en M. P. Zanna (ed.), *Advances in experimental social psychology*, vol. 38, págs. 183-242, Academic Press, Waltham, Massachusetts, 2006.

Y también hay algunas partes nuestras que, aunque no sean destructivas para los demás, intentamos cambiar u ocultar al avergonzarnos inmerecidamente de ellas, como se refleja en este correo electrónico:

> Soy un estudiante de medicina de Turquía. Mis notas son excelentes y me apasiona esta carrera, «pensar» sobre la ciencia, descubrir ideas nuevas. Soy consciente de mi potencial y sé que en mi interior hay algo enormemente positivo. Pero tengo un problema.
>
> Tartamudeo...
>
> Por esta razón no puedo participar en clase ni discutir acerca de nada y, lo que es peor aún, no puedo hacer ninguna pregunta... Ahora ya llevo cuatro años ocultándolo.

He recibido muchas cartas y mensajes de personas que están intentando superar los obstáculos que les impiden sacar del todo su lado más atrevido y creer y confiar en él. En todos hay características que creemos que debemos superar o esconder, no sentimos que formen parte de quien queremos ser.

Estos obstáculos son reales. Son dolorosos. ¿Es algo que preferiríamos no tener en nuestra vida? A menudo la respuesta es sí. Pero lo que me gustaría sugerir es que aunque no hayamos elegido incluir esta clase de obstáculos al imaginarnos nuestro yo ideal, pueden representar una dimensión importante de nuestros mejores yoes *auténticos:* suponen un reto, pero son una parte innegable de nosotros mismos. La lesión cerebral que sufrí en la universidad no constituye hoy un gran obstáculo para mí, pero siempre será una parte esencial de quien soy no solo por su impacto físico en mi cerebro y en mi sistema nervioso, sino por los incontables efectos secundarios que ha tenido en mis experiencias desde entonces: en mis relaciones y decisiones; en mis formas de pensar, aprender y sentir; en mi visión del mundo. Durante mucho tiempo fue una parte mía que me avergonzaba compartir. Durante mucho tiempo me estuvo entorpeciendo y atenazando.

Las adversidades físicas y psicológicas nos moldean. Nuestros retos nos enriquecen con percepciones y experiencias personales. Y no quiero ser simplista sobre ello, pero hay cosas que no solo necesitamos reconocer, sino también aceptar e incluso ver como positivas. Aunque no hayamos elegido incluirlas en las ideas que cobijamos de nosotros mismos, están ahí. Y no nos queda más remedio que hacerlas nuestras.

Ya nos estamos acercando, pero todavía no hemos respondido a la pregunta: ¿quién o qué es exactamente nuestro mejor yo auténtico, y cómo lo podemos encontrar cuando lo necesitamos? Los especialistas que estudian qué es lo que hace que los empleados estén contentos y rindan al máximo en el trabajo tal vez nos ayuden a descubrirlo. Quieren averiguar lo siguiente: ¿cómo pueden los empleados sentirse lo más contentos posible y rendir al máximo en el trabajo?

Laura Morgan Roberts, profesora de conducta empresarial y una experta muy conocida en cómo desarrollamos identidades positivas y auténticas en el trabajo, explica que todos tenemos momentos en los que nos sentimos muy vivos y fieles a nosotros mismos, en los que sacamos todo nuestro potencial, y además los recordamos con gran viveza. «Con el paso del tiempo creamos con esas experiencias una imagen de quiénes somos cuando nos encontramos en nuestro mejor momento personal»,[45] escribió ella junto con sus colegas.

Roberts orienta a la gente en el proceso de crear esta imagen ayudándoles a identificar los *activadores* y los *inhibidores:* las actitudes, creencias y conductas que aumentan y reducen su capacidad de sacar lo mejor de sí mismos.[46] Por ejemplo, como activador incluiría: «Ten-

---

45. L. M. Roberts, J. E. Dutton, G. M. Spreitzer, E. D. Heaphy y R. E. Quinn, «Composing the reflected best-self portrait: Building pathways for becoming extraordinary in work organizations», *Academy of Management Review, 30,* 2005, págs. 712-736.

46. L. M. Roberts, «Your reflected best self», 30 de septiembre de 2010, procedente de http://positiveorgs.bus.umich.edu/news/your-reflected-best-self/.

go facilidad para reconocer las buenas ideas de entre las más disparatadas»; y como inhibidor: «Soy una nulidad en calcular cuánto tiempo llevará completar un proyecto». En la siguiente lista aparecen algunas de las preguntas que Roberts y otros expertos en empresas han creado para ayudarnos a identificar las mejores partes de uno. Te aconsejo que anotes ahora tus respuestas, ten en cuenta que no solo se aplican al mundo laboral.[47]

- ¿Cuáles son las tres palabras que mejor te definen como individuo?
- ¿Cuál es tu singularidad que más feliz te hace y que te permite rendir al máximo?
- Reflexiona en un momento en concreto —en el trabajo o en el hogar— en el que actuaste de una forma que te pareció «natural» y «adecuada». ¿Cómo puedes actuar hoy del mismo modo?
- ¿Cuáles son las virtudes que te caracterizan y cómo puedes aplicarlas?

Pero no basta con identificar los valores, rasgos y virtudes que representan tu mejor yo auténtico, sino que debes reafirmarlos y tener fe en las respuestas. Tienes que creértelos. Te indican una parte importante de tu historia personal y si no crees en tu propia historia, ¡¿cómo van los demás a creer en ella?!

Interpretamos los mayores retos de la vida como amenazas que ponen en peligro esta historia, o para ser más exactos, como si estuvieran poniendo en duda la competencia del protagonista de la misma. Los momentos que le resultan amenazadores al yo suelen tener que ver con sentimientos de desaprobación o rechazo social: como no ser admitido en la universidad, perder un trabajo, romper una relación, cometer un error en público, abrirle nuestro corazón a alguien que responde censurándonos. Cuando nos enfrentamos a este tipo de situaciones nuestro instinto de supervivencia nos empuja a centrarnos

---

47. Roberts et al., «Composing the reflected best-self portrait».

en la amenaza y a emplear todos nuestros recursos psicológicos para defendernos. Los psicólogos Geoffrey Cohen y David Sherman describen nuestra respuesta a estas amenazas como «una alarma interior que nos hace poner en guardia y reafirmarnos».[48]

El profesor Claude Steele, un conocido psicólogo social de la Universidad de Stanford y autor, define un proceso en el que intentamos superar la amenaza antes de que exista siquiera: reafirmamos nuestros valores más esenciales antes de enfrentarnos a una situación que puede ser amenazadora. Lo llamó *teoría de la autoafirmación.*

Me gustaría aclarar que al leer o oír el término «autoafirmación» tal vez te venga a la cabeza «Afirmación diaria con Stuart Smalley», el *sketch* televisivo sobre un programa ficticio de autoayuda del clásico *Saturday Night Live*. Mientras se mira al espejo, Smalley, interpretado por Al Franken, recita afirmaciones como: «Soy lo bastante bueno, lo bastante inteligente y, ¡maldita sea!, le caigo bien a la gente», y «Soy un ser humano valioso». Como es natural, cuanto más repite estas afirmaciones, peor se siente, y le lleva a decir cosas como: «He entrado en una espiral lamentable» y «No sé qué estoy haciendo. Van a cancelar el programa. Voy a acabar mis días viviendo en la calle más pobre que las ratas, con diez kilos de sobrepeso y nadie me querrá nunca». Nos reíamos porque sabíamos —al intuirlo o haberlo vivido— que esta clase de autoafirmaciones suelen ser contraproducentes.

La clase de autoafirmación de la que estoy hablando —cuyos efectos han sido estudiados por Steele y otros expertos— no tiene nada que ver con recitar ocurrencias graciosas genéricas ante el espejo ni con vanagloriarse o ponerse en un pedestal, sino que consisten en recordar aquello que es más importante para nosotros y, por extensión, quiénes somos. En efecto, es una manera de basarnos en la verdad de nuestra propia historia. Nos hace sentir menos dependientes de la

---

48. G. L. Cohen y D. K. Sherman, «The psychology of change: Self-affirmation and social psychological intervention», *Annual Review of Psychology*, 65, 2014, págs. 333-371. Para respaldar esta información citan a C. M. Steele, «The psychology of self-affirmation: Sustaining the integrity of the self», *Advances in Experimental Social Psychology*, 21, 1988, págs. 261-302.

aprobación de los demás e incluso cómodos con su desaprobación, si es eso lo que recibimos.

Cientos de estudios han analizado los efectos de las autoafirmaciones, muchos de ellos valiéndose de ejercicios sencillos. En uno, los participantes analizaban una lista de valores esenciales comunes: por ejemplo, la familia, los amigos, la salud y la buena forma física, la creatividad, trabajar con tesón, el éxito profesional, la religión, la bondad, el servicio a los demás y otros por el estilo. Elegían uno o dos de los que eran esenciales para su identidad, los valores con los que más se identificaban. A continuación, escribían un breve ensayo sobre por qué aquellos valores eran importantes para ellos y citaban un momento en especial de su vida en el que hubieran demostrado ser importantes.[49]

Por ejemplo, una persona que valorara mucho el servicio a los demás podía escribir: «Servir a los demás es para mí lo más importante, este valor me apasiona y creo que a todos nos irían mejor las cosas si procuráramos ayudarnos unos a otros. También me satisface y me llena. Me encanta hacerlo y se me da muy bien. Cuando iba al instituto me pasaba mucho tiempo en un asilo de ancianos donde la mayoría estaban solos porque habían perdido a su pareja. Me dedicaba a hacerles compañía sentándome a su lado, escuchándoles y a veces sosteniéndoles la mano. Fueron los mejores días de mi vida, ya que hacía aquello en lo que de verdad creía».

Para ver cómo funciona la autoafirmación, analizaremos un estudio llevado a cabo por David Creswell, David Sherman y sus colaboradores, en el que les pedían a los participantes que dieran un discurso improvisado ante un jurado.[50] Hablar en público es muy estresante, pero por si esto fuera poco les indicaron a los jueces que se mostraran duros y distantes, y después del discurso les pidieron a los participan-

49. Cohen y Sherman, «The psychology of change». Este artículo ofrece un análisis minucioso y sumamente accesible de esta inmensa bibliografía. Se lo recomiendo vivamente a cualquier persona interesada en conocer más a fondo este método y sus aplicaciones.

50. J. D. Creswell, W. T. Welch, S. E. Taylor, D. K. Sherman, T. L. Gruenewald y T. Mann, «Affirmation of personal values buffers neuroendocrine and psychological stress responses», *Psychological Sciences, 16*, 2005, págs. 846-851.

tes que se pasaran los cinco minutos siguientes contando en voz alta hacia atrás a partir de 2.083, de trece en trece, mientras les apremiaban sin parar: «¡Hazlo más deprisa!»

Si eres como yo, la mera idea de imaginarme en esta situación hace que el corazón me empiece a martillear en el pecho, y creo que este es precisamente el objetivo de la prueba. Esta tarea en especial —conocida como «prueba de estrés social de Trier (PEST)»—,[51] estaba pensada para maximizar el estrés con el fin de que los psicólogos pudieran estudiar cómo la gente responde a él. Es una auténtica pesadilla de ansiedad social.

Pero ¿qué tiene esto que ver con la autoafirmación? Pues bien, antes del discurso los investigadores les asignaban al azar a los participantes una de estas dos cosas: escribir sobre un valor esencial personal (el ejercicio que acabo de describir), o sobre un valor que no fuera importante para ellos y con el que no se identificaran.

Después del discurso y de la terrible experiencia de tener que contar hacia atrás, los investigadores evaluaron el estado emocional de los sujetos. Lo hicieron midiendo el nivel de cortisol en la saliva de los participantes, una hormona que liberamos en situaciones estresantes, sobre todo en las que tienen que ver con valoraciones sociales.[52] La experiencia de la PEST en general ha revelado, en muchos, muchísimos estudios, que provoca un pico en el nivel de cortisol. Pero en el estudio de Creswell y Sherman los sujetos que escribieron un ensayo sobre los valores personales importantes para ellos presentaron niveles más bajos de la hormona que los del otro grupo. En realidad, en el grupo de la autoafirmación no se apreció una subida en los niveles de cortisol. Reafirmar lo que se podría llamar su mejor yo auténtico —recordándose a sí mismos sus virtudes más valoradas— los protegió de la ansiedad.

---

51. C. Kirschbaum, K. M. Pirke y D. H. Hellhammer, «The Trier Social Stress Test — a tool for investigating psychobiological stress responses in a laboratory setting», *Neuropsychobiology, 28*, 1993, págs. 76-81.

52. Para consultar un artículo sobre cómo los factores estresantes importantes afectan a la respuesta del cortisol y lo que esto significa para el bienestar psicológico, véase S. S. Dickerson, y M. E. Kemeny, «Acute stressors and cortisol responses: a theoretical integration and synthesis of laboratory research», *Psychological Bulletin, 130*, 2004, págs. 355-391.

Varios años más tarde, el equipo de Creswell y Sherman reprodujo aquellos resultados en una situación estresante del mundo real: los exámenes universitarios a final de semestre. En esta ocasión, midieron antes y después de los exámenes los niveles de epinefrina, conocida también como adrenalina, una hormona que indica la estimulación del sistema nervioso simpático (la respuesta de lucha o huida).[53] Los estudiantes que habían hecho ejercicios de autoafirmación varias semanas antes de los exámenes no acusaron cambios en los niveles de epinefrina, pero los otros estudiantes no tuvieron tanta suerte. Sus niveles se dispararon notablemente varias semanas antes de los exámenes.

Además, al comenzar el experimento se hizo un seguimiento de los estudiantes para observar si les preocupaban las valoraciones sociales negativas (puntuando hasta qué punto estaban de acuerdo con afirmaciones como: «En la universidad me preocupa que piensen que no soy inteligente si saco malas notas» y «Me preocupa a menudo no caer bien a los demás»). Los estudiantes que más preocupados estaban fueron los que más se beneficiaron de reafirmar sus valores esenciales.

Muchos otros experimentos han estudiado la autoafirmación dentro y fuera del laboratorio, revelando que ayuda a sacar mejores notas y reducir el acoso escolar, a dejar de fumar y comer más saludablemente, a estar más relajado y mejorar los resultados de la terapia de pareja, y a aumentar las habilidades negociadoras y el rendimiento, entre muchas otras cosas. A decir verdad, cuando mejor parece funcionar la autoafirmación es en situaciones estresantes en las que hay mucho en juego.[54]

---

53. D. K. Sherman, D. P. Bunyan, J. D. Creswell y L. M. Jaremka, «Psychological vulnerability and stress: The effects of self-affirmation on sympathetic nervous system responses to naturalistic stressors», *Health Psychology, 28*, 2009, págs. 554-562.

54. Cohen y Sherman, «The psychology of change». S. Kang, A. Galinsky, L. Kray y A. Shirako, «Power affects performance when the pressure is on: Evidence for low-power threat and high-power lift», *Personality and Social Psychology Bulletin, 41*, 2015, págs. 726-735.

Estos estudios revelan en conjunto algo importante: antes de enfrentarnos a una situación difícil podemos reducir la ansiedad reafirmando las partes que más valoramos de nuestro mejor yo auténtico. Cuando nos sentimos seguros en nuestra piel, no nos ponemos tanto a la defensiva, estamos más abiertos a la reacción de los demás y resolvemos mejor los problemas.[55]

Pero lo más sorprendente sobre estos descubrimientos es que los participantes reafirmaron sus valores *esenciales* personales y no los valores o habilidades que eran importantes para las estresantes tareas que tenían entre manos. No necesitaron convencerse de ser buenos oradores para dar un discurso con plena confianza, les bastó con tomar conciencia de una parte importante de su mejor yo, como la de «valoro tener ideas creativas y artísticas». Además de ayudarnos a sentirnos más seguros y a rendir mejor en determinadas tareas, saber quiénes somos también le da más sentido a nuestra vida.[56] En una serie de estudios, los participantes veían rasgos que previamente habían elegido como representativos de su «yo» verdadero o del que presentaban a los demás (por ejemplo., ingeniosidad, carácter bondadoso, disciplinado, inteligente, paciente, aventurero), y a continuación les pedían que evaluaran rápidamente esos rasgos como «soy yo» o «no soy yo». Cuanto más rápido evaluaban los rasgos de su yo verdadero como «soy yo» —probablemente más en contacto estaban con su yo auténtico—, más sentido y propósito tenía su vida.

En estudios complementarios, presentar de manera subliminal a la gente palabras que, según ellos, describían su verdadero yo interior frente al yo público —son distintos en la mayoría de las personas— les hizo sentir que su vida tenía más sentido y propósito.

---

55. J. D. Creswell, J. M. Dutcher, W. M. Klein, P. R. Harris y J. M. Levine, «Self-affirmation improves problem-solving under stress», *PLoS ONE, 8*, 2013, e62593.

56. R. J. Schlegel, J. A. Hicks, J. Arndt y L. A. King, «Thine own self: True self-concept accessibility and meaning in life», *Journal of Personality and Social Psychology, 96*, 2009, págs. 473-490.

Todos estos estudios sugieren que puedes acceder a tu yo más profundo reflexionando simplemente un rato —y quizás escribiendo sobre ello— en quién crees ser. El secreto de una buena autoafirmación es que se base en la verdad. No sacarás tu mejor yo auténtico —tu yo más atrevido— con la treta psicológica de decirte: «Soy el mejor en esta tarea» o «Soy un campeón», sino al ser plenamente consciente de tus valores, rasgos y virtudes y al saber que puedes expresarlos de manera autónoma y sincera por medio de tus acciones e interacciones. Esto es lo que significa creer en tu propia historia. En esencia, la autoafirmación es la práctica de ver con claridad tu historia, confiando en que quien eres se reflejará de manera natural en lo que dices y haces.

Y la *forma* de contarte tu historia importa. En un estudio reciente sobre identidad narrativa —cómo le damos sentido a los episodios de nuestra vida—, los investigadores entrevistaron a personas de cincuenta y sesenta y tantos años, una etapa de la vida que suele estar marcada por transiciones relacionadas con la familia, el trabajo y la salud en una época en que reflexionamos a fondo sobre nuestra existencia. Además de entrevistarles, los investigadores hicieron un seguimiento de la salud física y psicológica de los participantes a lo largo de cuatro años.

En aquellas entrevistas se dieron cuatro clases distintas de narrativas en cuanto a la historia que cada uno se contaba a sí mismo de su vida: actora (los que creían llevar las riendas de su vida), relacional (los que describían su vida en función de las relaciones que mantenían), redentora (los que creían que las dificultades de la vida les habían hecho más sabios y positivos) y contaminante (los que creían que los comienzos positivos habían acabado en finales negativos).

La salud mental de los sujetos con una narrativa perteneciente a las tres primeras clases —actora, relacional y redentora— experimentó un curso muy positivo en los años siguientes. Pero la salud mental de los que describían su vida como experiencias contaminantes no era tan buena. Y la relación entre las narrativas y los resultados sobre la salud era incluso más estrecha aún en los que se enfrentaban a retos importantes, como una enfermedad grave, un divorcio o la pérdida de un ser querido.[57]

Estar presente no consiste solo en conocer y reafirmar tu historia, sino también en cómo te la narras. Decirte lo que cuenta para ti en la vida es tan importante como controlar cómo cuentas tu historia: tanto a ti como a los demás.

Expresar tu mejor yo auténtico

Descubrir tu mejor yo auténtico y creer en él te ayuda a superar las amenazas que, de no ser así, socavarían tu fortaleza durante los grandes retos de la vida. Pero no basta con estar presente en los momentos difíciles. Después de descubrir tu mejor yo auténtico, tienes que averiguar cómo expresarlo.

Mariko, una joven japonesa que trabajaba en una compañía importante, se estaba preparando para dar una conferencia en un congreso patrocinado por las Naciones Unidas. Se describía a sí misma como: «Estoy muy estresada, el corazón me va a cien por hora, algo muy inusual en mí», explicando que normalmente era una mujer que se sentía bastante segura. Se dijo que debía practicar más su discurso. De modo que lo practicó. Una y otra vez. Pero hiciera lo que hiciese, no conseguía superar la escalada de ansiedad. Desesperada, fue a ver a alguien en quien confiaba para que le aconsejara. «¿Por qué te estás preparando tanto para la presentación? No olvides que cuando la hagas, lo más importante será que estés presente», le advirtió esa perso-

---

57. Como se aprecia en todos los estudios correlativos, no se puede conocer con certeza la dirección de la causación en las variables, solo que están relacionadas. Dicho esto, dada la sólida base teórica en la que el autor se fundamenta y sus minuciosos análisis estadísticos, se puede inferir sin duda que estas identidades narrativas influyen en las trayectorias de la salud mental, aunque las trayectorias refuercen a su vez las identidades narrativas o se den variables adicionales que contribuyan a ello. Véase J. M. Adler, A. F. Turner, K. M. Brookshier, C. Monahan, I. Walder-Biesanz, L. H. Harmeling, M. Albaugh, D. P. McAdams y T. F. Oltmans, «Variation in narrative identity is associated with trayectories of mental health over several years», *Journal of Personality and Social Psychology, 108*, 2015, págs. 476 -496.

na. Mariko comprendió que haber estado preparándola tanto no solo ya no le servía de nada, sino que encima hacía que no pudiera concentrar sus recursos psicológicos en estar presente.

«Vi que me la había estado preparando inútilmente», reconoció. «Y me di cuenta de *cómo* ser yo misma es el mensaje más poderoso tanto para los demás como para uno».

Para estar presente no basta con saber quién eres y expresarlo, también tienes que actuar de acuerdo con ello. En 1992, el psicólogo William Kahn estudió el estado de presencia psicológica en el lugar de trabajo, identificando cuatro dimensiones fundamentales: una persona debe estar atenta, conectada, integrada y concentrada.[58]

«Estas dimensiones definen colectivamente lo que significa estar presente, estar *ahí* en todo su sentido, y ser abordable en el papel que uno desempeña en el trabajo», escribió. «El resultado es una accesibilidad personal en el trabajo (en términos de contribuir con ideas y esfuerzo), en cuanto a los demás (en términos de ser abierto y empático) y en lo que respecta al crecimiento interior (en términos de madurar y aprender). Esta clase de presencia se manifiesta como una gran implicación personal.»[59] Tal como Khan afirma:

> Considera el ejemplo de la responsable de un proyecto arquitectónico que trabaja con la persona que dibuja los planos. Advierte que el delineante tiene problemas con lo que parece ser una dimensión relativamente sencilla de la representación gráfica de los planos. La fecha de entrega se está acercando y ella decide hablar con él. Mientras lo hace se da cuenta de que tiene las manos apretadas y lo interpreta como un síntoma de estar enojada y frustrada no solo con el delineante, sino con la inminente fecha de entrega y con el vicepresidente que la ha fijado. Le pregunta sobre el trabajo y él le cuenta los problemas que

---

58. W. A. Kahn, «To be fully there: Psychological presence at work», *Human Relations*, 45, 1992, págs. 321-349.

59. Ibíd, pág. 322.

tiene por una falta de información sobre su tarea y lo frustrado que se siente. Ella le formula otras preguntas para hacerse una idea de lo que le ocurre, bromea con él para que se relaje sobre la falta de información que hay en general (ilustrada por el cliente y el vicepresidente), le señala que tiene razón hasta cierto punto, pero que ha pasado por alto otra información importante, le sugiere una forma de encuadrar el problema, y le comenta los progresos que ha hecho hasta ahora. A lo largo de la conversación se muestra relajada, directa e implicada.[60]

Cuando tu mejor yo auténtico se implica en tu vida, se nota enormemente, y las compañías pueden jugar un papel esencial en hacer que sus empleados lo hagan de forma segura. En un estudio realizado por los profesores Dan Cable, Francesca Gino y Bradley Staats, se animó a los participantes a empezar una serie de tareas pensando en su individualidad (por ejemplo, describiendo una ocasión en la que actuaron como si hubieran «nacido para actuar» y diseñando luego un logo personal). Cuando lo hicieron sintieron con más fuerza que podían «ser quienes eran realmente».[61] Como resultado, las tareas les produjeron una mayor satisfacción y también rindieron más en el trabajo y cometieron menos errores.

Algunas compañías socializan a los nuevos empleados al centrarse en la identidad y las necesidades del grupo, pasando por alto las de los individuos. En algunos casos incluso les disuaden de expresar su verdadera identidad. Estos estudios nos indican que cuando los empleados sacan sus cualidades únicas en el trabajo, son más felices y rinden mejor.

El beneficio de sentirte realmente implicado en una situación va incluso más allá de las culturas individualistas occidentales. En un estudio complementario que Cable y sus colegas llevaron a cabo en un centro de llamadas de la India, todos los nuevos empleados hicieron un taller

---

60. Ibíd, pág. 325.

61. D. M. Cable, F. Gino y B. R. Staats, «Breaking them in or eliciting their best? Refraining socialization around newcomers' authentic self-expression», *Administrative Science Quarterly*, 58, 2013, págs. 1-36.

de formación de medio día de duración. Algunos asistieron a sesiones que enfatizaban el mejor yo auténtico de los recién llegados, donde les pedían que pensaran en lo que podían ofrecer de genuino suyo en el trabajo, que escribieran sobre ello y que compartieran durante quince minutos sus respuestas con el resto del grupo. A continuación les entregaron sudaderas de forro polar y chapas con su nombre. En el taller dirigido a otros empleados se enfatizó lo orgullosos que debían estar por formar parte de la compañía, les hablaron sobre la cultura de esta, y les pidieron que pensaran y escribieran sobre los aspectos de la compañía de los que se enorgullecían más y que compartieran durante quince minutos sus respuestas con el resto del grupo. También recibieron sudaderas de forro polar y chapas decoradas con el nombre de la compañía. Un tercer grupo, el de control, asistió a otro taller donde recibieron las orientaciones básicas que se les suelen dar a los recién llegados.

Los empleados a los que se les animó a expresar su mejor yo auténtico y a implicarse en el trabajo rindieron más que los de los otros dos grupos, como se reflejó en las puntuaciones que indicaban la satisfacción de los clientes, y conservaron su puesto de trabajo más tiempo en un sector industrial con un índice preocupantemente elevado de empleados que cambian de trabajo.

Nos estamos acercando a una buena definición funcional de lo que es la presencia y de cómo funciona en el mundo real. Al descubrir y expresar nuestro mejor yo auténtico, creer en él y hacer que se implique en la vida, en especial al enfrentarnos a nuestros mayores retos, el rechazo social no nos angustia tanto y nos abrimos más a los demás. Lo cual nos permite estar presentes al cien por cien.

«Actuar» estando presente

En algún momento de tu vida cuando estabas a punto de vivir un encuentro o una situación muy estresante, probablemente te aconsejaron «ser tú mismo sin más». Todos sabemos intuitivamente que esto tiene sentido: cuando actuamos tal como somos rendimos más y los demás responden. Pero la palabra clave en este caso es *actuar*, después de todo, si los demás están presentes, «ser tú mismo sin más» sigue siendo una clase de actuación. La actuación se suele asociar con artificio, lo cual a primera vista parece ser la antítesis de la presencia. Y, sin embargo, no se puede negar que un gran artista cuando actúa está asombrosamente presente, hasta el punto de electrizar prácticamente al público. ¿Qué pueden enseñarnos los grandes artistas sobre la presencia?

Me encanta la música en vivo. No pienso revelar la cantidad de horas que me he pasado en conciertos —desde los bares más diminutos hasta los estadios más enormes, desde las bandas *indie* más desconocidas hasta las leyendas del rock—, pero son muchas. Y cuando el momento es como ha de ser, es embriagador. No creo que haya nada más delicioso que un momento de perfecta conexión en un concierto de música en directo. Pero ¿qué es lo que hace que sea un momento de perfecta conexión? Cuando los músicos están inmersos en la música que interpretan, todo cuanto hacen —como los movimientos sutiles de la cabeza y el cuerpo— está en armonía no solo con el ritmo y la melodía, sino también con la esencia de la música. No piensan en lo que están haciendo de un modo fragmentario —tocar un sol, ladear ligeramente la cabeza a la izquierda, trasladar el peso del cuerpo al pie izquierdo, hacer una pausa contando hasta cuatro— y otras cosas por el estilo. Cuando un músico está presente nos conmueve, transporta y convence. Cuando los músicos están presentes también nos llevan al presente.

Un músico amigo mío, Jason Webley, me dijo en una ocasión que una buena actuación artística no parece una película que se proyecta en la pantalla una y otra vez, sino más bien algo que se desarrolla por primera vez ante ti. «No me importa que el artista parezca estar un poco nervioso», afirmó. «Lo que quiero es notar que estoy viendo algo real de alguien al que le apasiona lo que está haciendo. Eso me hace creer que lo que estoy contemplando y escuchando es auténtico. Me hace creer en el músico.»

Lo mismo ocurre en los espectáculos de danza. La maestría técnica no basta para llevar a las bailarinas a lo más alto —la bailarina principal— en una compañía. Tal vez tengan a sus espaldas una lista impresionante de papeles como bailarina solista de primera o segunda fila. Pero la bailarina principal va más allá de la perfección técnica y se funde con la música, el papel que representa, su pareja, los otros bailarines del escenario y el público. No se limita solo a bailar o entretener. Y el público lo nota, aunque no sea capaz de expresar por qué y tal vez lo atribuya erróneamente a la maestría técnica. La bailarina principal es la que debe *convencer* a todo el mundo, incluyendo a los otros bailarines y a los espectadores.

Mikko Nissinen es director artístico del Ballet de Boston. Nacido y criado en Finlandia, ha actuado como bailarín en muchas compañías, como la del Ballet de San Francisco, donde fue el bailarín principal durante nueve años. Como antigua bailarina, yo estaba deseando preguntarle sobre la presencia. «Cualquier experiencia nueva puede generarte preguntas, suscitar dudas, y esto te aleja de la zona. Cuando encuentras tu verdadera presencia tienes la fuerza para *estar* ahí. Estar ahí es un estado de equilibrio, porque no estás intentando protegerte. Simplemente eres. Es en cierto modo *tu* estado verdadero». Como ejemplo me describió haber visto a Mijail Baryshnikov bailar una pieza coreografiada para él por el legendario Jerome Robbins. Mikko lo había visto bailar la misma pieza de Robbins un año atrás, cuando era nueva para Mijail, y técnicamente lo hizo a la perfección. Pero la segunda vez se superó a sí mismo: «Tengo que decir que fue casi como… un momento transformador. Bailó la pieza muy bien, como el año anterior, pero en esta ocasión, debido a su estado de presencia, la energía que fluía entre…», Mikko hizo una pausa buscando las palabras adecuadas, boquiabierto, agitando las manos mientras intentaba encontrarlas. ¿Entre Baryshnikov y el público? ¿Entre Baryshnikov y la música? «Fue capaz de conectarnos… ¡a todo! ¡Tendió un puente de la tierra al cielo! Fue increíble. Dios mío, demostró un dominio absoluto en cuanto a estar presente».

Hace poco hablé con una actriz que me impactó por ser una experta intuitiva en la presencia. He dicho «intuitiva», pero aunque los pasos que la habían llevado al estado de presencia los hubiera dado tal vez por intuición, no significaba que fueran fáciles. A base de práctica le fueron saliendo con más fluidez. Y son unos pasos que todos podemos aprender.

En aquella época yo ya llevaba dos años investigando el tema y reflexionando sobre él, y discutir sobre la presencia con esta actriz fue como mantener una conversación con la personificación de mi investigación. Aguda y cálida, se le iluminó la cara mientras hablaba inclinándose hacia mí. Con los ojos brillándole de alegría, asintió con la cabeza sonriendo, compartiendo conmigo su entusiasmo. Teníamos unos conocimientos comunes; sin embargo; ella destilaba la esencia de la presencia de un modo que a mí me resultaba imposible.

Estábamos sentadas en la cocina de su casa, con los miembros de su familia entrando y saliendo, lavando los platos y engullendo la comida sobrante mientras el perro ladraba para que lo sacaran a pasear y los vecinos pasaban a verlos. La escena era tan normal que si no fuera por el tema de nuestra conversación, podría haber olvidado fácilmente que estaba hablando con una de las actrices más famosas de Hollywood de todos los tiempos.

No soy la única en apreciar el absoluto dominio que Julianne Moore tiene de la presencia. Dos meses después de nuestra conversación, recibió un óscar a la Mejor Actriz por su papel de enferma de alzhéimer prematuro en la película *Siempre Alice*.[62]

---

62. ¿Sabes el chasco que te llevas cuando descubres que tu celebridad preferida es una estúpida? Y todavía es más decepcionante cuando crees que es una mujer profunda, sensible y sabia, alguien que ha creado algo importante para ti, como una canción, una novela o el personaje de una película. Como es importante para ti, quieres creer que también es una gran persona y al descubrir que es una estúpida te das cuenta de que ya no puedes verla con los mismos ojos. Ahora imagínate la situación contraria. Tu celebridad preferida resulta ser una persona más profunda, sensible y sabia de lo que esperabas que alguien pudiera ser. Y es una mujer tan accesible —con una sensibilidad y adaptabilidad tan exquisitas— que te sientes como si fuera tu mejor amiga desde que os conocisteis en verano en un cámping un año atrás. Y de pronto descubres que todos los que la han entrevistado se han sentido probablemente de la misma manera. Me refiero a Julianne Moore.

En las críticas sobre la película de la revista *Time,* Richard Corliss escribió sobre Moore: «Una de las mejores actrices americanas convierte la historia de un trágico olvido en una lucha heroica... Alice ha encontrado al recipiente perfecto en Moore, que siempre consigue ser valiente y actuar a la perfección al mismo tiempo».[63] David Siegel, que dirigió a Julianne en el filme de 2012 *¿Qué hacemos con Maisie?,* dijo: «Cree con toda su alma en estar presente en el momento en que interpreta su papel... pero no se lo lleva consigo cuando se va».[64] Empieza el rodaje sin miedo, hace su papel sin ansiedad y se va sin reprocharse nada.

Julianne y yo acabamos conversando durante cuatro horas. La había ido a ver para hablar de la presencia en su vida profesional, pero no tardé en advertir que había encontrado la misma presencia en su vida personal. Mientras lavaba las docenas de portavelas de cristal que habían usado en la fiesta de la noche anterior, vestida con una camisa de franela, mallas y calcetines de lana —estaba tan guapa como siempre—, discutió alegremente con su marido y su hija sobre si comerían cupcakes o no antes de desayunar —después de todo, los cupcakes se parecían a los panqueques (ganaron los cupcakes)—, charló sobre las universidades que visitaría con su hijo —estaba a punto de terminar el instituto—, y luego nos pusimos a contar anécdotas de nuestros momentos embarazosos como madres, riéndonos las dos.

Al leer la transcripción de la entrevista me quedé horrorizada: me había pasado la mitad de las cuatro horas charlando sobre las cosas más triviales y encima había hablado casi tanto como ella. Lo primero que pensé fue: ¿cómo era posible que nos hubiéramos ido por las ramas hasta aquel extremo? ¿Cómo era posible que yo le hubiera quitado tanto tiempo? Pero de pronto vi que dejar que la conversación flu-

63. R. Corliss, reseña cinematográfica: «Still Alice: Julianne Moore reveals Alzheimer's from the inside», 12 de diciembre de 2014, *Time,* procedente de http://time.com/3628020/still-alice-julianne-moore-movie-review/.

64. L. Waterman, «The most honest actress in Hollywood», *DuJour,* (sin fecha), procedente de http://dujour.com/news/julianne-moore-interview-carrie-movie/.

yera con naturalidad era otra manifestación de su habilidad para vivir el presente y llevarte a ese momento con ella.

Cuando nos pusimos por fin a hablar de la presencia costaba ver cuál de las dos era la que estaba escribiendo un libro sobre este tema.

—¿Qué crees que es lo que nos impide estar presentes con las personas de nuestra vida? —le pregunté.

—Cuando menos presentes estamos es cuando sentimos que no nos ven —respondió—. Es imposible estar presente cuando nadie te ve. Y el proceso se perpetúa a sí mismo, porque cuanto menos te ven, más sientes que no existes. No hay un espacio para ti... Y por el contrario, cuanto más te ven, más presente estás... y entonces los demás siempre están corroborando tu identidad.

De niña Julianne no quería ser el centro de atención, pero anhelaba ser vista y comprendida, como todo el mundo. Su familia se mudó de domicilio en muchas ocasiones y ella dijo que en cada nuevo entorno se sentía como si fuera invisible para los alumnos y los profesores de manera inevitable. Y en cada ambiente nuevo, explicó, tenía que admitir en su interior: «No sé quién soy en esta situación, tengo que averiguarlo».

Cada mudanza suponía un nuevo reto. Y en cada nuevo reto Julianne tenía que identificar y reafirmar su mejor yo auténtico. Hasta que lo consiguió, nadie *podía* verla.

—Aparte de ser vista, ¿qué es la presencia para una actriz? ¿Cómo aprende a estar presente? —le pregunté.

—El secreto para estar presente, y esto es una de las cosas que te enseñan en la escuela de arte dramático, es la relajación —afirmó—. Pero a los dieciocho años, cuando acabas de empezar la carrera de actriz y te dicen que tienes que estar relajada para actuar, piensas: «Pero si todas las emociones que saco me salen de la tensión y la ansiedad, de todos esos arrebatos de cólera, angustia, lágrimas...» Pero años más tarde, cuando has dejado atrás esa mentalidad de dieciochoañera, ves que el secreto para expresar con naturalidad emociones, sentimientos, matices y un estado de presencia... es la relajación.

También le pregunté sobre la preparación de su actuación. Salta a la vista que se lo toma muy en serio y cuando se prepara para un papel ensaya de antemano muchos de los gestos y las pequeñas conductas de su personaje, detalles que, al haber estudiado psicología, sabe que son coherentes con la personalidad y el estado emocional de este.

—Me preparo lo bastante como para vivir una experiencia ante la cámara —apuntó—. Porque si no estoy preparada, me invade el pánico. No puedo estar presente.

Admitió, sin embargo, que la preparación no es más que una parte de ello. Como Julianne explicó en el programa de entrevistas *Inside the Actors Studio:* «Dejo que el noventa y cinco por ciento de la interpretación me salga de manera espontánea en el plató… Quiero sentir quién es el personaje y luego me meto en su piel y lo expreso ante la cámara».[65]

Este es un buen momento para hablar del tema de la preparación más a fondo. A veces la gente cree erróneamente que estoy sugiriendo que nos saltemos la preparación e improvisemos sobre la marcha. Pero no es así. Si no hemos reflexionado sobre el contenido de lo que queremos transmitir, no nos sentiremos lo bastante seguros como para estar presentes. En un artículo de la revista *Harvard Business Review* sobre cómo prepararse para una entrevista de trabajo, Karen Dillon, coautora de *How Will You Measure Your Life?*, nos indica en qué debemos concentrarnos.[66] Por ejemplo, Dillon sugiere crear «pequeñas narrativas» para las docenas de preguntas o más (endiabladamente vagas) que suelen hacer en las entrevistas de trabajo, como: «¿Por qué tendríamos que contratarte?» y «¿Por qué eres la persona indicada para este puesto?» También recomienda preparar las respuestas de las preguntas que queremos eludir, por si acaso. No se trata de ir con un guion memorizado, sino de

---

65. J. Wurtz (productor), *Inside the Actors Studio*, [programa televisivo], 22 de diciembre de 2002, Bravo, Nueva York.

66. K. Dillon, «What you should (and shouldn't) focus on before a job interview», *Harvard Business Review*, 28 de agosto de 2015, procedente de https://hbr.org/2015/08/what-you-should-and-shouldnt-focus-on-before-a-job-interview.

poder acceder cognitivamente a este tema para que no te concentres en lo que temes que vaya a ocurrir, sino en lo que está ocurriendo.

Lo que *estoy* intentando decir es que la preparación es importante, pero en algún momento has de dejar de preparar el tema y empezar a preparar tu actitud. Tienes que pasar de lo *que* dirás a *cómo* lo dirás.

Sin embargo, a menudo nos enfrentamos a grandes retos sin apenas saber cómo lo haremos ni qué se espera de nosotros, y esta situación para la que casi es imposible poder prepararnos es muy perturbadora. Sobre todo cuando se trata de algo que queremos hacer bien. ¿Y entonces qué ocurre?

Julianne reflexionó sobre ello un momento.

—Esto me trae a la memoria una audición que hice para *Safe*, de Todd Haynes. Leí el guion, y podía oírlo en mi cabeza con una claridad meridiana, me moría por interpretarlo.

Pero al no saber ella cómo Todd Haynes, el director, veía al personaje, no pudo prepararlo de la manera en que a él le hubiera gustado.

—Recuerdo que pasé por Broadway cuando me dirigía a la audición. Llevaba unos tejanos blancos y una camiseta del mismo color, era muy... solo quería parecer como ese espacio en blanco. Y me dije: «Si no le gusta mi interpretación del personaje, significará que no soy la actriz adecuada, que no es la voz que él escribió. Porque esto es lo que yo oigo en mi cabeza. Y si él [Haynes] oye lo mismo, entonces me contratará. Pero si quiere otra cosa, yo no lo puedo hacer».

Me lo explicó con un gran sentimiento de aceptación, sin una pizca de frustración. (Al final resultó, como ya sabrás si has visto *Safe*, que ella y Haynes oyeron la misma voz.)

Aunque Julianne sirva de vehículo para un personaje, solo puede interpretarlo como es debido cuando puede hacerlo con autenticidad, siendo fiel a sí misma.

—El gran dicho americano «hazlo lo mejor posible» a veces puede resultar agobiante —añadió en refrencia a los retos para los que es imposible prepararse—. Porque ¿qué demonios significa? ¿Se refiere a «Sé *el* mejor»? Y si no sabes lo que se espera de ti, ¿cómo puedes ser el mejor? En realidad, creo que se refiere a ser lo más auténtico posible, a estar presente al máximo. *Dalo todo.* Sé tú mismo.

—Pero ¿qué pasa cuando eres tú mismo y no te funciona? —le pregunté.

En una de las últimas escenas de la película de 1999 *El fin del romance,* se suponía que Julianne tenía que arrojarse sollozando sobre el cuerpo de su amante.

—No podía hacerlo. No podía hacerlo. Seguí intentándolo, repitiendo la escena, pero no me salía. Y ya se había rodado la mayor parte de la película y era mi penúltima escena.

El director, Neil Jordan, animó a Julianne a volver a su caravana para que se relajara. «Ya sabes que hemos grabado la mayor parte del filme», le dijo. «Aunque esta escena no te salga, no afectará al resto de tu interpretación.»

—A veces nos topamos con un muro —me señaló Julianne admitiendo que fue entonces cuando se dio cuenta—. Y no pasa nada. Aunque nos sintamos fatal, no pasa nada por sentirte así. Al final dejarás de sentirte mal, porque los sentimientos no duran para siempre.

Sin remordimientos, sin cavilaciones. Sin avergonzarse. Sin temor a que le volviera a ocurrir. Y como era de esperar, más tarde le salió la escena.

—A veces te sientes como si avanzaras penosamente por un cenagal sin llegar a ninguna parte, sin poder huir —añadió Julianne en los últimos momentos de nuestra conversación—. Y de pronto sientes que «te has liberado del fango». Y cuando esto ocurre, te sientes llena de vitalidad.

»Por eso seguimos en esta profesión. Por eso todos continuamos actuando. Por esos momentos, porque son realmente trascendentes, aunque quizá suene un poco cursi.

»Pero si te sientes impotente y agotado, tu agitación te impedirá estar presente —matizó—. Y además te sentirás sobreprotegido. Si te proteges para que algo no te duela o para no sentirte humillado, no puedes estar presente, porque te proteges demasiado.

Hizo una pausa.

—No es más que una cuestión de poder. El poder es esencial en la vida, ¿no te parece?

¿Es eso? ¿La *presencia* es al fin y al cabo sinónimo de «poder»? Esto explicaría muchas cosas.

—¿Qué haces cuando estás presente y lista para interpretar la escena pero el otro actor no lo está? —le pregunté.

—Algunas personas ya saben de antemano lo que van a hacer y lo hacen sin tenerte en cuenta, y mientras actúan… no puedes conectar con ellas con la mirada, ni tampoco físicamente. Pero en el fondo la interpretación no es más que un intercambio.

»Lo más excitante de todo es cuando dos personas que están presentes conectan y crean algo, sin saber lo que ocurrirá, es como… Es entonces cuando la experiencia se vuelve trascendente. Si el otro actor no se implica en la escena, el poder de la presencia puede a veces incluso superar este obstáculo —me aseguró Julianne.

»Cuando estás presente y accesible los demás desean ofrecerte su yo auténtico —prosiguió—. Lo único que tienes que hacer es pedírselo. Nadie sabe guardar un secreto. Nadie. Y aunque al principio se resistan a contártelo, al final te revelarán toda la historia de su vida. Porque desean ser vistos —añadió Julianne.

—Por lo visto, cuando *estás* presente permites a los *demás* estarlo también —repuse—. La presencia no te convierte en el líder de la manada, sino que te permite oír a los demás. Por lo que se sienten escuchados. Y entonces pueden estar presentes. Les ayudas a sentirse más poderosos, aunque no puedas darles poder de manera formal.

Julianne hizo una pausa.

—¡Sí! —exclamó y se le iluminó la cara—. Y cuando esto ocurre, cuando tu estado de presencia hace que la otra persona también esté presente, lo elevas absolutamente *todo.*

3

Deja de sermonear y empieza a escuchar: cómo la presencia genera presencia

Y si dejamos brillar nuestra propia luz...
daremos permiso a los demás para hacer lo mismo.
Al liberarnos de nuestro propio miedo, nuestra presencia
automáticamente liberará a los demás.
MARIANNE WILLIAMSON

Una noche de primavera de 1992 un grupo de clérigos se reunió en una iglesia diminuta de Boston. Se habían reunido para responder a una espantosa oleada de violencia y asesinatos perpetrados por pandillas: setenta y tres jóvenes habían muerto asesinados en un año, un 230 por ciento más que solo tres años antes. La gente estaba exasperada, desesperada. Vivía con miedo de perder a sus hijos en la guerra abierta que había estallado en la ciudad. Nada de lo que se había intentado —los cursos extraescolares, los encierros de protesta de los padres, un mayor despliegue policial— estaba deteniendo la matanza. Una semana antes de la reunión, durante el funeral de un adolescente asesinado que se celebraba en la misma iglesia, catorce pandilleros irrumpieron en el interior y le asestaron nueve puñaladas a un joven.

En la reunión se encontraba un joven pastor bauptista, el reveren-do Jeffrey Brown. Llevaba poco tiempo en la comunidad y aún no es-taba al tanto de sus problemas. Nacido en Alaska, era hijo de un oficial del ejército y se había pasado la niñez mudándose de una base militar a otra. Más tarde fue a la universidad en el centro de Pensilvania antes de trasladarse a Boston para ingresar en la Facultad de Teología. Aquella noche se encontraba en la iglesia, junto con más de trescien-tos clérigos, porque su comunidad —como la mayor parte de la ciu-dad— estaba sufriendo. Pero no tenía ninguna experiencia en cuanto a pandillas ni delitos, ni tampoco sabía por qué estaban aumentando.

Dejaré que describa lo que ocurrió después de aquella reunión.

—Lo que sucedió es lo que siempre ocurre cuando se reúnen un montón de pastores —dijo Jeffrey—. Hablaron. Y el siguiente martes se volvieron a reunir para volver a hablar, y al otro martes hicieron lo mismo… Y empezaron a traer a miembros de la comunidad —profe-sores, padres, policías— para que hablaran de lo que estaba pasando. Dos meses más tarde querían formar comités, ¡santo cielo! Y en ese momento vi que no serviría de nada… cuando formas comités signi-fica que la cosa no funciona y es hora de intentar alguna otra alterna-tiva.

—¿Sabéis con quién no hemos hablado aún? —propuso Eugene, el reverendo Eugene Rivers—. Todavía no hemos traído aquí a ningún joven para hablar de lo que está ocurriendo.

—De acuerdo, Eugene, te nombramos el jefe del comité callejero —dijeron todos.

Lo hicieron para avergonzarle, pero no lo consiguieron.

—Muy bien, os espero este viernes en mi casa —repuso Eugene.

Aquel viernes se presentaron treinta personas en su hogar. Eugene vivía en Four Corners, por aquel entonces una zona cero, uno de los barrios más violentos de la ciudad.

—¡Venga, salgamos! —exclamó cuando llegamos a su casa.

—¿Adónde? —preguntamos.

—¡A la calle!

«La calle» no era exactamente el lugar donde Jeffrey Brown había esperado encontrarse en aquel punto de su carrera. En la facultad había estudiado ciencias de la comunicación y en cuanto se hizo clérigo puso sus miras en ser el pastor de una megaiglesia, una de las grandes congregaciones de las zonas residenciales de las afueras que se estaban extendiendo por todo el país, predicando el evangelio del éxito y la prosperidad. Si le hubieran preguntado un par de años atrás cuáles eran sus ambiciones, habría respondido que quería una iglesia con miles de feligreses y su propio canal de televisión, es decir, todo el tinglado. La guerra de pandillas no era uno de sus objetivos ni por asomo.

Como era lógico, los domingos en la iglesia tenía al menos que reconocer lo que ocurría en las calles.

—Me subía al púlpito y predicaba contra la violencia —dijo—. Y después del sermón, me metía en el coche y me iba directo a mi bonita casa de mi bonito vecindario.

Pero el derramamiento de sangre y la desesperación seguían extendiéndose. Jeffrey se descubrió celebrando los funerales de chicos de dieciséis y diecisiete años, e intentando decirles a los presentes algo significativo, algo que les impactara.

—Mi formación como joven pastor no me había preparado para semejante problema y la situación me sobrepasó —reconoció—. Haces cursos sobre la muerte y el morir, aprendes sobre el valor de los rituales, qué debes decir para consolar a la gente. Pero te quedas sin palabras cuando un chico joven ha sido abatido a tiros. Y los efectos colaterales del trauma se dan cuando en el funeral asisten jóvenes que ya han vivido un par de homicidios. Era muy perturbador intentar hablar y conectar con esos jóvenes. Simplemente no funcionaba. No escuchaban lo que decías en el funeral. Algunos tenían una expresión ausente. Como si siguieran dándole vueltas a lo que había ocurrido. Otros estaban enfurecidos, y la rabia se palpaba en el aire, porque pensaban vengarse.

Pastores amigos suyos que también se enfrentaban al mismo problema le pidieron ayuda, ya que Jeffrey era un hombre joven no mucho mayor que gran parte de los autores y de las víctimas de la violencia que estaba desgarrando a la comunidad. ¿Conseguiría conectar con esos chicos? ¿Encontraría la forma de llegar a ellos?

—Pero no lo conseguía. No tenía idea de cómo manejar la situación, como les ocurría a mis amigos —admitió.

Jeffrey tuvo un sueño. En él, Jesús se le apareció en la iglesia, luciendo un traje naranja, una camisa roja y una corbata violeta. Le mostró su espléndido despacho y luego lo acompañó hasta un Mercedes-Benz imponente y lo llevó a una mansión. «¿Qué te parece?», le preguntó Jesús. «Es impresionante», respondió Jeffrey. «¿Te parece que todo esto sea Yo?» —dijo Jesús. En aquel momento Jeffrey se despertó.

—Tuve el mismo sueño varias veces —reconoció Jeffrey—. De modo que me dije: «Aquí hay algo que no va bien». Sabía que era como un mensaje, que no estaba yendo por el buen camino. Pero aquella situación era muy abrumadora para mí, porque me decía: «No sé cómo conectar, no sé qué es lo que estoy haciendo».

Jeffrey vio que debía intentar con más energía hacer frente a los problemas de la comunidad. Creó nuevos programas en su iglesia destinados a ayudar a los chicos en peligro.

—En una ocasión incluso di un sermón rapeado para ver si funcionaba —me confesó soltando unas risitas.

—No vuelvas a hacerlo —le aconsejó un joven y simpático feligrés.

Jeffrey fue a ver a los chicos del instituto local, pero como los pandilleros y los traficantes de crack no iban a clase, no pudo contactar con ellos. No sabía qué podía hacer a continuación.

Poco antes de reunirse los clérigos por primera vez, Jesse McKie, un chico de veintiún años, fue asesinado cerca de la iglesia de Jeffrey. Varios pandilleros le pararon para robarle la cazadora de cuero y al resistirse, lo apuñalaron seis veces y se la quitaron. Jesse se desangró hasta morir a pocos metros de la puerta de la iglesia.

—No conocía a Jesse —me contó Jeffrey—. La primera vez que vi a sus padres fue en el funeral. Creo que me llamaron porque yo era joven y me conocían por trabajar con chavales. «¿Podrías venir para celebrar una vigilia con velas y rezar?», me preguntaron. «¡Claro!», les respondí, pero la verdad es que estaba muy nervioso.

Jeffrey creía conocer bastante a todos los de la zona, pero mientras celebraba la vigilia por Jesse, plantado en medio de la calle congelado de frío, vio a su alrededor caras de personas que no conocía, aunque muchas vivieran en las viviendas subvencionadas de un poco más abajo de la calle donde él residía.

—Luego volví a la casa de Jesse y su familia me habló de él. Estaba llena de matones. Quería largarme de allí cuanto antes.

Lo que pasó a continuación le desconcertó. La gente empezó a acercarse para estrecharle la mano.

—A pesar de no haber hecho *más que* rezar. No tenía un programa para ellos, ni les ofrecía ningún servicio, solo me limitaba a rezar y a estar *ahí,* y ellos me estrecharon la mano.

No podía quitárselo de la cabeza mientras se dirigía con el coche a casa, ni siquiera al acostarse. «Lo que he hecho esta noche es lo que hace un verdadero pastor», no paraba de decirse.

Al poco tiempo la policía detuvo a tres de los tipos que mataron a Jesse. Tenían veinte y pico de años, solo eran un par de años más jóvenes que Jeffrey.

—Esos pandilleros tienen el corazón más duro que una piedra —me decía—. Pero ¿cómo es posible, si son de mi edad, que tengan una mentalidad tan distinta de la mía? Soy negro, y ellos también; vivo en la ciudad, y ellos también. No lo entiendo.

»Todos esos pensamientos me daban vueltas en la cabeza. Y no tenía a nadie con quien hablar, porque cuando intenté hacerlo con algunos de mis colegas solo estaban interesados en crear sus megaiglesias. Me decían: «¿Cuántas personas han ido a tu iglesia este mes?» Y yo les respondía: «¡Qué más da! ¡A este chico lo asesinaron! ¿No creéis que deberíamos hacer algo al respecto?»

El asesinato de Jesse fue un momento decisivo para Jeffrey. Vio el fallo inherente —la paradoja— de su modo de afrontar el problema.

—Por un lado trataba a esos jóvenes pandilleros como «los otros», y por otro estaba intentando construir una comunidad —admitió—. Pero no les daba ninguna puerta de acceso en mi definición de comunidad. Así que me dije: «Si vas a crear una comunidad, tienes que aceptar a todo el mundo, incluidos los tipos que los demás *no quieren* en ella, como esos chicos».

Jeffrey se presentó en casa de Eugene aquel viernes por la noche después de la reunión clerical, sabía que el jefe del «comité callejero» tenía razón. Era hora de buscar la solución *en la calle.*

Nos dedicamos a callejear —apuntó Jeffrey—. Nos pasábamos de las diez de la noche a las dos de la madrugada recorriendo las calles. Y se oían disparos a todas horas.

El segundo viernes se presentaron menos de la mitad de los trece clérigos del comité. Al poco tiempo, solo eran cuatro: Jeffrey, Eugene y dos más. Pero no pensaban rendirse.

—Sabía que recorrer las calles y hablar con los chicos era la clave de algo, aunque no supiera de qué —afirmó.

Hacer acto de presencia

Jeffrey y los otros pastores tuvieron que armarse de valor para echarse a la calle noche tras noche, sin ser invitados y sin protección alguna. Y como debes de haber adivinado, tampoco les recibieron al instante con los brazos abiertos como salvadores. Pero no tiraron la toalla y al final se las apañaron no solo para conectar con los jóvenes de la zona, sino además para participar con ellos en reducir notablemente la violencia juvenil en Boston.

Estar presente para los demás consiste en *estar ahí.* En estar ahí en el sentido literal y físico. Nadie había ido a hablar con esos jóvenes en su territorio y en su horario. Pero la presencia también consiste más concretamente en *cómo* estamos ahí: en cómo abordamos a la gente con la que esperamos conectar y en la que deseamos influir.

Jeffrey sabía que estaba caminando por el barrio más conflictivo de Boston durante las horas más peligrosas. Los chicos que encontró por la calle se habían vuelto de lo más duros y osados —al menos por fuera—, como era de esperar. Dejándose llevar por su instinto, podría haberles demostrado que era tan duro como ellos, un adversario digno de su categoría. Pero habría sido, desde luego, la peor actitud. Esos chicos llevaban toda la vida viéndoselas con situaciones durísimas. La dureza no les habría sorprendido.

Jeffrey y los otros pastores hicieron justo lo contrario. Se enfrentaron a la dureza con dulzura, bondad y un gran interés por saber lo que los chicos pensaban y sentían. Fue un poco impactante, probablemente lo último que cualquiera de esos jóvenes se esperaba. Fue perturbador. Jeffrey sabía que al principio le verían como un debilucho. Pero no le importaba. Lo hizo porque sabía que nunca se había probado este enfoque y se imaginó que quizá funcionaría.

Tal vez te digas: «Por supuesto que abordar a alguien con bondad, apertura y curiosidad es la mejor estrategia». Pero te sorprenderías si vieras lo común que es hacerlo de manera instintiva con otra actitud que tiene más que ver con demostrar el poder y el control de uno. Durante más de quince años los psicólogos Susan Fiske, Peter Glick y yo hemos estado estudiando cómo la gente se juzga al conocerse por primera vez. En las investigaciones realizadas en más de dos docenas de países hemos encontrado los mismos patrones.[67]

Cuando conocemos a alguien por primera vez nos hacemos dos preguntas al instante: «¿Puedo confiar en esta persona?» y «¿Se merece mi respeto?» En nuestra investigación mis colegas y yo nos referimos a estas dimensiones como *cordialidad* y *competencia,* respectivamente.

---

67. Para conocer más a fondo nuestras propias investigaciones y las de otros científicos sobre la valoración de la cordialidad y la competencia, véase A. J. C. Cuddy, S. T. Fiske y P. Glick, «Warmth and competence as universal dimensions of social perception: The Stereotype Content Model and the BIAS Map», en M. P. Zanna (ed.), *Advances in experimental social psychology,* vol. 40, Academic Press, Waltham, Massachusetts, 2008, págs. 61-149. A. J. C. Cuddy, S. T. Fiske y P. Glic, «The BIAS Map: Behaviors from intergroup affect and stereotypes», *Journal of Personality and Social Psychology, 92,* 2007, págs. 631-648. A. J. C. Cuddy, P. Glick y A. Beninger, «The dynamics of warmth and competence judgments, and their outcomes in organizations», *Research in Organizational Behavior, 31,* 2011, págs. 73-98. S. T. Fiske, A. J. C. Cuddy y P. Glick, «Universal dimensions of social cognition: Warmth, then competence», *Trends in Cognitive Sciences, 11,* 2007, págs. 77-83.

Normalmente creemos que la persona que acabamos de conocer es más cordial que competente o más competente que cordial, pero no las dos cosas a la vez en la misma medida. Nos gusta que nuestras distinciones sean claras, es una predisposición humana. Por eso clasificamos a las personas que acabamos de conocer en dos tipos. En su investigación empresarial, Tiziana Casciaro se refiere a ellas como estúpidos encantadores o cretinos competentes.[68]

De vez en cuando los vemos como incompetentes *y* fríos —cretinos estúpidos— o como cordiales *y* competentes —estrellas encantadoras—. Lo último es el no va más, ya que ser objeto de confianza y respeto nos permite interactuar adecuadamente con los demás y hacer lo que nos proponemos.

Pero no valoramos los dos rasgos por igual. Primero juzgamos la cordialidad o la fiabilidad, la dimensión a la que le damos más importancia de ambas. Oscar Ybarra y sus colegas descubrieron, por ejemplo, que procesamos las palabras relacionadas con la cordialidad y la moralidad (*amable, sincero* y otras por el estilo) más deprisa que las palabras relacionadas con la competencia (*creativo, habilidoso* y otras similares).[69]

¿Por qué valoramos la cordialidad por encima de la competencia? Porque desde un punto de vista evolutivo para nuestra supervivencia es más crucial saber si alguien se merece nuestra confianza. Si no es así, es mejor mantener una cierta distancia, porque ese individuo es peligroso en potencia, en especial si es competente. Valoramos a las personas eficientes, sobre todo en circunstancias en las que este rasgo es necesario, pero solo lo advertimos *después* de haber juzgado si son de fiar.

Recordando aquellas primeras caminatas de los viernes por la noche cuando los clérigos y los pandilleros se movían por el mismo inquietante territorio, Jeffrey comentó: «Nos imaginábamos que

---

68. T. Casciaro y M. S. Lobo, «Competent jerks, lovable fools, and the formation of social networks», *Harvard Business Review, 83,* 2005, págs. 92-99.

69. O. Ybarra, E. Chan y D. Park, «Young and old adults' concerns about morality and competence», *Motivation and Emotion, 25,* 2001, págs. 85-100.

mientras recorríamos las calles nos estaban viendo. Y queríamos dejar claro un par de cosas. En primer lugar, que no cejaríamos en nuestro empeño, que nos presentaríamos cada viernes. Y en segundo lugar, que no estábamos ahí para aprovecharnos de ellos». Los desconocidos que visitaban un barrio problemático declarando a los cuatro vientos que «iban a limpiar las calles» traían consigo una cámara de televisión, un periodista o simplemente tenían un ego desmesurado. Jeffrey dijo que los jóvenes se preguntaban: «¿Es otro montaje? ¿Es otro tipo en busca de protagonismo que quiere ponerse una medalla en lugar de pensar en nosotros?» Antes de empezar a dialogar, antes de poder estar presentes ambos grupos el uno con el otro, tenía que establecerse la confianza.

En cuanto se estableció esta confianza, quisieron evaluar su fuerza. Querían saber, como Jeffrey apuntó: «"¿Estáis preparados para manejar lo que pasa en este barrio?" Aquellas conversaciones iniciales podían ser muy intimidantes porque los jóvenes se expresaban con agresividad y se mantenían a la defensiva, y tenías que comunicarte con ellos. Y además hacerlo sin cerrarte en banda».

A pesar de todo, lo más curioso es que cuando le pregunto a la gente —estudiantes, amigos, ejecutivos, artistas— qué prefieren, que los vean como personas fiables o como personas competentes, la mayoría elige lo último. Es muy comprensible por dos razones. La competencia se evalúa más fácilmente de manera práctica y concreta: se refleja en un currículo, en un rendimiento récord o en la puntuación de una prueba, de modo que sabemos que podemos demostrar lo competentes que somos. Además, nuestra fidelidad y cordialidad benefician a los demás, pero creemos que nuestra competencia y fuerza nos benefician a nosotros mismos.[70]

Queremos que los demás sean cordiales y de confianza, pero también queremos que *nos vean* como competentes y fuertes. Si bien el

---

70. Para conocer otros estudios relacionados, véase B. Wojciszke, W. Baryla, M. Parzuchowski, A. Szymkow y A. E. Abele, «Self-esteem is dominated by agentic over communal information», *European Journal of social Psychology, 41*, 2011, págs. 617-627.

primer deseo nos mantiene a salvo, el segundo puede conducirnos a unos errores que quizá nos salgan muy caros.[71]

He visto a muchos estudiantes que estaban haciendo un máster en Dirección de Empresas aprenderlo por las malas en sus prácticas veraniegas. Su meta es conseguir que la empresa en la que hacen las prácticas los contraten cuando se licencien, y disponen de diez semanas para demostrar lo que valen. Es como una entrevista de trabajo de diez semanas.

Estos estudiantes están a menudo tan decididos a demostrarle a todo el mundo que son los más listos y competentes del grupo, que pasan por alto el precio que pagarán por su estrategia. Su actitud hace que la gente los vea fríos y distantes. Les impide participar en las reuniones sociales con los compañeros de trabajo y los directores. Les hace creer que si piden ayuda los demás los verán como unos flojos e ineptos, cuando en realidad preguntarle la opinión al director o a un compañero de trabajo les permitiría interactuar, respetar a los demás e integrarse en el grupo.

Sin embargo, los estudiantes que se desviven por ser los mejores al terminar las prácticas y ser llamados al despacho del director, se llevan un buen chasco cuando se enteran de que la empresa no los contratará porque nadie ha llegado a conocerlos. Parece ser que no «interactuaron bien con el resto». El director no está poniendo en duda su competencia, pero les comunica —de manera directa o indirecta— que no han mantenido ninguna colaboración o relación de *confianza* productiva.

¿Aún no estás convencido? Considera el estudio de 2013 realizado con 51.836 jefes que fueron puntuados por sus empleados con relación a una gran variedad de conductas y rasgos y también en cuanto a su eficiencia como jefes. Solo veintisiete recibieron una puntuación que se encontraba en el cuartil más bajo (por debajo del 25 por ciento) en cuanto a conductas y rasgos que reflejaban simpatía, *y* en el cuartil más alto (por encima del 65 por ciento) en cuanto a una buena dirección en general. Es decir, solo tenían una probabilidad entre dos mil de que les vieran como

71. A. J. Cuddy, M. Kohut y J. Neffinger, «Connect, then lead», *Harvard Business Review, 91*, 2013, págs. 54-61.

un jefe antipático pero eficiente.[72] Otros investigadores han descubierto que las principales características de los ejecutivos que fracasan son un estilo insensible y desabrido, o el estilo amedrentador propio de un matón, exactamente lo opuesto de la cordialidad y la honradez.[73]

Pero antes de seguir, me gustaría aclarar, por si te lo estás preguntando, qué relación tiene el reverendo Jeffrey Brown, las pandillas y la violencia, con la cordialidad y la competencia.

La moraleja es que la confianza es la vía para influir en los demás y la única forma de generar una verdadera confianza es estando presente. La presencia es el medio por el que la confianza se crea y las ideas se comunican. Si alguien a quien estás intentando influir no confía en ti, no llegarás demasiado lejos, incluso puede desconfiar de ti al verte como un manipulador. Por más buenas que sean tus ideas, si no confía en ti no las aceptará. Por otro lado, si eres cordial, honrado y fuerte al mismo tiempo, los demás te admirarán, aunque solo verán tu fuerza como una virtud y no como una amenaza tras haberte ganado su confianza.

También estoy intentando mostrarte que aprender a estar presente en los momentos difíciles además de ser bueno para ti es muy positivo para los demás. La presencia te da el poder de ayudarles en *sus* peores momentos.

Deja de ser de seda

Volvamos a Jeffrey. El asesinato de Jesse fue un momento decisivo para él. No hizo que consiguiera conectar de la noche a la mañana con los jóvenes que intentaba ayudar. Pero fue el catalizador. Al poco tiempo, Jeffrey comprendió por fin la realidad de cómo le percibían en la calle. También fue cuando los pandilleros vislumbraron finalmente al verdadero Jeffrey.

---

72. J. Zenger y J. Folkman, «I'm the boss! Whay should I care if you like me?», 2 de mayo de 2013, *Harvard Business Review*, procedente de https//hbr.org/2013/05/im-the-boss-why-should-i-care.

73. M. M. Lombardo y M. W. J. McCall, *Coping with an intolerable boss*, Center For Creative Leadership, Greensboro, Carolina del Norte, 1984.

«Tuve que vérmelas con Tyler, un chico que tenía conmigo la actitud de "¿Qué haces aquí, tío?" Me acuerdo de que una vez yo llevaba esta chaqueta y Tyler empezó a tocarla diciendo: "Tío, ¿es de *seda*?" "No, no lo es", le contesté. Pero él siguió dale que te dale: "Mirad a este tío con una chaqueta de seda". Y cada vez que me veía por la calle hacía algún comentario sobre mi chaqueta, hasta que al final dije basta, me harté, y le solté: "Tío, deja de hablar de mi ropa. ¡La chaqueta no es de seda!"»

»"Sí, *ahora* estás siendo auténtico. Antes eras de seda", me contestó. Y yo le repuse: "De acuerdo, ahora creo entender lo que me quieres decir". Y entonces fue cuando empezamos a mantener una conversación, porque de lo que en realidad quería él hablar era de lo difícil que sería cambiar la mentalidad de muchos de los jóvenes que le rodeaban. Era como si me dijera: "No puedes presentarte aquí por las buenas y esperar que todo cambie de pronto por haber conversado conmigo". Y en ese momento fue cuando me dije, de acuerdo, esto no va a ser un paseo por el parque, sino un viaje».

Jeffrey tuvo que ser auténtico con esos chicos antes de que ellos pudieran ser auténticos con él. A través de sus acciones tenía que contarles su historia real: aquella en la que él creía y no la que quería que los demás creyeran. Ser lo más sincero posible —sin fachadas ni barreras— para que vieran que ellos también podían hacer lo mismo. Revelarte tal como eres hace que los demás se sientan libres de revelarse tal como son. Debemos dejar de ser de seda.

Mantén la boca cerrada

Escuchar a alguien es el acto más
profundo de respeto humano.
William Ury

William (Bill) Ury es el cofundador del Programa de Negociación de la Universidad de Harvard y coautor del libro superventas *Obtenga el sí: el arte de negociar sin ceder*. Bill no solo es uno de los negociadores más experimentados y exitosos que he conocido, sino que además es el más bondadoso y paciente. Con su exquisito tacto, ayuda a resolver los conflictos que estallan en todo el mundo —en compañías, gobiernos y comunidades—, atajando desacuerdos que otros fueron incapaces de gestionar. Durante la década de 1980 ayudó a los gobiernos estadounidense y soviético a crear centros de gestión de crisis nucleares para evitar una guerra nuclear accidental. Trabajó para poner fin a una batalla de mil millones de dólares sobre el control del mayor comercio minorista de Latinoamérica y aconsejó al presidente de Colombia para que pusiera fin a una guerra civil de cincuenta años. Cuando las partes implicadas en una disputa se escuchan por primera vez —cuando el conflicto ha progresado hacia su resolución a pasos agigantados— creen realmente que Bill es una especie de mago. Por supuesto, él asegura que no es cierto. Afirma que lo que hace es embarazosamente sencillo.

En el año 2003 Bill recibió una llamada del expresidente Jimmy Carter para pedirle que se entrevistase con el presidente venezolano Hugo Chávez. Las multitudes se habían echado a la calle, en Caracas, para pedir la dimisión del presidente y otras multitudes se manifestaban para apoyarlo. Parecía que en el país estuviera a punto de estallar una guerra civil. Carter esperaba que Bill encontrara una solución. En su libro *Obtenga el sí consigo mismo,* recuerda los momentos previos a la reunión:

Siguiendo mi costumbre, salí a dar un paseo por el parque para aclararme las ideas. Sospechaba que solo iban a concederme unos minutos con el presidente, por lo que preparé mentalmente una breve lista de recomendaciones. Pero lo que se me ocurrió durante el paseo fue hacer exactamente lo *contrario* de lo que venía planeando: no dar consejos a menos que me los pidiesen. Solo escuchar, permanecer centrado en el presente y esperar la oportunidad. El riesgo, como es lógico, era que la reunión terminase muy pronto y yo perdiese la única oportunidad de influirle con mi consejo, pero decidí afrontarlo.[74]

Durante la reunión con Chávez, Bill siguió con su estrategia habitual, la de escuchar con atención, «intentando entender cómo era estar en su piel». Chávez le contó a Bill anécdotas sobre su vida y su experiencia en el ejército, y lo ultrajado que se había sentido cuando los «traidores» intentaron dar un golpe de Estado contra su gobierno y asesinarle.

Yo estaba centrado únicamente en el momento presente en busca de una oportunidad, y se me ocurrió preguntar:
—Puesto que no puede confiar en ellos, y es comprensible debido a lo que ocurrió, permítame preguntarle: en el caso de que fuera posible, ¿qué gesto podrían hacer mañana por la mañana que le sirviese a usted como una señal verosímil de que están dispuestos a cambiar?
—¿Señales? —preguntó mientras hacía una pausa para considerar esa cuestión inesperada.

Igual de inesperada fue la respuesta que Chávez le dio. «A los pocos minutos el presidente estuvo de acuerdo en recurrir a su ministro del Interior para que trabajase con Francisco y conmigo en el desarrollo de una lista de posibles medidas prácticas que tomar por cada parte para crear confianza y desactivar la crisis».

Al verlo en retrospectiva, escribe Bill: «Estoy convencido de que si hubiese seguido mi primera línea de pensamiento para abrir la reunión, recitándole mis recomendaciones, el presidente habría dado por acabada la reunión en cuestión de minutos... En cambio, y porque

---

74. Todas las citas: W. L. Ury, *Getting to yes with yourself: And other worthy opponents*, HarperOne, Nueva York, 2015, págs. 90-93. [Edición en castellano: *Obtenga el sí consigo mismo: superar los obstáculos interiores para negociar con éxito*, Penguin Random House, Barcelona, 2015, págs. 92-93, 94, 95-96.]

había renunciado deliberadamente a tratar de darle consejos, había permanecido en el presente y atento a las posibles oportunidades, y la reunión resultó altamente productiva».

¿Por qué nos cuesta tanto mantener la boca cerrada y escuchar?

La respuesta es muy sencilla. Cuando nos reunimos con alguien por primera vez, tememos al instante que no nos tome en serio. Que parezcamos «ser menos que fulanito o menganito». Por lo que somos los primeros en hablar, en apropiarnos del momento, en tomar la iniciativa, en demostrar quiénes somos. Queremos demostrar lo que sabemos, lo que pensamos, lo que hemos alcanzado. Al ser los primeros en hablar estamos diciendo: te conozco mejor que tú mismo, soy más listo que tú, yo soy el que tiene que hablar mientras tú me escuchas. Hablar el primero establece el programa: eso es lo que vamos a hacer y así es como lo haremos.

En cambio, si dejo que sea el otro quien hable primero, ya no le estoy marcando lo que diré. Si dejo que seas el primero en hablar, te estoy dejando que controles tú la situación y quién sabe adónde me llevará esto. No tener el control asusta. Es dar un paso hacia lo desconocido. ¿Quién lo hace? Solo los insensatos. O los valientes.

Como Jeffrey en sus rondas callejeras, Bill entró en la reunión con el presidente Chávez sabiendo que se estaba metiendo en una situación muy tensa donde existían dos partidos que habían tomado ya sus decisiones y marcado unas líneas. En esta clase de situaciones cuesta escuchar al otro y nos dejamos llevar por el imperioso deseo de encontrar una solución rápida. El secreto, dice Bill, es «Vivir el *momento presente*».

En la mayoría de las situaciones, creo, se abre una oportunidad si estamos lo suficientemente atentos como para verla. Pero es muy sencillo perderla. He participado en numerosas negociaciones en las que una parte insinúa una apertura e incluso hace concesiones, mientras la contraria no lo percibe. Ya se trate de una discusión conyugal o de una discrepancia presupuestaria en la oficina, resulta muy sencillo distraernos pensando en el pasado o preocupándonos por el futuro. Y, sin embargo, es solo en el momento presente cuando podemos cambiar intencionadamente la dirección de la conversación hacia un acuerdo.

Escuchar es fundamental para estar presente. Y los retos que surgen cuando necesitamos escuchar realmente a alguien son los mismos que nos dificultan estar lo bastante presentes como para hacerlo.

No podremos escuchar realmente a alguien a no ser que deseemos comprender lo que estamos escuchando. Lo cual no es nada fácil, porque requiere dejar de juzgar al otro, aunque nos sintamos frustrados, asustados, impacientes, aburridos o incluso amenazados o ansiosos por lo que estamos a punto de oír (al creer saber lo que será o al no saberlo). Tenemos que dar a la otra persona el espacio y la seguridad para que hable con toda sinceridad y, además, cuando la escuchamos no podemos reaccionar poniéndonos a la defensiva. También significa que debemos superar, en el caso de tenerlo, nuestro miedo al silencio, a las pausas.

La determinación de escuchar —de escuchar de verdad— era la esencia de los esfuerzos de Jeffrey y de los pastores. Significaba aceptar que los líderes de la comunidad y las fuerzas del orden eran incapaces de acabar con la violencia sin el consentimiento y la cooperación de sus autores. Era necesario escuchar e incluso tener en cuenta a los pandilleros y los traficantes de crack. Era necesario conocer y tomarse en serio sus conocimientos y sus opiniones. A juzgar por la forma en que los líderes políticos, la policía y otros adultos tratan a los jóvenes delincuentes de las pandillas —por ejemplo, *sin* prestarles oídos para procurar escucharles con el fin de ayudarles— es evidente que los pastores estaban intentando hacer algo muy inusual y riesgoso a la vez.

Escuchar significaba resistirse al impulso de hacer lo que mejor se les daba: predicar. (Si miras en Internet la charla TED de Jeffrey verás lo cómodo que se siente ante el público, mientras cuenta una historia, comparte un mensaje.) Predicar la no violencia habría sido tan inútil como irrumpir en aquel territorio con la dura actitud de «yo soy el que manda». En su lugar, los pastores se dedicaron a hacer preguntas:

«¿Cómo es la vida de un traficante de drogas? ¿Cómo os sentís cuando estáis plantados en una esquina vendiendo crack? ¿Cómo os zafáis de la policía? ¿Cómo evitáis las guerras entre pandillas rivales? ¿Cómo lleváis lo de que los traficantes no os jubiléis? ¿Es este tipo de vida muy corta?»

Escuchar significaba para Jeffrey olvidarse de todo lo que creía saber. «Había muchas cosas que debía aprender de la vida en las calles», afirma Jeffrey. «Era evidente que mi opinión de los pandilleros estaba condicionada por las noticias de los telediarios y la cultura popular, pero la realidad era muy distinta.» Como él y los otros pastores se dedicaron a escuchar en vez de a predicar, asegura Jeffrey, «los jóvenes dejaron de ser un problema que resolver y empezaron a colaborar en esos esfuerzos. Se volvieron piezas de un gran valor... Les preguntamos si les parecía bien que la Iglesia intentara resolver aquella situación. Si nosotros podíamos colaborar con ellos para lograrlo».

La paradoja del escuchar es que, al renunciar al poder —al poder temporal de hablar, afirmar, ser el conocedor—, te vuelves más poderoso. Cuando dejas de hablar y predicar, y escuchas, esto es lo que ocurre.

- **Confían en ti.** Como ya has visto, si los demás no confían en ti, te costará mucho influenciarlos de manera profunda y duradera.
- **Adquieres una información útil** que te permite resolver más fácilmente cualquier problema con el que te topes. Tal vez creas conocer la respuesta, pero no puedes conocerla con certeza sin haber escuchado antes lo que la otra persona piensa y siente de verdad, qué es lo que realmente la motiva.
- **Empiezas a ver a los demás como individuos y quizás incluso como aliados.** Ya no los ves como estereotipos. Cambias la actitud de «nosotros contra ellos» por la de simplemente «nosotros». Tus metas son compartidas en lugar de generar conflictos.[75]

---

75. Para conocer mejor el papel de los objetivos compartidos para reducir los conflictos intergrupales, véase S. L. Gaertner, J. F. Dovidio, P. A. Anastasio, B. A. Bachman y M. C. Rust, «The common ingroup identity model: Recategorization and the reduction of intergroup bias», *European Review of Social Psychology*, 4, 1993, págs. 1-26.

- **Buscas soluciones que los demás estén dispuestos a aceptar e incluso a adoptar.** Cuando la gente participa en la búsqueda de soluciones —y se implica a fondo en ello— tiende a comprometerse y a adoptarlas más. También tiende más a aceptar incluso un resultado negativo cuando cree que el procedimiento que les ha llevado a él era justo. Para que algo sea «procesalmente justo», como los psicólogos lo llaman, las partes afectadas deben creer que han sido escuchadas, comprendidas y tratadas con dignidad y que el proceso en sí y sus factores clave son fiables. Y la gente suele creer mucho más que el procedimiento ha sido justo cuando participa en crearlo. Por ejemplo, los empleados pueden aceptar no ser ascendidos si han ayudado a elaborar las pautas y expectativas que han llevado a tomar la decisión.[76]
- **Cuando alguien se siente escuchado, está más dispuesto a escuchar.** Esto es algo asombrosamente intuitivo y difícil de hacer al mismo tiempo: si no «llegas» a la gente, no tenderá a invertir su tiempo y energía en actividades —como la de escuchar— que les ayudará a entenderte. Y para los líderes es especialmente importante comprender a los demás, porque necesitan ser un modelo de buen escuchador.[77]

¡Vaya!, cuántas cosas sobre el escuchar y comprender.

A raíz de lo que escucharon los cuatro clérigos, incluido Jeffrey, redactaron un documento que era en parte manifiesto y en parte declaración de objetivos. Estaba formado por diez puntos de principios y acciones concebidas para acabar con los asesinatos y mejorar las

---

76. Para conocer más a fondo el tema de la justicia procesal, véase, entre otros artículos, T. R. Tyler y S. L. Blader, «The group engagement model: Procedural justice, social identity, and cooperative behavior», *Personality and Social Psychology Review, 7* (4), 2003, págs. 349-361. Y S. Bagdadli, Q. Roberson y F. Paoletti, «The mediating role of procedural justice in responses to promotion decisions», *Journal of Business and Psychology, 21*, 2006, págs. 83-102.

77. K. J. Lloyd, D. Boer, A. N. Kluger y S. C. Voelpel, «Building trust and feeling well: Examining intraindividual and interpersonal outcomes and underlying mechanisms of listening», *International Journal of Listening, 29* (1), 2015, págs. 12-19.

condiciones de los barrios más pobres de la ciudad, sobre todo a través de la participación de los clérigos y las iglesias en el ambito de la calle —no desde lo alto ni desde una cómoda distancia— para buscar soluciones junto con los miembros de las bandas, con sus consejos y participación.

La Coalición de Diez Puntos de Boston acabó volviéndose un movimiento que tuvo tanto éxito que la ciudad se quedó impactada y captó la atención tanto de los estadounidenses como de personas de otros países: el índice de asesinatos de jóvenes en Boston bajó de un pico de setenta y dos en 1990 a quince en 1999, unas cifras más bajas que nunca. El cambio se conoció como el «Milagro de Boston» y los expertos y los profesionales lo atribuyen sobre todo a la creación de la Coalición y a los esfuerzos de Jeffrey y de sus compañeros clérigos. Ciudades del mundo entero tuvieron en cuenta los consejos de los pastores para luchar contra las drogas, los delitos y los asesinatos.[78]

Otro de los grandes triunfos de la coalición —ocurrió más tarde, en el 2006— refleja las estrategias radicales e innovadoras de las que se sirvieron sus miembros. En sus constantes esfuerzos por detener el interminable ciclo de ataques y venganzas de bandas, decidieron lanzar la idea de una tregua.

«Y los jóvenes respondieron que no conseguiríamos que dejaran la droga de un día para otro», dijo Jeffrey. «Y que era mejor empezar fijando un espacio de tiempo, como un alto el fuego. De modo que lo fijamos entre el día de Acción de Gracias y el día de Año Nuevo, y lo llamamos tiempo de paz. Incluso nos dieron las instrucciones sobre cómo hacerlo.

---

78. Como no se trataba de un experimento controlado, no es posible descartar otras variables que puedan haber contribuido a este gran descenso de la violencia juvenil y lo más probable es que también *hayan* tenido que ver en ello. Sin embargo, un detallado análisis realizado por el investigador Anthony A. Braga, que trabajó en la Escuela de Gobierno John F. Kennedy de la Universidad de Harvard, y por sus colegas, concluye claramente que la labor de la Coalición de Diez Puntos desempeñó un papel causal enorme y único en producir el cambio. Véase A. A. Braga, D. M. Kennedy, E. J. Waring y A. M. Piehl, «Problem-oriented policing, deterrence, and youth violence: An evaluation of Boston's Operation Ceasefire», *Journal of Research in Crime and Delinquency, 38* (3), 2001, págs. 195-225.

»Nos habíamos reunido en una sala y yo hice el llamamiento para el tiempo de paz y les pedí su aprobación. Y en ese momento fue cuando obtuve mi primera indicación de que tal vez iba a funcionar, porque un joven dijo poniéndose en pie: "De acuerdo, entonces ¿dejamos de disparar a partir de la noche del miércoles, a medianoche? ¿O de la mañana del día de Acción de Gracias? ¿Y cuándo volvemos a disparar, el 31 de diciembre o el 1 de enero?"»

«Y yo no sabía qué responderle», dijo Jeffrey, «porque en realidad no quería que volvieran a disparar *nunca*. Pero repuse: "Vale, dejaréis de disparar el miércoles por la noche y volveréis a hacerlo después del día de Año Nuevo". Pero desde el punto de vista ético me dije: *no me puedo creer que les acabes de decir que pueden volver a disparar después de Año Nuevo*. Sin embargo, estábamos intentando conseguir que establecieran la paz y que sintieran lo que era moverse por el vecindario sin tener que mirar inquietos por encima del hombro cada cinco segundos para protegerse».

Como es lógico, en aquella época tan tensa en Boston nadie confiaba en que un puñado de clérigos consiguiera que los pandilleros dejaran por un tiempo de matarse a balazos.

«Cuando fijamos aquel tiempo de paz por primera vez los policías reaccionaron como si nos dijeran casi con un guiño burlón: "¡Eh, que tengáis buena suerte!"», recordó Jeffrey. «Porque faltaba poco para el día de Acción de Gracias de 2006 y el ambiente estaba muy caldeado. Pero de pronto, durante los veintidós días siguientes los tiroteos cesaron, no hubo ningún disparo, nada de nada. Gary French, que por aquel entonces estaba al frente de la unidad de policía de Boston encargada de las bandas callejeras, me llamó por teléfono y siguió haciéndolo a diario para decirme: "Ayer no pasó nada". Y además me preguntaba desconcertado: "¿Qué habéis hecho? ¿Con quién habéis hablado?" La policía quería que le diéramos toda esta información. Y yo le respondí: "En primer lugar, no puedo darle esa información. Pero ya le he dicho cómo lo hemos hecho, lo fundamental es ver a esos jóvenes no como un problema, sino como compañeros".»

Con esto no quiero decir que escuchar a otra persona garantice siempre un buen resultado. A decir verdad, estar presente consiste en parte en aceptar la posibilidad de llevarte una decepción y de no permitir que esto te haga tirar la toalla ni dudar. Lo que al principio parece un fracaso puede ser otra cosa muy distinta, una oportunidad de crecer de una manera que no te esperabas.

Deja que la presencia hable por sí sola

En aquella época Jeffrey estaba trabajando estrechamente con un chico llamado James, el líder de una banda de Roxbury y uno de los artífices de la tregua que la coalición había ideado con otra banda importante. Jeffrey describía a James como «un joven muy especial... que no solo se preocupaba por sí mismo, sino también por las personas con las que se asociaba. Quería de verdad que la paz se propagara por toda la ciudad».

Dos días después de reunirse con James, Jeffrey recibió una llamada telefónica. «Estaba en casa preparándome la cena», me contó. «Y tuve que dejarla a medias para coger el coche y salir a toda prisa.» Habían asesinado a James a balazos.

Al llegar al hospital, Jeffrey hizo todo lo que pudo para consolar a los afligidos familiares de James, algunos estaban histéricos de dolor y otros no podían creer lo que había pasado. La sala de espera de urgencias se encontraba repleta de amigos del joven que ya estaban planeando vengar el asesinato. «Y yo quería decirles: "No podéis hacer eso"». Lo cual no era precisamente lo que los furiosos compañeros de James querían escuchar. «Me pregunté angustiado qué podía decirles, porque creía que tenía que decir *algo*, ¿no? Pero cuanto más pensaba qué podía decirles, menos se me ocurría.

»Al final los médicos me dijeron: "Hay que desalojar la sala de urgencias. ¿Puede pedirles que se vayan?" Y yo les respondí desconcertado: "No lo sé, pero lo intentaré". Acercándome a todos los presentes les sugerí: "Venga, salgamos a rezar juntos. ¿Queréis rezar?" Y ellos me respondieron: "Sí, vale". Y conseguí que salieran de la sala y empezamos a rezar. Y cuanto más rezábamos, más se echaba la gente a llorar y a gemir. Así que les dije: "De acuerdo, ahora abrazad a alguien. Abrazadle simplemente. Con fuerza". Fue uno de esos momentos en los que estaba tan atónito que no sabía qué decir o hacer. Pero no decir nada parecía funcionar... la gente empezó a acercarse para hablar conmigo y yo asintiendo con la cabeza, les decía: "Te escucho"».

En aquella sala de espera caótica y llena de dolor, Jeffrey aprendió una lección importante: en algunas situaciones es imposible ganar la partida. No había nada que alguien pudiera haber dicho o hecho para aliviar el sufrimiento y apaciguar la furia de esas personas que James había dejado atrás. Jeffrey se estrujó los sesos, pero al final se dijo: no tengo respuestas. No tengo palabras. Creer que se me pueda ocurrir una frase mágica o un acto de lo más audaz no es más que autobombo. En momentos como estos tal vez baste con estar ahí y escuchar. A la larga será mejor que ninguna otra cosa.

«La gente lo ha llamado el sacerdocio de la presencia», apuntó Jeffrey, «y creo que es una de las formas más eficaces de sacerdocio. La de cerrar la boca y simplemente estar ahí.»

A veces somos más elocuentes no diciendo nada, dejando que nuestra presencia, inexplicada y sin adornos, hable por sí sola.

La primera reunión del «comité callejero» tuvo lugar hace más de veinte años. Hoy el resultado se ha convertido en un caso que se enseña en la Escuela de Negocios de Harvard. Cuando les hablo a mis alumnos de la labor de Jeffrey, él asiste a la clase y responde a las preguntas de los alumnos. De hecho, ha visitado mi clase cada vez que he hablado del caso, en total al menos dos docenas de veces. Muchos protagonistas hacen acto de presencia cuando se enseñan sus casos, pero ninguno se ha citado tanto ni ha sido tan impactante como el de Jeffrey.

Cuando Jeffrey entra en el aula, mis alumnos ya han leído sobre el caso, conocen al protagonista en teoría y sienten un sano respeto y admiración por él. Pero cuando lo conocen en persona, se quedan pasmados. Al entrar en el aula, se hace un gran silencio cargado de asombro, admiración y curiosidad. No se presenta ataviado como un reverendo, sino en tejanos, una camisa blanca impecable con cuello de botones y una elegante chaqueta deportiva. Habla con una voz resonante grave y serena. Es sincero y humilde, pero seguro y fuerte a la vez. Nunca se apresura. No le dan miedo las pausas y como no las teme, nosotros tampoco las tememos. Así es como la presencia engendra presencia.

4

No me merezco estar aquí

Todo el mundo quiere ser Cary Grant.
Hasta yo quiero ser Cary Grant.
CARY GRANT

Cuando Pauline Rose Clance era una estudiante de doctorado de Psicología Clínica, a finales de la década de 1960, se sentía acosada por el miedo de no ser lo bastante inteligente como para triunfar en su carrera.

Todo el mundo es más inteligente que yo. En esta ocasión he tenido suerte, pero quizá la próxima vez fracase. Ni siquiera tendría que estar aquí. Sus temores estaban empezando a quitarle el sueño, sentía pavor antes de cada evaluación, prueba y resultado de la universidad, y se hacía un montón de reproches en cuanto los dejaba atrás. Sabía que sus amigas estaban hartas de oírla hablar de esas preocupaciones que la atormentaban. Y nadie más parecía estar sintiendo lo mismo. *Que me aceptaran en la universidad debe de haber sido un error. Descubrirán que no doy la talla.*

«Lo pensaba de verdad», me confesó Pauline, «y la ansiedad me carcomía por dentro. Creía que tendría que aprender a vivir con ella. Que yo era así.»

De niña, Pauline nunca se imaginó que iría a la universidad. «Crecí en las colinas de la región de los Apalaches. Me formé en pequeñas escuelas hasta que fui al instituto y solo estudié once años, porque en él no había el duodécimo grado. En casa no teníamos libros, pero mi padre siempre nos traía libros de la biblioteca, a mis padres les interesaba el mundo. Aunque los profesores mostraran un gran interés en mí —me transmitían el mensaje de que podía ir a la universidad sin ningún problema—, como mis notas dejaban mucho que desear, tenía dudas sobre mi educación.

»La orientadora del instituto me advirtió: "No te sientas mal por sacar aprobados. No esperes sacar sobresalientes. No seas demasiado dura contigo misma". Entré en la universidad esperando ser una estudiante del montón. Pero no fue así. A decir verdad, era muy buena estudiante. Las pruebas me daban miedo. ¿Seguiría rindiendo en los estudios? ¿Sería capaz de terminar la carrera? Pero como estudiaba en una universidad pequeña logré superar mis temores».

Los miedos de Pauline empeoraron cuando empezó los estudios de posgrado. Quería ir a una universidad conocida y prestigiosa. «En el departamento de Psicología de la facultad me dijeron con gran claridad que como mujer tenía que ser tres veces más inteligente que cualquier hombre. El entrevistador añadió: "Tenemos una oferta de secretaria". Así que acabé yendo a la Universidad de Kentucky, donde el comité encargado de las admisiones de los estudiantes de posgrado de Psicología Clínica, que era una carrera muy competitiva, aceptaba a más personas de las que pensaban conservar. Nos dijeron sin rodeos: "Echad un vistazo a vuestro alrededor. Muchos de vosotros no lo conseguiréis". Cada año nos ponían pruebas para eliminar a los estudiantes que rendían poco.» A pesar de aprobar los exámenes con buenas notas, Pauline seguía creyendo que tal vez no daría la talla, segura de ser la siguiente pobre desafortunada a la que echarían del curso.

Si bien los detalles de la historia de Pauline son singulares —la sensación de creer ser un impostor, de haber engañado a los demás para parecer más competente y talentoso de lo que uno es en realidad—, es muy común. La mayoría de las personas han tenido esta sensación en algún momento de su vida, al menos hasta cierto punto. No se trata de miedo escénico ni de ataques de pánico, sino que más bien es la profunda y a veces paralizante creencia de haber recibido algo que no nos merecemos y de que en algún momento nos descubrirán. Los psicólogos se refieren a ello como el *síndrome del impostor, el fenómeno del impostor, los miedos del impostor* y el impostorismo.

Si la presencia nos exige ser conscientes de nuestros sentimientos, creencias, capacidades y valores más auténticos, en este caso no podremos estar presentes si nos sentimos como farsantes. En su lugar transmitiremos incoherencia y agotamiento y no seremos nada convincentes. Y la sensación de ser un impostor, al igual que la presencia, también se retroalimenta.

El impostorismo nos hace pensar en exceso y dudar de todo. Hace que nos obsesionemos con la idea de cómo creemos que los demás nos juzgan (las conclusiones de estas fijaciones suelen ser falsas), y con cómo esos juicios pueden intoxicar nuestras interacciones. Estamos dispersos, nos preocupa estar poco preparados, nos obsesionamos con lo que *deberíamos* estar haciendo, recordando lo que hemos dicho hace cinco segundos, temiendo lo que la gente pensará de nosotros y lo que esto significará para uno al día siguiente.

El impostorismo nos quita la fuerza y nos impide estar presentes. Si no creemos merecernos siquiera estar ahí, ¡¿cómo vamos a convencer a los demás de lo contrario?!

La presencia y el impostorismo son las dos caras de la misma moneda, y nosotros somos la moneda.

Sintiéndose como una impostora

Pese a sus dudas sobre sí misma, Pauline no tiró la toalla y consiguió doctorarse. En realidad, como obtuvo notas excelentes, después de terminar la carrera aceptó una oferta para trabajar en la Universidad de Oberlin, un centro privado de estudios de Humanidades muy competitivo en Ohio.

En Oberlin, Pauline se pasó la mitad del tiempo enseñando en el departamento de Psicología y la otra mitad trabajando en el centro de orientación. «Cuando trabajaba como orientadora, tenía estudiantes que habían ido a las mejores universidades, algunos a universidades privadas, cuyos padres eran muy cultos, con notas excelentes tanto académicas como en relación con pruebas estandarizadas y cartas de recomendación increíbles. Pero ahí estaban, diciéndome cosas como: "Me da miedo suspender este examen", "El comité de admisión debe de haberse equivocado", "Ha sido porque mi profesor de inglés escribió una carta de recomendación fantástica sobre mí", "Soy un error de Oberlin". No tenían en cuenta todas las cosas que habían conseguido.»

Describió un encuentro especialmente memorable con Lisa, una estudiante que había estado planeando licenciarse y que ahora dudaba de ello. «No voy a licenciarme», le anunció. Pauline se quedó sorprendida. Lisa era una alumna brillante. ¿Por qué había cambiado de opinión? Pauline quería saber la razón. ¿Qué era lo que le daba miedo?

«Descubrirán que no me merezco estar aquí», le respondió Lisa.

Pauline conocía bien aquel miedo, pero ¿cómo era posible que ella y otros estudiantes lo tuvieran a pesar de ser alumnos tan destacados? ¿Por qué se sentían así? Era evidente que por alguna razón tenían una idea distorsionada de sí mismos. En realidad, había observado que esta sensación se daba sobre todo en mujeres que brillaban por su rendimiento: a pesar de sus logros externos, temían estar engañando a la gente. Creían que sus logros no eran atribuibles a sus capacidades, sino a la suerte o a su «don de gentes». Cada una de esas mujeres excepcionales no creía *merecerse estar ahí*. Y todas se sentían solas en su experiencia.

Pauline se preguntó si otras personas sufrían también ese tipo de ansiedad. Si ella y el grupo de estudiantes a las que había asesorado eran las únicas que la padecían. ¿Se podía medir esta clase de ansiedad?

Decidió enfocar su investigación a responder a estas preguntas. Pauline y su colaboradora, Suzanne Imes, empezaron a investigar sistemáticamente lo que en aquella época llamaron «el fenómeno del impostor» (FI), que definían como «una experiencia interior de impostura intelectual»[79] en la que las mujeres temían exponer lo que creían que eran sus verdaderas aptitudes (o la falta de estas). Natalie Portman, ganadora

79. P. R. Clance y S. A. Imes, «The imposter phenomenon in high achieving women: Dynamics and therapeutic intervention», *Psychotherapy: Theory, Research & Practice*, *15*, 1978, págs. 241-247.

de un óscar a la Mejor Actriz y licenciada por Harvard, dijo el día de los Discursos[80] impartidos en clase en 2015, en la Universidad de Harvard: «Hoy me siento como cuando entré en Harvard Yard en 1999. En aquellos días me sentía como si hubieran cometido un error, como si yo no fuera lo bastante inteligente para estar en esta compañía de teatro y cada vez que abriera la boca tuviera que demostrar que no era una actriz pésima».[81]

Pauline creó, con la colaboración de la matemática Nancy Zumoff, una escala para evaluar el grado en que una persona se sentía o no de esta forma. En la escala se marcaban como verdaderas o falsas una serie de afirmaciones de este tipo:

Temo que la gente importante descubra que no soy tan competente como creen que soy.

A veces siento o creo que mi éxito en la vida o en mi trabajo se debe a alguna clase de error.

Cuando tengo éxito en algo y me reconocen mis logros, dudo que pueda seguir teniendo éxito en ello.

Suelo comparar mi capacidad con la de las personas que me rodean y pienso que tal vez sean más inteligentes que yo.

Si recibo muchos elogios y reconocimientos por algo que he conseguido, tiendo a quitarle importancia a lo que he hecho.[82]

En 1978, Pauline y Suzanne publicaron su primer artículo académico sobre el fenómeno del impostor. El artículo describía el concepto ge-

---

80. Discursos impartidos en clase el día previo al inicio de la ceremonia de graduación. Suelen ser humorísticos e incluir consejos dirigidos a los compañeros que pronto se licenciarán. (N. de la T.)

81. E. Izadi, «At Harvard, Natalie Portman acknowledges what many of us feel: Impostor syndrome», 28 de mayo de 2015, *The Washington Post*, procedente de www.washingtonpost.com/news/grade-point/wp/2015/05/28/natalie-portmans-harvard-speech-reminds-us-how-we-all-can-feel-we-arent-smart-enough/.

82. P. R. Clance, *The impostor phenomenon: When success makes you feel like a fake*, Bantam Books, Nueva York, 1985, págs. 20-22. Si deseas ver la escala completa, aparece en http://paulineroseclance.com/pdf/IPTestandscoring.pdf.

neral del FI, se centraba en las experiencias de mujeres que parecían sufrirlo, y analizaba, además, posibles tratamientos. El FI, como lo veían en aquella época, era un problema mental, una neurosis «especialmente prevalente e intensa entre una muestra selecta de mujeres que habían alcanzado grandes logros».[83] Los sujetos en aquel primer estudio eran 178 mujeres de un rendimiento excepcional, como estudiantes universitarias y candidatas a doctorados; y mujeres de una variedad de profesiones, como abogadas, doctoras y profesoras universitarias. La mayoría eran blancas, de clase media o alta, con edades que iban de los veinte a los cuarenta y cinco años. Como Clance e Imes decían en el artículo:

A pesar de sus destacados logros académicos y profesionales, las mujeres que experimentan el fenómeno del impostor persisten en creer que no son brillantes y que han engañado a todo el mundo para que parezca lo contrario. A pesar de sus numerosos logros, y de las amplias pruebas objetivas de su superioridad intelectual, siguen creyendo ser unas impostoras.[84]

Está mucho más extendido de lo que se creía...

Pauline y muchos otros expertos que estudiaron el impostorismo al principio pensaban que el trastorno solo se daba en mujeres que brillaban por su inteligencia, razonando que «como el éxito de las mujeres era desaconsejable según sus propias ideas interiorizadas y las expectativas sociales, no era de sorprender que las mujeres de la muestra necesitaran encontrar una explicación para sus logros que no fuera la de su inteligencia».[85] Pero al poco tiempo Pauline empezó a preguntarse si el FI estaría más extendido. «Después de dar mis charlas», observó durante una discusión, «los hombres se acercaban para decirme: "Yo también

---

83. Clance e Imes, «The imposter phenomenon in high achieving women», pág. 241.

84. Ibíd.

85. Ibíd, pág. 242.

sentía lo mismo". En 1985 vi con claridad que era una experiencia que los hombres también tenían. Y en mi práctica clínica he trabajado con hombres que lo sufrían de manera terrible.»

En los últimos años ha habido una oleada de interés popular por el impostorismo. Es presentado en el mundo de los negocios por grandes directoras ejecutivas como Sheryl Sandberg y publicaciones como *Slate* y *Fast Company*. Pero sobre todo ha estado apareciendo en el contexto de la autopromoción femenina: ¿qué pueden hacer las mujeres para alcanzar sus mayores ambiciones? Aparte del bien documentado sexismo,[86] ¿qué otros factores podían haberlas estado limitando? Yo también creía que era un problema femenino, pero después de que mi charla TED se difundiera por Internet, empecé a recibir correos electrónicos sobre el impostorismo y muchos de ellos eran de hombres. De hecho, de los miles de correos que recibí, la mitad de las historias sobre sentirse como un impostor eran de hombres.

Pauline y otros investigadores descubrieron al cabo de poco lo mismo: las mujeres y los hombres sufrían de impostorismo en la misma proporción.[87]

¿Por qué al principio parecía ser un problema femenino?

En primer lugar porque a algunas personas les cuesta aceptar que tienen esta sensación, algo que Pauline y Suzanne advirtieron desde el principio. A partir de entonces, otros estudios han hecho los mismos

---

86. Como no me es posible citar los miles de estudios científicos que respaldan esta afirmación, he optado por mencionar uno muy bien dirigido (e inquietante): C. A. Moss-Racusin, J. F. Dovidio, V. L. Brescoll, M. J. Graham y J. Handelsman, «Science faculty's subtle gender biases favor male students», *Proceedings of the National Academy of Sciences, 109*, 2012, págs. 16.474-16.479.

87. J. Langford y P. R. Clance, «The imposter phenomenon: Recent research findings regarding dynamics, personality and family patterns and their implications for treatment», *Psychotherapy: Theory, Research, Practice, Training, 30*, 1993, págs. 495-501. D. M. Castro, R. A. Jones y H. Mirsalimi, «Parentification and the impostor phenomenon: An empirical investigation», *The American journal of Family Therapy, 32*, 2004, págs. 205-216. J. Vergauwe, B. Wille, M. Feys, F. De Fruyt y F. Anseel, «Fear of being exposed: The trait-relatedness of the impostor phenomenon and its relevance in the work context», *Journal of Business and Psychology, 30* (3), 2015, págs. 565-581.

descubrimientos. Tal vez los hombres de los estudios no eran conscientes de sus sentimientos con tanta claridad como las mujeres.[88]

Pero había una posibilidad más inquietante y probable. «En las consultas privadas no era tan común para los hombres hablar de ello», me explicó Pauline. «Pero cuando la encuesta era anónima, los hombres reconocían sufrirlo en la misma proporción que las mujeres.» No lo hablaban con sus amigos ni con los miembros de su familia, y tampoco buscaban apoyo emocional porque estaban demasiado avergonzados.

Los varones que se desvían del estereotipo de hombre fuerte y asertivo —es decir, que son capaces de expresar sus inseguridades— se arriesgan a sufrir lo que los psicólogos llaman «la reacción adversa del estereotipo»: el castigo, que suele ser en forma de acoso o incluso de ostracismo por no satisfacer las expectativas de la sociedad.[89] La reacción adversa del estereotipo no se limita a los hombres, le puede ocurrir a cualquier persona que se desvíe de los estereotipos establecidos por la sociedad sobre la raza, el sexo y las otras distintas «categorías» sociales a las que pertenezca. Por ejemplo, las mujeres sufren con frecuencia la reacción adversa del estereotipo en el lugar de trabajo por ser «demasiado masculinas».[90] Aunque los hombres sufran el impostorismo en la misma proporción que las mujeres, pueden sentirse incluso más agobiados por él porque no pueden admitirlo. Cargan con este peso en silencio, de forma secreta y dolorosa.

El impostorismo afecta a hombres y mujeres por igual. Pero ¿se limita a ciertos grupos demográficos, como el profesional, racial, cultural...?

---

88. L. N. McGregor. D. E. Gee y K. E. Posey, «I feel like a fraud and it depresses me: The relation between the imposter phenomenon and depression>, *Social Behavior and Personality: An International Journal, 36,* 2008, págs. 43-48. G. Jôstl, E. Bergsmann, M. Lüftenegger, B. Schober y C. Spiel, «When will they blow my cover? The impostor phenomenon among Austrian doctoral students», *Zeitschrift für Psychologie, 220,* 2012, págs. 109-120.

89. L. A. Rudman y K. Fairchild, «Reactions to counterstereotypic behavior: The role of backlash in cultural stereotype maintenance», *Journal of Personality and Social Psychology, 87,* 2004, págs. 157-176.

90. Para una excelente discusión referente a la investigación sobre la reacción adversa del estereotipo en contra de las mujeres, véase L. A. Rudman y J. E. Phelan, «Backlash effects for disconfirming gender stereotypes in organizations», *Research in organizational behavior, 28,* 2008, pág. 61-79.

Después de la labor innovadora de Pauline y Suzanne, las investigaciones llevadas a cabo durante las siguientes décadas ofrecieron una respuesta clara. Los investigadores han descubierto el impostorismo en docenas de grupos demográficos, entre los que se incluyen, aunque no de manera exclusiva, el de profesores, contables, médicos, auxiliares de medicina, enfermeras, estudiantes de ingeniería, estudiantes de odontología, estudiantes de medicina, estudiantes de enfermería, estudiantes de farmacia, estudiantes de derecho, estudiantes de doctorado, estudiantes de dirección de empresas, estudiantes de institutos, internautas noveles, afroamericanos, coreanos, japoneses, canadienses, adolescentes problemáticos, adolescentes «normales», preadolescentes, ancianos, adultos con padres alcohólicos, adultos con padres muy exitosos, personas con trastornos alimentarios, personas sin trastornos alimentarios, personas que habían fracasado hacía poco, personas que habían triunfado hacía poco...[91]

En 1985, Pauline y un colaborador, Gail Matthews, publicaron una encuesta sobre sus pacientes de Psicología Clínica señalando que de entre cuarenta y un hombres y mujeres, cerca del 70 por ciento habían sufrido impostorismo.[92] Al menos dos terceras partes de los estudiantes de la Escuela de Negocios de Harvard habían padecido impostorismo[93] y no hay que olvidar que más de un 60 por ciento de los estudiantes de la Escuela de Negocios de Harvard son hombres.

Mientras me preparaba para concluir nuestro encuentro, Pauline me dijo: «Una cosa más: si pudiera volver a hacerlo lo llamaría "la experiencia del impostor", porque no es un síndrome, un complejo ni una enfermedad mental, sino algo que casi todos experimentamos en algún momento de nuestra vida».

---

91. Muchas de las citas de los estudios sobre el impostorismo con relación a este perfil demográfico aparecen en la lista de Pauline Rose Clance en este enlace: http://paulinerose clance.com/pdf/IP%20Ref%20List-MOST%20RECENT-8-2-13.doc.

92. G. Matthews y P. R. Clance, «Treatment of the impostor phenomenon in psychotherapy clients», *Psychotherapy in Private Practice*, 3, 1985, págs. 71-81.

93. A. Friedman, «Not qualified for your job? Wait, you probably are», 22 de octubre,de 2013, *Pacific Standard*, procedente de www.psmag.com/business-economics/qualified-job-wait-probably-imposter-syndrome-psychology-68700.

Dado lo corriente que es el impostorismo, es imposible identificar la causa en cada caso personal. En el lenguaje de las ciencias sociales parece estar *sobredeterminado*, lo cual significa que hay tantas variables posibles que nadie sabe a qué factor echarle la culpa. Las experiencias de la infancia temprana se han vinculado con el impostorismo, pero también tiene que ver con la dinámica familiar, las expectativas sociales, los prejuicios, la personalidad y las vivencias en la universidad y en el lugar de trabajo.[94]

Lo cual significa que algunas personas son más vulnerables que otras. Se ha descubierto que ciertos rasgos y vivencias están asociados con la experiencia del impostor. [95] Los índices de ansiedad por perfeccionismo y por alto rendimiento son elevados entre los que sufren

---

94. N. S. Bernard, S. J. Dollinger y N. V. Ramaniah, «Applying the big five personality factors to the impostor phenomenon», *Journal of Personality Assessment, 78*, 2002, págs. 321-333. Castro et al., «Parentification and the impostor phenomenon». Clance e Imes, «The imposter phenomenon in high achieving women».

95. Dicho esto, los psicólogos han descubierto que *muchos* rasgos de personalidad están asociados con el impostorismo, como el perfeccionismo y el miedo escénico (T. Thompson, P. Foreman y F. Martin, «Impostor fears and perfectionistic concern over mistakes», *Personality and Individual Differences, 29*, 2000, págs. 629-647), una escasa autoaceptación y la sensación de no controlar el entorno (A. N. September, M. McCarrey, A. Baranowsky, C. Parent y D. Schindler, «The relation between well-being, impostor feelings, and gender role orientation among Canadian university students», *The Journal of Social Psychology, 141*, 2001, págs. 218-232), un alto grado de neuroticismo y una baja conciencia de sí mismo (Bernard et al., «Applying the big five personality factors to the impostor phenomenon»), una pobre autoestima (C. Cozzarelli y B. Major, «Exploring the validity of the impostor phenomenon», *Journal of Social and Clinical Psychology, 9*, 1990, págs. 401-417) e introversión (N. K. Lawler. «The impostor phenomenon in high achieving persons and Jungian personality variables», [Tesis doctoral, Georgia State University, 1984], *Dissertation Abstracts International, 45*, pág. 86. T. J. Prince, «The impostor phenomenon revisited: A validity study of Clance's IP Scale», ([Tesis doctoral inédita, Georgia State University, Atlanta. 1989]). Existe, sin duda alguna, un patrón de rasgos y tendencias que está asociado con el impostorismo. Sin embargo, en la mayoría de los casos no es clara la dirección que esos rasgos toman en cuanto al impostorismo, es decir, si estos factores *causan* el impostorismo o si están *causados por* el impostorismo. Lo más probable es que el impostorismo y estos rasgos se fomenten uno a otros, lo cual empeora el problema. El impostorismo procede tanto de una determinada situación como de los rasgos de personalidad (R. McElwee y T. J. Yurak, «The phenomenology of the Impostor Phenomenon», *Individual Differences Research, 8*, 2010, págs. 184-197).

impostorismo, al igual que los índices de una baja autoaceptación y los de la sensación de no poder controlar apenas el entorno. Una inestabilidad emocional aguda también se ha ligado al síndrome del impostor, junto con una baja autoestima y la introversión. Pero uno de los factores más frecuentes es el miedo al fracaso, que se ha citado como la causa del impostorismo en muchos estudios.[96]

¿A quién le da más miedo fracasar? A los que han alcanzado algo en la vida, personas que son manifiestamente cualquier cosa *menos* unos impostores.

Un día recibí el siguiente correo electrónico de David, un hombre que trabaja de administrador en una universidad:

> Desde que fui a la universidad he estado sufriendo el síndrome del impostor. Es como si el mundo no cesara de decirme que era un sujeto brillante cuando sabía que yo no era más que del montón. Por ejemplo, en el trabajo tengo en mi escritorio un buen puñado de premios por mi rendimiento académico. Y cada vez que recibo otro me digo: «¡Oh, mierda! ¡Ahora piensan que soy una lumbrera! Se van a cabrear conmigo cuando descubran que no soy más que un tipo mediocre». Los premios no me hicieron sentir mejor, sino que solo aumentaron la disparidad entre lo que «ellos» pensaban de mí y lo que yo sentía que era.

¿Cómo se puede producir esta situación? ¿Es que sus evidentes logros —ganar premios por su excelente rendimiento académico, obtener títulos superiores, tener un buen trabajo en la universidad— no le han curado de su «impostorismo»? ¿En algún momento de su vida no debería poder zafarse de esta sensación por los grandes logros alcanzados? ¿Cómo pueden personas como Denzel Washington, Tina

---

96. S. Kumar y C. M. Jagacinski, «Imposters have goals too: The imposter phenomenon ad its relationship to achievement goal theory», *Personality and Individual Differences, 40*, 2006, págs. 147-157. September et al., «The relation between well-being, impostor feelings, and gender role orientation among Canadian university students». Clance y Imes, «The imposter phenomenon in high achieving women».

Fey, Maya Angelou y Mahatma Gandhi haber sufrido miedos inducidos por el síndrome del impostor?

Neil Gaiman ha escrito numerosas novelas superventas, libros de cómics y relatos breves, como *Sandman, Coraline, Los hijos de Anansi, American gods* y *El océano al final del camino,* y también más de una docena de guiones de películas y de televisión. Ha sido galardonado con premios literarios importantes y es el primer autor que ha recibido las medallas Newbery y Carnegie por un único libro (*El libro del cementerio*). Según todos los indicadores profesionales imaginables, Neil ha cosechado un éxito *espectacular.*

Sin embargo, como todo el mundo sabe, ha sufrido la sensación de ser un impostor. De hecho, Wikipedia enumera a Neil como uno de los seis famosos que han hablado públicamente de su lucha con el síndrome del impostor. Su situación evidencia que en realidad nadie es inmune a ello. Le pregunté si estaría dispuesto a hablar conmigo del tema y aceptó mi propuesta amablemente.

Neil Gaiman tiene cejas redondeadas, ojos tristes, una mata rizada de pelo castaño entrecano y habla con un melodioso acento británico que deseas escuchar cuando te vas a acostar. Incluso en una conversación casual es un contador nato de historias, no por inventarse anécdotas, sino porque evoca sus propios recuerdos en forma de relato. Cuando hace una pausa, no te sientes incómodo ni tampoco parece estar manipulada para imprimirle más fuerza al momento, sino que te confirma que le importa lo que te está diciendo. En ese momento te está hablando, está presente.

Hasta que no se publicaron sus dos primeras novelas, Neil me contó que se consideraba: «Un gran impostor porque me pagaban por escribir libros sin tener ninguna garantía de que consiguiera crear algo publicable. No sabía de verdad lo que estaba haciendo… Durante esos primeros dieciocho meses, si alguien se hubiera acercado a mí para decirme "Usted es un impostor", le habría respondido: "Sí, tiene toda la razón del mundo"».

De pronto se había convertido en un autor con obras publicadas que acaparaba la atención (el santo grial para cualquier escritor) y «ganaba bastante dinero» como para vivir. Al poco tiempo, su nombre figuraba en la lista de los más vendidos y en la de los premios literarios más importantes. Como crítico de cine, le mandaban a ver películas gratis y encima le pagaban por hacer exactamente lo que quería hacer, en lugar de tener que levantarse por la mañana para ir a trabajar. La situación era de lo más extraña e inusual para él. Advertí que, como es habitual en alguien que se describe como un «impostor», a Neil incluso le costaba describir la experiencia de estar gozando de dinero, fama y elogios. Me relató su historia apresuradamente, riéndose incómodo.

Neil me contó de aquella primera década:

Tenía la fantasía recurrente en la que alguien llamaba a la puerta de mi casa, y cuando miraba por la mirilla veía a un tipo trajeado —no era un traje caro, sino la clase de ropa que lleva un empleado— mostrándome una hoja de papel sujeta en una tablilla, y al abrir la puerta, me decía: «Hola, disculpe. Siento decirle que estoy aquí por un asunto oficial. ¿Es usted Neil Gaiman?» Y yo le respondía que sí. «Pues verá, aquí pone que usted es escritor y que no tiene que levantarse por la mañana a ninguna hora en especial y que se pasa el día escribiendo a sus anchas.» A lo que yo le contestaba: «Tiene razón». «Y que le *gusta* escribir. Y además en la hoja pone que le *envían* todos los libros que quiera sin tener que comprarlos. Y que no tiene que pagar para ir al cine, le sale gratis. Si quiere ver una película, llama simplemente al encargado del cine.» Y yo le respondía: «Sí, es cierto». «Y que a la gente le gusta lo que usted escribe y que le paga por hacerlo.» Y le decía que sí. «Pues me temo que le hemos descubierto. Le hemos pillado. Y lo siento, pero ahora tendrá que salir a la calle y buscarse un trabajo como Dios manda.» Y en este punto de mi fantasía respondía con el alma cayéndoseme a los pies: «De acuerdo», y entonces iba a comprarme un traje barato y empezaba a solicitar trabajos reales. Porque en cuanto te descubren, no puedes negar que te han pillado. Eso era lo que me pasaba por la cabeza.

El impostorismo nos impide sentirnos bien sobre aquello que tan bien se nos da hacer, sobre todo si nos ofrecen una compensación económica por ello. Hace tres años, cuando llevaba en coche a mi hijo Jonah de nueve años al colegio, mantuvimos la siguiente conversación (la escribí, tal como hacen los padres cuando sus hijos dicen algo muy sensato):

—Eres la persona con más suerte del mundo —observó Jonah.

—¿Por qué? —le pregunté.

—Porque te pagan por hacer exactamente lo que harías aunque no te pagaran.

—¿Y qué es?

—Analizar por qué las personas hacen lo que hacen y luego usar lo que aprendes para intentar ayudarles mejor —concluyó Jonah.

Y lo primero que se me ocurrió —me acuerdo perfectamente no por haberlo anotado, sino por ser una sensación muy visceral— fue: *Anda. Tiene razón. Se me va a ver el plumero. Pronto me van a pillar.* Me horrorizó la idea.

Neil sentía que el tipo con la hoja de papel sujeta en una tablilla venía a quitarle su identidad, una sensación exacerbada por el hecho de disfrutar con lo que hacía. Pensamos: «Algo va mal en esta situación, porque no es posible disfrutar de lo que estoy haciendo *y* encima que me paguen por ello». Reaccionamos rebajando lo que hacemos —en realidad no tiene ningún valor— o desestimando las razones por las que somos capaces de hacerlo: nos vemos como unos impostores que de algún modo hemos conseguido engañar a los demás y que no nos merecemos nuestra gran suerte.

Y del mismo modo que le quitamos importancia a nuestros éxitos, exageramos nuestros fracasos. Una sola decepción constituye la prueba fehaciente que necesitamos para corroborar nuestra idea de ser impostores. Suponemos que una puntuación baja en un examen refleja nuestra escasa inteligencia y habilidad.[97] Generalizamos demasiado porque nos

97. T. Thompson, H. Davis y J. Davidson, «Attributional and affective responses of impostors to academic success and failure outcomes», *Personality and Individual Differences, 25,* 1998, págs. 381-396.

aferramos a cualquier cosa que reafirme nuestra idea secreta de ser una nulidad. Si tenemos éxito lo atribuimos a la suerte. Y si fracasamos nos tachamos de incompetentes. Es una forma muy dura de ir por la vida.

Pero la cruel ironía es que los logros no disipan los temores del impostor. A decir verdad, el éxito los empeora. Nuestra buena imagen exterior no encaja con nuestra idea secreta de no merecérnosla. El éxito mundano nos expone a unos estándares para los que no creemos dar la talla, y revela nuestro lado débil e incompetente. Los logros nos presentan situaciones y oportunidades nuevas que solo exacerban los miedos del impostor, ya que cada nueva situación nos pone a prueba.

Acosada por la experiencia del impostor

Obtener un doctorado en Física por una de las universidades más competitivas y punteras del mundo no le bastó a Elena para sentirse valiosa.[98] Era, según sus propias palabras, «una pobre latinoamericana del sur del Bronx, hija de padres trabajadores aunque incultos». No podía creer que la hubieran aceptado en una de las prestigiosas universidades de la Ivy League. Creía que lo habían hecho por tener que cubrir el cupo de estudiantes minoritarios y se sentía abrumada e intimidada por la idea de estudiar en ella. Pero armándose de valor, decidió hacerlo. Enseguida sus miedos y dudas se agravaron por otros obstáculos. Tal como me contó:

> Nunca olvidaré el día en que un profesor me dijo de manera inequívoca que no pertenecía a aquella universidad dado mi estatus social y que me planteara dejarla. Me licencié, pero con la autoestima por los suelos. Decidí sacarme el doctorado en otra universidad y me dejé influenciar por un conocido profesor, el cual me dijo que «me estaba haciendo un favor» al dejarme rea-

---

98. El nombre, los lugares y los distintos detalles de la historia se han cambiado para proteger la privacidad del autor del correo.

lizar mi investigación posdoctoral e impartir una clase a sus alumnos de física avanzada. Me aterraba que los estudiantes descubrieran que era una farsante, pero lo hice de todos modos.

Aunque llevó a cabo la investigación e impartió la clase de forma brillante, al final, me contó, el profesor le dijo que en realidad «solo quería que le hiciera compañía a su mujer» y que se ocupara de las tareas en el laboratorio. Le advirtió que probablemente fracasaría como Física.

Me ocurrió hace más de treinta años, pero solo ahora he visto que mi vida podría haber seguido un camino muy distinto. Dejé el mundo de la Física totalmente desmoralizada. Nunca llegué a dedicarme a la Física, a pesar de saber que tengo talento.

Cuando nos sentimos como unos impostores no atribuimos nuestros logros a algo interior y constante, como el talento o la capacidad, sino que lo achacamos a algo que escapa a nuestro control, como la suerte.[99] En vez de adjudicarnos nuestros éxitos, nos distanciamos de ellos. Nos negamos el apoyo que necesitamos para progresar. La historia de Elena nos recuerda desgarradoramente lo vulnerables que somos cuando dejamos que la experiencia del impostor nos acose. Dudando de su propia valía, interiorizó fácilmente las opiniones de los que dudaban de ella.

Las investigaciones han identificado muchas de las conductas autolimitadoras que exhiben los «impostores»: por ejemplo, esperan sacar malas notas en los exámenes aunque estén rindiendo estupendamente en los estudios. Al terminar un examen, sobreestiman los errores cometidos.[100] Estas conductas corroboran nuestra idea de no ser tan buenos, inteligentes, talentosos o capaces como el mundo cree

---

99. T. Thompson, P. Foreman y F. Martin, «Impostor fears and perfectionistic concern over mistakes», *Personality and Individual Differences, 29*, 2000, págs. 629-647.

100. Cozzarelli y Major, «Exploring the validity of the impostor phenomenon». Thompson et al., «Impostor fears and perfectionistic concern over mistakes».

que somos. Hace que nos critiquemos despiadadamente, nos quedemos atascados, se nos haga un nudo en la garganta en los peores momentos posibles, nos abstraigamos en nuestras propias conjeturas, por lo que rendimos por debajo de nuestro nivel en aquello que más nos apasiona y que mejor se nos da. En el caso más extremo, el impostorismo puede allanarnos el terreno al fracaso.[101]

El profesor de Elena le falló. Avivó sus peores miedos sobre sí misma en lugar de alimentar sus puntos fuertes. Inevitablemente, nos encontraremos en la vida con personas que nos negarán su aprobación, nos impondrán su superioridad e incluso intentarán activamente socavar nuestra moral, y tenemos que protegernos de esta clase de opiniones negativas. Pero con frecuencia nos machacamos con críticas y juicios sin fundamento y esto también puede impedirnos dar lo mejor de nosotros. Mientras nos sentimos fatal al imaginarnos lo que los demás están pensando, no les escuchamos cuando nos dicen lo que piensan *realmente*. Y si no podemos escucharles, no responderemos sin duda con eficiencia. La experiencia del impostor nos impide reaccionar en el momento, no nos deja responderle al mundo tal como es. En su lugar ponemos todos nuestros sentidos en descubrir cualquier signo que nos revele que los demás están a punto de desenmascararnos. Miramos con lupa la dinámica de cada situación social, intentando descifrar cómo la gente nos percibe y juzga, y procuramos adaptar nuestra conducta de acuerdo con ello. Con todos esos pensamientos bullendo en nuestra cabeza es lógico que no nos percatemos de lo que estamos pensando, valorando o sintiendo.

Las investigaciones revelan que en situaciones estresantes, cuando estamos distraídos pensando en los posibles resultados de nuestra actuación, nuestras habilidades disminuyen apreciablemente. Cuando solo estamos pendientes de nosotros mismos, segundo a segundo, no podremos lucirnos en ninguna tarea que requiera memoria y una aten-

---

101. Y. H. Kim, C. Y. Chiu y Z. Zou, «Know thyself: Misperceptions of actual performance undermine achievement motivation, future performance, and subjective well-being», *Journal of Personality and social Psychology,* 99, 2010, págs. 395-409.

ción sostenida.[102] Cuando censuramos nuestra propia actuación no podemos estar en la longitud de onda intelectual para darlo todo, ya que entramos en un círculo vicioso de intentar anticipar, leer, interpretar y reinterpretar cómo nos están juzgando los demás, y toda esta actividad mental nos impide advertir e interpretar lo que está pasando realmente en la situación. Esta dinámica, a la que los psicólogos se refieren como *autoexamen*, se da con mucha más fuerza en los sujetos que sufren los miedos del impostor. Nos desconecta de nosotros mismos. Nos impide estar presentes.

Nuestros temores de que descubran que somos unos impostores pueden hacernos fracasar incluso antes de empezar. Jessica Collett, profesora de Sociología en la Universidad de Notre Dame, decidió estudiar los efectos del impostorismo en las ambiciones profesionales y académicas. En especial, ella y su colaboradora Jade Avelis querían averiguar si los miedos del impostor les hacía «bajar el listón», reduciendo sus ambiciones profesionales. Les hicieron encuestas a cientos de estudiantes de doctorado, la mayoría de ciencias, y les preguntaron si habían renunciado a su meta de trabajar como profesores investigadores numerarios para conformarse con un puesto de profesores no numerarios menos competitivo. «Hemos visto que los impostores están representados con creces tanto en el grupo de los que se plantean seriamente cambiar su meta por otra menos ambiciosa, como en el de los que lo acaban haciendo», apuntó Collet.

Yo misma fui una impostora

No solo estudio el impostorismo, sino que lo viví en carne propia. Y además de experimentarlo, lo *cobijé*. Era como la casita en la que vivía. Desde luego nadie sabía que estaba encerrada entre sus cuatro paredes. Era mi secreto. Casi siempre es así. El impostorismo se apodera de ti y te soborna. Te dices a ti mismo que si no le cuentas a

---

102. T. Schmader, M. Johns y C. Forbes, «An integrated process model of stereotype threat effects on performance», *Psychological Review, 115*, 2008, págs. 336-356.

nadie esos sentimientos, la gente tenderá menos a pensar: «Mmm... quizá *no* se merece de verdad estar ahí». Es mejor no darles malas ideas, ¿verdad?

En mi charla TED de 2012 compartí una historia sobre mis experiencias como impostora. Después de mi lesión cerebral seguí intentando retomar los estudios, pero tuve que dejarlos porque no podía procesar la información. Estaba confundida. No hay nada peor que perder una parte de tu identidad básica. Si pierdes cualquier otra cosa sigues sintiendo parte de tu antiguo poder. Pero había perdido mi capacidad de pensar —una parte de mí muy importante— y me sentía absolutamente desvalida.

Seguí intentándolo con todas mis fuerzas —con una gran lentitud— y por fin acabé la carrera y convencí a alguien para que me aceptara como estudiante de posgrado en Princeton. Pero durante varios años viví angustiada por los temores del impostor. Cada logro los recrudecía, y el más pequeño de los fracasos confirmaba mi idea de ser una intrusa. En mi cabeza me decía una y otra vez: «No debería estar aquí».

Durante el primer año, a todos los estudiantes de doctorado del departamento de Psicología nos pedían que diéramos una charla de veinte minutos a un grupo de unas veinte personas. La noche antes de mi charla estaba tan agobiada por el miedo que le dije a mi tutora que iba a dejar el curso para no tener que darla.

—¡No, no lo harás! —exclamó ella—. Darás la charla. Y seguirás dando otras, aunque lo hagas con una seguridad fingida, hasta que descubras que puedes hacerlo sin esfuerzo alguno.

Al día siguiente no me lucí demasiado. Creo que di la charla plantada como un pasmarote mientras no movía más que la boca. Me sentía como si me fuera a quedar en blanco en cualquier momento. Y estaba deseando quitármela de encima cuanto antes. Al final, cuando un estudiante levantó la mano para hacerme una pregunta, creí que me iba a desmayar. Pero sobreviví, y el público no pareció creer que lo hubiera hecho tan mal como yo pensaba. Y seguí dando charlas, aceptaba cualquier charla que me invitaran a dar. Hasta me ofrecía yo misma a darlas. Hacía cualquier cosa con tal de practicar.

Me llevó su tiempo, pero después de hacer el doctorado en Princeton, de trabajar un año como profesora de Psicología en Rutgers, dos años en la Kellogg School of Management en Northwestern y un año en Harvard —un lugar donde se suponía que alguien como yo no debía estar—, vi que mi tutora tenía razón: descubrí que podía hacerlo.

Me ocurrió cuando una de mis alumnas de Harvard, una mujer que apenas había pronunciado una palabra en todo el semestre, fue a verme a mi despacho antes de la última clase. Le había enviado una nota en la que le decía que aún no había participado en ella y que si no lo hacía entonces, ya se podía olvidar del asunto. Se quedó plantada ante mí con cara de vencida. Tras permanecer en silencio un largo momento, por fin habló: «No debería estar aquí», me confesó. En cuanto lo dijo, se echó a llorar.

Me contó de dónde venía, se había criado en una ciudad pequeña, y al no descender de una familia ilustre, se sentía como una intrusa que no se merecía estudiar en aquella facultad.

Sonaba exactamente como yo en el pasado.

Y en aquel momento me di cuenta: *ya no me siento así. No soy una impostora. No me van a pillar.* Pero no me percaté de que aquellos sentimientos negativos habían desaparecido hasta oír esas palabras saliendo de su boca.

Lo siguiente que pensé fue: *Ella tampoco es una impostora. Se merece estar aquí.*

Cuando di mi charla TED nunca me imaginé que tantos oyentes se fueran a identificar con la historia de mi síndrome del impostor. En realidad, estuve a punto de suprimirla de la charla al creer que me desviaría demasiado del tema principal y que era demasiado personal.

En cuanto terminé de darla y bajé del estrado, varios desconocidos me abrazaron con los ojos llenos de lágrimas. De una forma u otra, todos me dijeron lo mismo: «Me he sentido como si estuvieras contando mi historia». Un tipo elegantemente vestido de cincuenta y pocos años probablemente, me confesó: «Soy un empresario de éxito, según los estándares convencionales, y sé que nunca lo dirías por mi aspecto, pero cada día que entro en mi despacho me siento como un impostor». En aquella época no me imaginaba que fuera a oír las mismas palabras de miles de personas, en los correos electrónicos que sigo recibiendo hasta el día de hoy, cada uno con una nueva historia sobre su sentimiento de ser un impostor.

Mi especialidad es, sobre todo, la investigación de los prejuicios. Mi tesis doctoral de Psicología Social se centró en los estereotipos y en cómo predicen patrones únicos de discriminación. Siempre me han preocupado las personas que se sienten marginadas. ¿Cómo se puede mejorar esa situación? Los prejuicios, por desgracia, no desaparecerán de la noche a la mañana. Aunque eso no es una excusa para ignorar el problema y llevará su tiempo solucionarlo. Doy clases de investigación psicológica sobre el sexismo y el racismo, pero apenas tengo noticias esperanzadoras para compartir sobre cómo resolver estos problemas.

Lo cual me preocupaba. Por ejemplo, cuando hablo a grupos de mujeres jóvenes que están a punto de solicitar un trabajo, ¿qué les puedo decir?: «Pues sí, la investigación revela claramente el predominio del sexismo en el mundo laboral. Gracias por escucharme. ¡Que tengáis buena suerte!» Todavía sigo estudiando activamente las causas y los efectos de los prejuicios, pero ahora más de la mitad de mis investigaciones se centran en identificar las miniintervenciones con una base científica: las cosas que la gente puede hacer para rendir adecuadamente a pesar de toparse con juicios negativos y prejuicios. Aunque los juicios negativos y los prejuicios vengan de uno mismo.

¿Podemos liberarnos de los miedos del impostor?

Me he pasado la mejor parte de mi vida convencido de ser un intruso, un suertudo o un impostor. Ni siquiera se me ocurrió pensar una sola vez que alguien más pudiera sentir lo mismo que yo.

Chris, ejecutivo de éxito de cuarenta años.

En el año 2011, la música y autora Amanda Palmer (la mujer de Neil Gaiman) dio una charla en el Instituto de Arte de Nueva Inglaterra (NEiA) en Brookline, Massachusetts. «Habló de la policía antifraude y de su temor a que se presentara de golpe en casa», recordó Neil. «Y pidió a los asistentes a quienes también les preocupara este tipo de policía que levantaran la mano. Y al mirar a su alrededor vio un montón de manos alzadas, quizás un millar. Y yo exclamé: "Dios santo, si... es todo el mundo".»

Cuando paso revista a las investigaciones y hablo con personas como Pauline y Neil, que han sufrido los mismos miedos, veo una cualidad del impostorismo que destaca por encima de las demás: nos hace sentir como si fuéramos los únicos que tenemos esos miedos, e incluso cuando nos enteramos de que otros también los tienen, no nos los tomamos en serio. Les decimos: «Vale, pero tus miedos son infundados; en cambio, yo *sí* soy un impostor». Para Pauline, su falta de abolengo y de excelentes cartas de recomendación era una prueba fehaciente de su poca valía. Sin embargo, veía los miedos del impostor ajenos como distorsiones. En su cabeza, Neil no creía ser un escritor bien preparado y ni siquiera había ido a la universidad. Pero los licenciados por el NEÍA eran estudiantes con un talento excepcional que habían visto las pruebas de sus logros.

Si la mayoría de la gente va por la vida sintiéndose como un impostor, ¿cómo es posible que los demás no se den cuenta? Porque nos avergüenza hablar de ello. Elena, que abandonó su carrera como científica pese a tener un doctorado en Física otorgado por una de las universidades más competitivas del mundo, escribió: «Nadie, ni siquiera mi marido, entiende la dolorosa pérdida de identidad que experimenté en la universidad, cuando pasé de ser una licenciada extraordinaria a una "fracasada"».

Si supiéramos cuántas personas se sienten como impostores tendríamos que concluir que (1) todos *somos* impostores y no sabemos lo que estamos haciendo o que (2) nuestras autoevaluaciones andan descaminadas. Acarrear emocionalmente esos miedos secretos creyendo que nadie más los sufre nos hace sentir peor aún. Sentirnos solos es, para la mayoría de nosotros, peor que sentirnos acosados.[103] De he-

---

103. J. O'Reilly, S. L. Robinson, J. L. Berdahl y S. Banki, «Is negative attention better than no attention? The comparative effects of ostracism and harassment at work», *Organization Science, 26*, 2014, págs. 776-793.

cho, cuando nos sentimos aislados se activan en el cerebro las mismas áreas que las del dolor físico.[104]

Dado que todos parecemos sentirlos, ¿hay alguna esperanza de que cualquiera de nosotros nos liberemos de las garras de nuestros miedos del impostor? Neil dijo que sí, recuerda el momento en que dejó de fantasear con el tipo de la tablilla con sujetapapeles llamando a la puerta de su casa. ¿Fue cuando le dieron la medalla Newbery, le pregunté, o cualquiera de los otros galardones literarios? Me respondió que no y me contó lo siguiente:

> Mi amigo Gene Wolfe fue quien me ayudó de veras a conseguirlo. En aquella época yo estaba escribiendo *American gods* y era un libro que reflejaba un gran síndrome del impostor, porque quería escribir esa obra imponente sobre Estados Unidos, pero da la casualidad de que soy inglés y quería hablar de todas esas cosas, ya sabes a lo que me refiero, de los dioses, las religiones y las formas de ver el mundo. Por fin terminé de escribir *American gods,* me llevó dieciocho meses hacerlo. Y me quedé muy satisfecho del resultado. Y entonces fui a ver sin falta a Gene y le dije —ten en cuenta que era mi tercera o cuarta novela—: «He acabado el borrador de *American gods,* creo que por fin he aprendido a escribir una novela». Y Gene me miró con una compasión infinita y me dijo: «Neil, nunca se aprende a escribir una novela, solo se aprende a escribir la novela en la que estás ocupado».

Nunca se aprende a escribir una novela, solo se aprende a escribir la novela en la que estás ocupado. Quizás esta sea una verdad fundamental sobre el impostorismo. La mayoría de la gente probablemente no se ha zafado del todo de sus miedos de ser un impostor. Más adelante los describiré, uno por uno. Pero del mismo modo que no puedo prometer-

104. N. I. Eisenberger, M. D. Lieberman y K. D. Williams, «Does rejection hurt? An fMRI study of social exclusion», *Science, 302,* 2003, págs. 290-292.

te que aprender sobre la presencia te permita vivir en un «ahora eterno» como un maestro zen, tampoco puedo asegurarte que te vayas a liberar para siempre de toda la ansiedad del impostor. Las situaciones nuevas pueden avivar antiguos miedos, desencadenar sensaciones de no dar la talla que hagan aflorar inseguridades que hacía mucho no sentías. Pero cuanto más consciente seas de tu ansiedad, más la conocerás,[105] y cuanto más sepas cómo se las gasta, más fácil te resultará sacudírtela de encima la próxima vez que aparezca. No es más que un juego de «golpea a los topos».[106]

---

105. A. A. Sanford, E. M. Ross, S. J. Blake y R. L. Cambiano, «Finding courage and confirmation: Resisting impostor feelings through relationships with mentors, romantic partners, and other women in leadership», *Advancing Women in Leadership, 35,* 2015, págs. 33-43.

106. Videojuego que consiste en golpear con una gran maza los topos que van apareciendo de sopetón de una de las madrigueras para obligarlos a esconderse. Cuanto antes uno los obligue a meterse en el agujero, más alta será la puntuación obtenida. (*N. de la T.*)

5

Cómo la impotencia te pone grilletes (y el poder te libera)

El más poderoso es aquel que es dueño de sí mismo.
LUCIO ANNEO SÉNECA (4 a. C. - 65 d. C.)

Cassidy, una mujer que intentaba salir adelante en el mundo de las inmobiliarias, me mandó este correo electrónico:[107]

Durante quince años fui una campeona en pruebas de atletismo a nivel nacional del equipo de la universidad y toda mi vida me he estado identificando con esta imagen. Desde que me licencié y dejé los deportes, he estado intentando superar el hecho de no ser ya una atleta de élite. Desde entonces me he estado preguntando: «Ahora que he dejado el atletismo y he entrado en el "mundo real", ¿quién soy?»

He tomado nuevos caminos en la vida y me he desanimado rápidamente, incapaz de verme a mí misma en esos nuevos papeles. Sé que soy inteligente y tengo potencial, pero ahora ya no hay nada en lo que yo sea una lumbrera, en lo que me considere una experta. A menudo me siento vencida, angustiada e

---

107. El nombre y los pequeños detalles de esta historia se han cambiado para proteger la privacidad del autor del correo.

insegura, y esas sensaciones me carcomen por dentro. Mi lenguaje corporal es menos poderoso que antes casi en un cien por cien, me paso el día encorvada sobre el escritorio. No confío en mí misma. Me da demasiado miedo correr el riesgo de volver a ponerme en pie, porque estoy convencida de que fracasaré otra vez, de que me tacharán de incompetente. Por eso evito las situaciones que suponen un reto para mí y dejo escapar las oportunidades al verlas como una amenaza.

Oigo y leo historias de falta de poder personal cada día: en los correos de desconocidos, en las conversaciones con mis estudiantes y durante las reuniones con empleados de todas las jerarquías en distintas compañías. Aunque los detalles varíen, la situación es en esencia la misma: un cambio provoca la pérdida de poder y fuerza personal y es seguido de una sensación de inseguridad, ansiedad, desánimo y fracaso. Y luego aparecen las manifestaciones físicas de la impotencia, junto con la pérdida de confianza y de ambición.

Esta falta de ánimo, causada por un pequeño contratiempo o incluso por los cambios normales que conlleva la vida, nos convence de que la situación en la que estamos escapa a nuestro control. Y entonces, como Cassidy dijo, vemos las oportunidades como amenazas que debemos evitar a toda costa y el miedo que nos embarga refuerza nuestra sensación de impotencia, por lo que entramos en un ciclo vicioso agotador.

El psicólogo social Dacher Keltner y sus colegas arrojan luz sobre cómo actúa este ciclo: sugieren que el poder activa un *sistema de emprendimiento* a nivel psicológico y conductual. Cuando nos sentimos poderosos, nos sentimos libres: con la sartén por el mango, sin amenazas y seguros.[108] Por lo que vemos las situaciones de la vida más bien como oportunidades que como amenazas. Nos sentimos positivos y optimistas, y la mayor parte de nuestra conducta no está limitada por las presiones sociales.

---

108. D. Keltner, D. H. Gruenfeld y C. Anderson, «Power, approach, and inhibition», *Psychological Review, 110*, 2003, págs. 265-284.

Por otro lado, la falta de poder activa un *sistema inhibidor* a nivel psicológico y conductual, es «como cuando se dispara una alarma».[109] Lo vemos todo más bien como una amenaza que como una oportunidad. Nos sentimos en general ansiosos y pesimistas, y somos vulnerables a las presiones sociales que nos coartan e impiden actuar tal como somos.

Cuando decidimos si vamos a hacer o no algo —pedirle a alguien una cita, levantar la mano en clase e incluso ofrecerle nuestra ayuda a una persona necesitada— nos fijamos en una de estas dos cosas: en los posibles beneficios de la acción (por ejemplo, una nueva relación, expresar nuestra opinión o lo gratificante de ayudar a alguien) o en el posible precio de la acción (por ejemplo, que nos rompan el corazón, hacer el ridículo o quedar como un idiota). Si nos fijamos en los posibles beneficios tenderemos a actuar, viendo el lado positivo de la situación. Y si nos fijamos en el posible precio, tenderemos a no actuar, evitando los posibles peligros.[110]

---

109. Ibíd, 268.

110. Esta teoría —la teoría reguladora del centro de atención desarrollada por E. Tori Higgins— es una de las más influyentes de la psicología moderna. Si consultas la bibliografía publicada sobre ello, descubrirás enseguida que ha sido analizada por cientos de investigadores y miles de estudios. Si lo deseas, puedes empezar leyendo el de J. Brockner y E. T. Higgins, «Regulatory focus theory: Implications for the study of emotions at work», *Organizational Behavior and Human Decision Processes, 86*, 2001, págs. 35-66. Como los autores explican:

La teoría y las investigaciones anteriores han revelado que los individuos tienen dos distintas orientaciones reguladoras. Cuando se centran en el progreso, están motivados por una necesidad de avanzar y crecer en la que intentan que su yo real (sus conductas e ideas sobre sí mismos) coincida con su yo ideal (valores basados en deseos y aspiraciones de cómo les gustaría ser). Cuando se centran en la prevención, están motivados por una necesidad de seguridad en la que intentan que su yo real coincida con su yo deseado (valores basados en deberes y responsabilidades). Estratégicamente, en las personas centradas en el progreso predomina el deseo o el asegurarse de obtener beneficios; en cambio, en las centradas en la prevención, predomina la vigilancia o el asegurarse de no tener pérdidas. La orientación reguladora de cada cual influye en la naturaleza y la magnitud de su experiencia emocional. Las emociones de los individuos centrados en el progreso varían a lo largo de la dimensión de placer-rechazo, mientras que las emociones de las personas centradas en la prevención varían a lo largo de la dimensión de sereno-agitado.

El poder nos incita a emprender una acción. La impotencia nos hace evitarla.

El poder afecta a nuestros pensamientos, sentimientos, conductas e incluso a nuestra fisiología de un modo que favorece u obstruye nuestro estado de presencia, nuestra actividad y el propio curso de nuestra vida. Cuando nos sentimos impotentes, no podemos estar presentes. En cierta manera, la presencia es poder, una clase especial de poder que uno mismo se otorga. (Recuerda la observación de Julianne Moore cuando le pregunté sobre la presencia: «No es más que una cuestión de poder. El poder es esencial en la vida, ¿no te parece?»)

¿Debería incomodarnos la conexión entre presencia y poder? Me refiero a que el poder corrompe, ¿no?

Quizá, pero el poder también puede liberar. En realidad, hasta me atrevería a afirmar que *la falta de poder puede corromper tanto como el mismo poder.*

Es importante que veas cómo la impotencia te distorsiona y desfigura. El poder —una cierta clase de poder— también es muy importante porque te permite revelarte tal como eres. Me encanta lo que Howard Thurman, autor y activista por los derechos sociales, escribe sobre el tema: «Dentro de todos hay algo que está esperando escuchar el sonido de lo genuino en uno. Es lo único que tendrás para orientarte. Y si no puedes oírlo, te pasarás toda la vida siendo la marioneta de alguien».[111]

¿Vas a mover tú los hilos o dejarás que alguien los mueva por ti?

El poder personal frente al poder social

Hay dos clases de poder que me gustaría analizar: el poder social y el poder personal. Están relacionados. Pero también son muy distintos.

---

111. H. Thurman, *Meditations of the heart*, Beacon Press, Boston, 1953.

El poder social se caracteriza por la capacidad de ejercer dominio, de influenciar o controlar la conducta de los demás. El poder social se gana y expresa a través de un control desproporcionado sobre los recursos valiosos. Una persona que puede acceder a los bienes que otros necesitan —comida, techo, dinero, herramientas, información, posición social, atención, afecto— está en una posición poderosa. La lista de las cosas que este tipo de poder nos permite obtener es interminable, pero el poder social en sí es un recurso limitado. La constante es que requiere tener un cierto control sobre los demás.[112]

El poder personal se caracteriza por *estar libre* de la necesidad de dominar a los demás. Es infinito, lo opuesto a una determinada cantidad, y nos permite el acceso y el control a unos recursos *interiores* ilimitados, como nuestras habilidades y capacidades, nuestros valores más esenciales, nuestra verdadera personalidad, nuestro yo más atrevido. El poder personal —en este sentido se parece en parte al poder social, como explicaré más adelante— nos hace ser más abiertos, optimistas y tolerantes al riesgo, lo cual nos permite advertir y aprovechar las oportunidades.

En resumen, el poder social es el poder *sobre lo ajeno:* la capacidad de controlar el estado exterior y la conducta de los demás. El poder personal es el poder *sobre uno mismo:* la capacidad de controlar nuestro estado interior y conducta. Es la clase de poder al que Elie Wiesel, sobreviviente al Holocausto y galardonado con el Nobel de la Paz, se estaba refiriendo cuando escribió: «En el fondo el único poder al que podemos aspirar es el que tenemos sobre nosotros mismos».

A ser posible, todos queremos gozar de ambas clases de poder, pero como Wiesel sugiere, el poder personal —el estado de poder controlar nuestros recursos interiores más valiosos y auténticos— es

---

112. Para una lectura apasionante que analiza la gran profusión de investigaciones sobre el poder social —en especial sobre cómo y cuándo usarlo—, te recomiendo leer el libro de dos de los expertos más destacados en el tema, el profesor Adam Galinsky de la Escuela de Negocios de Columbia y el profesor Maurice Schweitzer de la Escuela Wharton: *Friend and foe: When to cooperate, when to compete, and how to succeed at both*, Crown, Nueva York.

especialmente esencial. A no ser que sintamos nuestro poder personal, no podremos estar presentes en la vida, aunque intentemos suplir esta carencia con todo el poder social del mundo.

Stefan es un financiero exitoso con mucho poder social, ya que es el que decide si invertirá o no en las compañías que van a verle para que las financie. Pero esto no le garantiza que vaya a tener el mismo grado de poder personal.

«Normalmente soy mucho más joven que los directivos con los que me reúno», apunta, «y descubro que me siento inseguro y adopto unas posturas corporales muy reservadas y sumisas, lo cual es muy raro, porque yo soy el que está en la posición de poder. El que dicta las normas. Pero no siento que pertenezca a este mundo o me merezca la posición que ocupo. Llevo mucho tiempo sintiendo que mi vida y mi carrera profesional no son más que una serie de oportunidades fortuitas que tuve la suerte de aprovechar.»

Así es el poder social sin el poder personal. No es demasiado envidiable que digamos. En cambio, si tenemos poder personal, nuestro poder social irá aumentando sin ningún esfuerzo. Como Joe Magee, profesor en la Universidad de Nueva York y experto en poder, explica: «El poder personal no es más que saber que actuamos basándonos en nuestras creencias, actitudes y valores, y en tener la sensación de que nuestras acciones serán eficaces. Eficaz, en este contexto, no significa que siempre obtengamos el resultado que deseamos, sino que dejamos atrás cada interacción sintiendo que hemos mostrado plena y exactamente lo que somos y lo que queremos. No podemos controlar el resultado, porque no podemos controlar las muchas otras variables de las que depende, como lo que otra persona hará. Pero podemos asegurarnos de presentar a los demás nuestro lado más sincero y atrevido. Cuando lo hacemos, tendemos más a ser convincentes e incluso a influir en la gente y producir el resultado deseado —poder social— precisamente porque *no* nos hemos centrado en él. El poder personal nos permite despojarnos de los miedos y las inhibiciones que nos impiden conectar plenamente con nosotros mismos: con nuestras creencias, sentimientos y habilidades. La falta de poder personal socava la capacidad de confiar en uno mismo. Y si no confiamos en nosotros mismos, no lograremos que los demás confíen en nosotros.

En un mundo ideal nuestra sensación de poder personal sería inalterable. Pero la realidad es muy distinta, porque puede fluctuar, sobre todo cuando la vida nos trata con dureza. Nuestra sensación de poder personal puede desaparecer, por ejemplo, al perder nuestro poder social. Hace poco recibí un correo electrónico de un estudiante universitario de Irán. Todo el mundo creía que este joven, el más brillante de la clase, al que le habían concedido el honor de dar el discurso de despedida en la ceremonia de graduación, al terminar el instituto sería admitido en la Universidad de Harvard o en el Instituto de Tecnología de Massachusetts. Pero me escribió: «Me rechazaron en ambas facultades, y mi sensación de poder se esfumó en el acto. Junto con mi autoestima, por no creer ser lo bastante inteligente, y mi orgullo, por pensar que no había dado la talla. Acabé estudiando en la universidad de la ciudad donde vivía. Mis notas bajaron. De golpe perdí la ambición de llegar lejos en la vida».

Esta historia es un buen ejemplo de lo precario y frágil que puede ser el poder personal, incluso alguien que haya triunfado hasta cierto punto se puede venir abajo simplemente por unas pocas opiniones negativas de unos completos desconocidos. Y ten en cuenta, además, el efecto dominó que produce: la pérdida de poder en un ámbito de la vida de este joven ha cambiado toda su forma de ver el mundo. El sentido de su propio potencial se ha reducido, y con él han menguado su motivación, su capacidad para estar a la altura de su nivel habitual y sus proyectos vitales, y todo ello por haberse evaporado de pronto su poder personal.

Me refiero a que tanto si nos *sentimos* poderosos como sin poder alguno, este estado interior tiene consecuencias enormes en nuestra vida. Y como descubrirás dentro de poco, esos sentimientos pueden desencadenarse con mucha más facilidad de la que nos imaginamos. «El poder... transforma la psicología individual de tal modo que los poderosos piensan y actúan de forma que los conduce a la retención y a la adquisición de poder», escribieron Magee y Adam Galinsky, profesor en la Escuela de Negocios de Columbia.[113] Pamela Smith, profesora de dirección de empresas en la Rady School of Management de la Universidad de California (San Diego), y Galinsky han demostrado en su investigación que el poder suele actuar a nivel inconsciente, por lo que se puede activar sin que nos demos cuenta —como si pulsáramos un interruptor— y afectar a nuestros pensamientos, sentimientos y conducta de formas de las que ni siquiera nos percatamos. Es una buena noticia, significa que no necesitamos llevar una corona para sentirnos poderosos ni tramar ni maquinar la manera de utilizar nuestro poder para cosechar sus beneficios.[114]

Intenta recordar un momento en el que te hayas sentido poderoso a nivel *personal*. Un momento en el que sentías que controlabas plenamente tu estado psicológico, cuando tenías la certeza de estar actuando con tu lado más sincero y atrevido, sintiendo que tus acciones serían eficaces. Tal vez te sucedió en el trabajo, la universidad, en casa o en cualquier otro ámbito de tu vida. Piensa y reflexiona unos minutos sobre la vivencia de tu poder personal, en la sensación que te produjo.

Fue una sensación muy placentera, ¿no? Tanto si eres consciente de ello como si no, acabas de experimentar los efectos del *primado*. Gracias a este pequeño ejercicio, tu estado psicológico ha estado, y probablemente lo sigue estando, imbuido de una sensación de confianza y de fuerza. Podría fácilmente haberte pedido que recordaras un momento en el que te sentiste impotente y estresado, pero no quiero hacer que tu ánimo decaiga. Sin embargo, si lo hubieras hecho, tu estado psicológico también habría cambiado para peor, al menos temporalmente. Esa desagradable sensación de estar a merced de alguien habría aflorado de los recovecos más profundos de tu cerebro.

---

113. J. C. Magee y A. D. Galinsky, «Social hierarchy: The self-reinforcing nature of power and status», *The Academy of Management Annals, 2*, 2008, págs. 351-398, 351.

114. P. K. Smith y A. D. Galinsky, «The nonconscious nature of power. Cues and consequences», *Social and Personality Psychology Compass, 4*, 2010, págs. 918-938.

Es una de las formas en las que los psicólogos sociales realizan sus investigaciones sobre el poder: usando distintos recursos y ejercicios para hacer que los sujetos se sientan poderosos o sin poder alguno. En cuanto los participantes han sido primados, el estudio se puede llevar a cabo, de ese modo se aprecian las diferencias: la forma en la que responden los sujetos poderosos y los que carecen de poder.

Tal vez parezca un truco de magia barato, pero funciona; el simple ejercicio de pensar un momento en algo —como recordar un instante vivido de poder o de impotencia, de ver brevemente palabras que connotan poder (*control, orden, autoridad*) o falta de poder (*obedecer, ceder, subordinado*), o de recibir temporalmente el papel de jefe o empleado—, puede influir de manera apreciable en nuestro estado mental y emocional. Incluso estos ligeros desencadenantes pueden inducir unos verdaderos sentimientos inconscientes.[115]

He señalado todo esto para que comprendas parte de la investigación que describiré en este capítulo. Pero también ilustra algo importante: que la sensación de poder o la de su ausencia puede evocarse incluso con pequeños desencadenantes que nos llevan en una u otra dirección. Somos seres fáciles de manipular. Lo cual nos hace, sin duda, vulnerables, pero también puede ser una ventaja, sobre todo cuando aprendemos a progresar a base de pequeños empujones.

La paradoja de la impotencia

Al inicio de este capítulo has conocido a Cassidy, la excampeona de atletismo que me escribió para contarme la profunda sensación de impotencia que sentía después de haber dejado su vida de atleta. Angustiada e insegura, evitaba correr ningún riesgo por miedo a fracasar y le preocupaba que, si fracasaba, la tacharan de incompetente. No es

---

115. Prácticamente todas las investigaciones descritas en este capítulo tratan sobre el poder social, pero creo que también se pueden aplicar en su mayor parte al poder personal, porque ambos tipos de poder nos dan una sensación de control.

138 EL PODER DE LA PRESENCIA

de extrañar que viera las oportunidades como amenazas. Las mismas amenazas existen para todos, pero la impotencia hace que nos fijemos más en los posibles peligros, y crea una reacción en cadena que, paradójicamente, nos incapacita todavía más. Una mayor sensación de peligro aumenta nuestra ansiedad social de distintas maneras.

La impotencia te impide pensar con claridad

¿Alguna vez has tenido esa angustiante sensación de estrechez que trae consigo la ansiedad social, la sensación de «estar a punto de quedarte en blanco» en cualquier momento o de estar muy espeso? Pues no eres el único. Una teoría es que la ansiedad está causada por una combinación de cómo vemos un momento difícil: ¿es una amenaza o un reto?, y de cómo valoramos nuestra capacidad de encontrar los recursos necesarios para afrontar lo que aquel momento nos exige. Cuando vemos ese momento como una inquietante amenaza en lugar de un gran reto, y cuando sentimos que no podemos acceder a los recursos necesarios para manejar ese reto, la ansiedad se nos dispara.[116] Esto es la falta de poder personal, la sensación de no poder acceder a nuestros recursos mentales cuando más los necesitamos. Tanto la ansiedad crónica como la aguda afectan a algunas de nuestras funciones cognitivas más importantes, en parte porque interfieren en la actividad de la corteza prefrontal (entre otras áreas del cerebro), que juega un papel esencial en alinear nuestras acciones y pensamientos con nuestros objetivos y sentimientos interiores.[117]

---

116. J. Tomaka, J. Blascovich, R. M. Kelsey y C. L. Leitten, «Subjective, physiological, and behavioral effects of threat and challenge appraisal», *Journal of Personality and Social Psychology*, 65 (2), 1993, pág. 248.

117. S. Quin, E. J. Hermans, H. J. van Marle, J. Luo y G. Fernández, «Acute psychological stress reduce working memory-related activity in the dorsolateral prefrontal cortex», *Biological Psychiatry*, 66, 2009, págs. 25-32. C. Liston, B. S. McEwen y B. J. Casey, «Psychosocial stress reversibly disrupts prefrontal processing and attentional control», *Proceedings of the National Academy of Sciences*, 106, 2009, págs. 912-917.

Es muy exasperante: cuando nuestra ansiedad está causada por el miedo a dar una mala impresión, lo peor que podemos hacer es desactivar las facultades que nos ayudarían a dar una buena impresión, las herramientas que nos permiten entender y responder adecuadamente a los demás.

Pero eso es exactamente lo que ocurre cuando nos asalta la sensación de impotencia. La lucidez nos abandona y nuestro cerebro es incapaz de manejar lo que una situación complicada o estresante nos exige. La falta de poder y la ansiedad que genera reducen lo que los psicólogos llaman funciones ejecutivas: las herramientas cognitivas superiores, como el razonamiento, la flexibilidad en la realización de tareas y el control de la atención, todo lo cual es vital para afrontar adecuadamente las situaciones difíciles.[118] Cuando las funciones ejecutivas están afectadas, no tenemos la misma agilidad para actualizar la información mental, inhibir los impulsos no deseados y planear las acciones futuras. La ansiedad también afecta a la memoria de trabajo —la capacidad para recuperar la información almacenada y asimilar e integrar la nueva información recibida y responder a ella al mismo tiempo—, lo cual depende en gran medida de las funciones ejecutivas.

Considera los resultados de una serie de estudios en los que los participantes fueron primados para que se sintieran poderosos o sin poder, y después les pidieron que ejecutaran tareas sencillas, la clase de retos con los que estarás familiarizado si has entrado alguna vez en las populares webs para «entrenar el cerebro».[119] En un estudio les pidieron, en primer lugar, que adoptaran el papel de jefes o de subordinados en una tarea informatizada realizada por dos personas. Pero antes de llevarla a cabo (en realidad nunca llegaba a ocurrir), realizaban solos una tarea de «dos atrás» en la que aparecían una serie de

118. N. Derakshan y M. W. Eysenck, «Anxiety, processing efficiency, and cognitive performance: New developments from attentional control theory», *European Psychologist, 14,* 2009, págs. 168-176.

119. P. K. Smith, N. B. Jostmann, A. D. Galinsky y W. W. van Dijk, «Lacking power impairs executive functions», *Psychological Science, 19,* 2008, págs. 441-447.

letras en una pantalla y tenían que juzgar rápidamente si cada letra era la misma que había aparecido dos letras antes. Este ejercicio medía la capacidad cognitiva de los sujetos para «actualizar» la información: tenían que actualizar continuamente las series de letras retenidas en su cabeza. Los sujetos primados para sentirse sin poder cometieron muchos más errores que los primados para sentirse poderosos.

En un segundo estudio fueron expuestos a palabras relacionadas con el poder o con la falta de poder. Después realizaron uno de los test de psicología cognitiva más populares, el test de Stroop. Publicado por primera vez por el psicólogo John Ridley Stroop en 1935, este test indica básicamente nuestro grado de agilidad cognitiva cuando intentamos bloquear las señales que nos distraen.[120] La tarea es sencilla: nos presentan una serie de palabras, la mayoría son nombres de colores, como *rojo* y *azul,* pero la palabra está escrita en un color distinto (por ejemplo, la palabra *rojo* está escrita en tinta azul y la palabra *azul* en tinta roja). La tarea consiste en decir rápidamente y con exactitud, el color de la tinta. Parece fácil, ¿no? Pues no lo es, porque nos cuesta «inhibir» el hábito de leer automáticamente las palabras escritas en nuestra lengua materna: si vemos la palabra *azul* escrita en tinta roja, estaremos tentados de decir «azul» cuando tendríamos que decir «rojo». En las pruebas incongruentes (la palabra *rojo* escrita en tinta azul y la palabra *azul* en tinta roja), los sujetos primados para sentirse sin poder cometieron más errores que los primados para sentirse poderosos y los del grupo de control. Es decir, cuando nos sentimos sin poder nos cuesta más bloquear la información que nos distrae y controlar nuestros impulsos cognitivos.

En otro estudio, los sujetos tenían que escribir sobre uno de estos tres temas: una ocasión en la que tuvieron poder sobre otra persona, una ocasión en la que alguien tuvo poder sobre ellos, o lo que habían hecho el día anterior. A continuación, jugaron en el ordenador a una versión de lo que se conoce como la tarea de la Torre de Hanói, que

---

120. J. R. Stroop, «Studies of interference in serial verbal reactions», *Journal of Experimental Psychology 18 (6)*, 1935, págs. 643-662.

consiste en mover estratégicamente los discos de una torre a otra para colocarlos en la torre elegida. Se medía la capacidad «planificadora» de los sujetos según la cantidad de movimientos adicionales (superior a la cantidad mínima requerida) que hicieran en las pruebas que requerían estrategias contraintuitivas (en las que había que sacar primero uno o más discos de la torre elegida). Los sujetos primados para sentirse sin poder hicieron más movimientos adicionales en esas pruebas que los primados para sentirse poderosos y los del grupo de control. El estudio demostró que la falta de poder reduce la capacidad planificadora, otra función ejecutiva muy importante. Los mismos autores también descubrieron que la falta de poder induce lo que se conoce como «olvido del objetivo»: el fenómeno general de olvidarnos de seguir concentrados en un objetivo, lo cual nos impide ejecutar la tarea requerida.

Todos estos estudios dejan claro que si no podemos acceder a nuestras funciones ejecutivas no podremos manifestar adecuadamente nuestras capacidades. La falta de poder las bloquea, lo cual hace que nos cueste más demostrar lo que sabemos.

La impotencia hace que te abstraigas

Así que nos encontramos con el razonamiento, la concentración, la memoria de trabajo y la lucidez afectados, intentando desesperadamente quitarnos de encima la sensación de impotencia. Y por si esto fuera poco, la ansiedad nos asesta otro golpe: nos margina de los demás. Algunas investigaciones sugieren que la ansiedad social interfiere en nuestra capacidad de ver el mundo a través de los ojos de los demás.

En una serie de experimentos realizados por el psicólogo social Andy Todd, los participantes tenían que identificar la posición espacial de un objeto, ya sea desde su propia perspectiva o desde la de otro.[121] Los sujetos primados para sentirse ansiosos identificaron con mucha menos precisión la ubicación del objeto cuando les pidieron que lo hicieran desde las perspectivas de otros. En otro experimento, los participantes vieron la fotografía de una persona sentada ante una mesa mirando el libro que tenía a su izquierda. Al cabo de un rato, cuando les pidieron que recordaran en qué lado de la mesa estaba el libro, los participantes tendían más a describir la ubicación del libro desde su propia perspectiva (por ejemplo, «El libro estaba en la parte derecha de la mesa»), cuando se encontraba en la parte opuesta según la perspectiva de la persona de la foto (por ejemplo, «El libro estaba en la parte izquierda de la mesa»). Cuanto mayor era la ansiedad de los participantes, más mostraban esta inclinación.

Es decir, los sujetos ansiosos fueron incapaces de dejar de pensar en sí mismos y de ver las cosas desde el punto de vista de otra persona. Imagínate cómo esta incapacidad momentánea puede afectar a tu actuación durante unas interacciones estresantes que requieren oír y procesar lo que otra persona está diciendo, como las interacciones que el reverendo Jeffrey Brown estuvo manteniendo con los jóvenes de Boston.

El vínculo entre la ansiedad y la autoabsorción es bidireccional, ambas se alimentan mutuamente. En un análisis sobre más de doscientos estudios, los investigadores concluyeron que cuanto más centrados estamos en nosotros mismos, más ansiosos —y también más deprimidos y negativos en general— nos volvemos.[122] La autoabsorción incluso nos hace más proclives a padecer trastornos físicos, como problemas estomacales, congestión nasal y tensión muscular.[123]

---

121. A. R. Todd, M. Forstmann, P. Burgmer, A. W. Brooks y A. D. Galinsky, «Anxious and egocentric: How specific emotions influence perspective taking», *Journal of Experimental Psychology: General, 144,* 2015, págs. 374-391.

122. N. Mor y J. Winquist, «Self-focused attention and negative affect: A meta-analysis», *Psychological Bulletin, 128,* 2002, págs. 638-662.

123. G. E. Gendolla, A. E. Abele, A. Andrei, D. Spurk y M. Richter, «Negative mood, self-focused attention, and the experience of physical symptoms: The joint impact hypothesis», *Emotion, 5,* 2005, págs. 131-144.

En una ocasión, los jugadores y los preparadores de un equipo de béisbol de las grandes ligas me contaron las eventualidades que reducían su rendimiento deportivo. Un bateador citó algo tremendamente molesto que es una parte muy importante del partido: la retransmisión de las estadísticas. «A veces, tu promedio de bateos no es bueno», señaló. Contó cómo varía, sobre todo a principios de temporada. Me explicó que cuando estás a punto de batear y te colocas en el lugar requerido, ves en la pantalla gigante una imagen enorme de tu cara, tu nombre, tu promedio de bateos y otro tipo de información similar. Lo describió como una pesada carga, como si todos los espectadores de las gradas lo estuvieran viendo y pensando en ello. Afirmó que además de hacerle sentir fatal, le distraía mucho.

Es algo perfectamente comprensible, pero lo más curioso es que cuando eres un bateador profesional y estás a punto de batear, sí, te están mirando un montón de personas. Y algunas tal vez estén haciendo comentarios sarcásticos sobre tu capacidad para golpear la pelota. Pero muchas otras están tomando cerveza o haciéndose selfies con sus amigos sin fijarse en ti. Y de pronto exclaman quizás un tanto avergonzados por no haber estado prestando atención: «¡Oh, me lo he perdido! ¿Qué acaba de pasar?» La realidad es que los demás no piensan tanto en nosotros como creemos, *ni siquiera cuando somos el centro de atención*. Y si están pensando en nosotros, no podemos hacer nada de todos modos. Lo único que podemos hacer es darle a la pelota con el bate.

Se conoce como «efecto reflector» y es una de las tendencias egocéntricas humanas más duraderas y extendidas: creer que los demás se están fijando en uno más de lo que en realidad lo están haciendo… y en general de un modo negativo en lugar de positivo. Es muy difícil desactivar esta tendencia. *¿Qué estarán pensando de mí? ¿Es que piensa que soy estúpido? ¿Es que tengo comida entre los dientes?* Una profesora de un talento excepcional me contó en una ocasión el momento en que superó la ansiedad que le producía enseñar: «En medio de la clase advertí que ya no prestaba atención a lo que los estudiantes estaban pensando de mí, solo me fijaba en lo que estaban *pensando*». Consiguió unirse con sus alumnos en la materia que estaba enseñando al dejar de pensar en sí misma.

Docenas de experimentos han demostrado el efecto reflector. En un estudio un tanto embarazoso, a un grupo de estudiantes les asignaron al azar llevar camisetas de colores chillones de Barry Manilow cuando fueran a una clase introductoria de psicología repleta de alumnos. Les pidieron que estimaran el porcentaje de compañeros que se habían fijado en la camiseta. Los participantes sobrestimaron la cantidad, creyeron que la mitad de sus compañeros la habían advertido cuando tan solo menos de una cuarta parte lo habían hecho. En un estudio complementario realizado con unas camisetas menos inusuales, la discrepancia entre el porcentaje estimado y el real de estudiantes que se fijaron en ellas fue incluso mayor, los participantes creyeron que cerca de la mitad de la clase se había percatado de su camiseta cuando no había sido más que el 10 por ciento.[124]

No sobrestimamos la atención de la que somos objeto porque seamos egoístas o narcisistas, sino porque cada uno es el centro de su universo y no podemos evitar ver el mundo desde nuestro punto de vista. Por eso creemos que los demás también lo ven desde nuestra perspectiva. Sobre todo cuando nos sentimos incómodos, tenemos un mal día o decimos algo estúpido. En estas ocasiones, la mayoría sobrestimaremos la cantidad de personas que lo advierten.

La impotencia te impide estar presente

Los efectos negativos de la sensación de impotencia no se acaban aquí: cuanto más ansiosos y autoabsortos estamos durante una interacción, más tiempo pasamos *procesando la situación* que hemos dejado atrás —cavilando sobre la interacción— incluso durante varios días.[125] Ya he mencionado la desafortunada costumbre de darle

---

124. T. Gilovich, V. H. Medvec y K. Savitsky, «The spotlight effect in social judgment: An egocentric bias in estimates of the salience of one's own actions and appearance», *Journal of Personality and Social Psychology, 78*, 2000, págs. 211-222.

125. D. Gaydukevych y N. L. Kocovski, «Effect of self-focused attention on post-event processing in social anxiety», *Behaviour Research and Therapy, 50*, 2012, págs. 47-55.

vueltas en nuestra cabeza a una interacción que ya ha sucedido, pero lo que ahora se sabe sobre el modo en que la sensación de falta de poder y la ansiedad afectan al cerebro le da un nuevo giro al estudio. Aquello sobre lo que cavilamos *ni siquiera es real,* es un recuerdo muy defectuoso de una interacción. Estábamos tan ensimismados en nuestros pensamientos debido a la ansiedad que nuestro recuerdo de la situación está alterado y lleno de lagunas. Y, sin embargo, seguimos obsesionándonos. Tomamos ese recuerdo deformado y lo deformamos todavía más, haciéndolo pasar sin cesar por nuestros herrumbrados filtros de «¿qué piensan de mí?» Sin poder dejar de cavilar en la situación, nos quedamos congelados en el tiempo.

Es decir, la autoabsorción cargada de ansiedad nos impide estar presentes antes, durante e incluso después de una situación difícil. Es evidente que todos sabemos que la ansiedad que nos produce cómo nos ven los demás es una lata, pero vale la pena entender de qué modo nos quita el poder.

Los beneficios de sentirte poderoso

Si sentirnos sin poder nos inhibe, agota y, por lo general, nos deja fuera de juego, también es cierto que sentirnos poderosos tiene el efecto contrario. Pero para entender cómo funciona —cómo el poder te ayuda— tendrás que dejar de lado cualquier estereotipo negativo que cobijes sobre él, al menos por ahora.

El poder te protege

Una creciente cantidad de investigaciones sugieren que el poder nos protege de las emociones negativas, parece ser que nos ayuda a ser más fuertes por dentro, lo cual nos permite afrontar mejor los juicios de valor, el rechazo, el estrés e incluso el dolor físico.

En un estudio, los investigadores de la Universidad de California (Berkeley) pidieron a los estudiantes que mantenían una relación sentimental que rellenaran una encuesta cada noche durante dos semanas.[126] Les hicieron preguntas concebidas para medir lo poderosos que se sentían, como: «¿Quién ha tenido más poder hoy en tu relación?» y «¿Quién ha tomado hoy más decisiones?» Después, para medir sus sentimientos de rechazo, los estudiantes tenían que puntuar hasta qué punto había sido hostil su pareja con ellos. También tenían qué describir la intensidad con la que habían experimentado cuatro sentimientos negativos: ira, ansiedad, tristeza y vergüenza. En los días que sentían un gran rechazo por parte de su pareja, la sensación de poder les protegía mitigando las emociones negativas que experimentaban.

Incluso un poder hipotético puede hacer milagros. En otro estudio dirigido por los mismos investigadores, se les asignó a los participantes unos papeles —los de jefes o subordinados en una compañía— y les pidieron que se imaginaran que no habían sido invitados a una fiesta. Los colegas que habían decidido no invitarles a la fiesta ocupaban un cargo más alto, similar o inferior al suyo en la empresa. Luego les pidieron que puntuaran sus emociones y su autoestima. Cuanto más poderosos eran los sujetos comparados con el empleado que los había rechazado, menos emociones negativas sentían y más alta era su autoestima.

En un tercer estudio les dijeron a los estudiantes que los emparejarían con otro sujeto y que tendrían que resolver rompecabezas. A continuación, les comunicaron que les asignarían el papel de jefe (un rol poderoso) o el de empleado (uno sin poder). Después de que sus parejas desconocidas (y ficticias) conocieran algunos detalles sobre ellos, expresaron un cierto placer o desagrado ante la idea de trabajar juntos. Cuanto menos poderosos eran los participantes (por ejemplo, los «empleados»), peor se sentían y más baja era su autoestima cuan-

---

126. M. M. Kuehn, S. Chen y A. M. Gordon, «Having a thicker skin: Social power buffers the negative effects of social rejection», *Social Psychological and Personality Science*, 6, 2015, págs. 701-709.

do sus parejas expresaban desagrado en lugar de placer ante la idea de trabajar con ellos. En cambio, a los participantes más poderosos parecía darles igual.

En un experimento dirigido por Dana Carney, profesora en la Universidad de Berkeley, los participantes tenían que rellenar un cuestionario sobre su experiencia de liderazgo. Luego les asignaron papeles poderosos o de muy poco poder. Aunque creyeran que la asignación se basaba en los resultados del cuestionario, en realidad no era así, se había hecho al azar. Cada sujeto con poder fue emparejado con otro sin poder y acto seguido les pidieron que trabajaran juntos para tomar una decisión sobre las ventajas que les darían a otros colegas. A los participantes con un papel poderoso les dieron despachos mucho más grandes, un mayor control en las reuniones laborales y la última palabra en la decisión sobre qué cantidad (si es que pagarían alguna) de un «sueldo» de veinte dólares le darían a sus compañeros con poco poder. Carney y su equipo usaron un factor estresante —el dolor físico— para medir los efectos de sentirse poderoso en la respuesta de estrés. Le pidieron a cada participante que sumergiera la mano en un cubo con agua helada (mantenida a unos nueve grados de temperatura) y que la sacara cuando quisiera para averiguar durante cuánto tiempo la mantenía sumergida. Los sujetos con el papel poderoso no solo mantuvieron la mano dentro del agua unos cuarenta y cinco segundos más que los sujetos con el papel de poco poder —casi *el doble* de tiempo—, sino que además mostraron menos signos no verbales de dolor (hacer muecas, tensar el cuerpo y moverse con nerviosismo...) porque sintieron menos dolor.[127]

---

127. D. R. Carney, A. J. Yap, B. J. Lucas, P. H. Mehta, J. McGee y C. Wilmuth (documento de trabajo), «Power buffers stress — for better and for worse», procedente de http://faculty.haas.berkeley.edu/dana_carney/vita.html.

El poder te conecta a los demás

Sentirnos poderosos aumenta nuestra capacidad para interpretar la expresión de los demás y relacionarnos.[128] En un experimento, les presentaron sutilmente a los participantes palabras que sugerían tener poder (por ejemplo, *real, liderazgo, control*) o no tenerlo (por ejemplo, *obedecer, servir, subordinado*). A continuación, veían vídeos de grupos de dos personas realizando una actividad juntas y anotaban lo que creían que esos sujetos estaban pensando y sintiendo durante la interacción. Al compararse las anotaciones con lo que las parejas que interactuaban habían escrito sobre sus estados de ánimo, se descubrió que los participantes primados para sentirse poderosos habían sido más exactos en sus apreciaciones.

En un experimento complementario, los sujetos escribieron sobre una ocasión en la que tuvieron poder sobre otra persona, una ocasión en la que alguien tuvo poder sobre ellos, o lo que habían hecho el día anterior. Después vieron veinticuatro fotografías de rostros expresando felicidad, tristeza, cólera o miedo y eligieron qué emoción expresaban. También respondieron a varias preguntas relacionadas con su estilo de liderazgo. Los sujetos a los que les hicieron sentir poderosos juzgaron las expresiones emocionales con más exactitud que los sujetos a los que les hicieron sentir sin poder, a no ser que tendieran a ver el poder como una combinación de un gran egoísmo y de muy poca empatía.

Los individuos que se sienten poderosos también tienden más a perdonar a los demás, sobre todo a las personas con las que han adquirido un compromiso.[129] En un experimento se les pedía a los participantes que describieran por escrito una ocasión en la que tuvieron poder sobre alguien o viceversa. Después se imaginaban en distintas

---

128. M. Schmid Mast, K. Jonas y J. A. Hall, «Give a person power and he or she will show interpersonal sensitivity: The phenomenon and its why and when», *Journal of Personality and Social Psychology, 97*, 2009, págs. 835-850.

129. J. C. Karremans y P. K. Smith, «Having the power to forgive: When the experience of power increases interpersonal forgiveness», *Personality and Social Psychology Bulletin, 36*, 2010, págs. 1010-1023.

escenas donde una persona les hería, por ejemplo, al compartir una historia embarazosa sobre ellos. Los sujetos primados para sentirse poderosos afirmaron haber estado más dispuestos a perdonar a la persona que les había herido comparados con los sujetos primados para sentirse sin poder. Cuando nos sentimos poderosos en lugar de mantenernos en guardia somos capaces de abrirnos y de ser quizás incluso vulnerables. (Hasta los monos poderosos se mantienen menos vigilantes que los monos sin poder).[130] En una serie de estudios, los sujetos que se sentían poderosos solían ver a los individuos con los que interactuaban como cordiales en lugar de como amenazadores; en cambio, los que se sentían sin poder veían a los desconocidos con los que interactuaban como amenazadores. Los sujetos poderosos de estos estudios, además de sentirse seguros con las personas con las que interactuaban, tendían a expresar más sus verdaderas actitudes.[131]

En un estudio anterior sobre el poder y la dirección de empresas, los jefes que se sentían sin poder tendían a usar el poder coercitivo —amenazas de castigo o incluso de despido— cuando se enfrentaban con «trabajadores problemáticos», mientras que los jefes que se sentían poderosos tendían a usar enfoques personales persuasivos, como el elogio o la amonestación.[132] En otro estudio, los directores que se sentían sin poder mostraban una actitud más egodefensiva, por lo que eran menos receptivos. A decir verdad, los que se sentían sin poder juzgaban de una forma más negativa a los empleados que decían lo que pensaban.[133]

130. S. V. Shepherd, R. O. Deaner y M. L. Platt, «Social status gates social attention in monkeys», *Current Biology, 16*, 2006, págs. R119-R120.

131. C. Anderson y J. L. Berdahl, «The experience of power: Examining the effects of power on approach and inhibition tendencies», *Journal of Personality and Social Psychology, 83,* 2002, págs. 1362-1377.

132. B. E. Goodstadt y L. A. Hjelle, «Power to the powerless: Locus of control and the use of power», *Journal of Personality and Social Psychology, 27,* 1973, págs. 190-196.

133. N. J. Fast, E. R. Burris y C. A. Bartel, «Managing to stay in the dark: Managerial self-efficacy, ego defensiveness, and the aversion to employee voice», *Academy of Management Journal, 57,* 2014, págs. 1013-1034.

El poder te da libertad mental

La falta de poder reduce nuestra función cognitiva; en cambio, el poder parece aumentarla, lo que mejora nuestra capacidad de tomar buenas decisiones en situaciones complejas. Pamela Smith ha realizado docenas de estudios sobre la manera en que el poder y la falta de poder afectan nuestro modo de pensar. Según Smith, los sujetos que se sienten poderosos, comparados con los que se sienten sin poder, «procesan la información de manera más abstracta, integrándola para extraer lo esencial, detectando los patrones y las relaciones».[134]

El poder nos hace ser valientes, independientes y menos propensos a las presiones y las expectativas del exterior, y nos permite ser más creativos. En un estudio se les pedía a los sujetos que se imaginaran estar solicitando un trabajo en una compañía de mercadotecnia y que tenían que inventarse nombres de productos nuevos, como el de un analgésico y un tipo de pasta.[135] Les dieron ejemplos para cada clase de producto: nombres para la pasta que acababan en *na, ni* o *ti,* y nombres para el analgésico que acababan en *ol* o *in.* A los sujetos primados para sentirse poderosos, en lugar de decidir usar las terminaciones de los ejemplos se les ocurrieron nombres más novedosos. Cuando nos sentimos poderosos nos cohíbe menos expresar nuestros sentimientos e ideas, lo cual nos da libertad para pensar y hacer grandes cosas.

El poder te sincroniza

En el primer capítulo he escrito sobre la sincronía, la armonización de los distintos elementos del yo. Al parecer, la sensación de poder sin-

---

134. P. K. Smith, A. Dijksterhuis y D. H. Wigboldus, «Powerful people make good decisions even when they consciously think», *Psychological Science, 19,* 2008, págs. 1258-1259, 1258.

135. A. D. Galinsky, J. C. Magee, D. H. Gruenfeld, J. Whitson y K. A. Liljenquist, «Power reduces the press of the situation: Implications for creativity, conformity, and dissonance», *Journal of Personality and Social Psychology, 95,* 2008, págs. 1450-1466.

croniza nuestros pensamientos, sentimientos y conductas, y eso nos ayuda a estar presentes. En un experimento, cuando los sujetos que se sentían poderosos entablaban conversación con desconocidos, sus expresiones no verbales encajaban con las emociones que dijeron haber sentido. Si se sentían contentos y contaban una historia feliz, sonreían. En cambio, las expresiones y los sentimientos que dijeron sentir los sujetos que se sentían sin poder no estaban tan estrechamente vinculadas.[136]

La falta de poder también hace que amoldemos nuestra conducta a la conducta o las expectativas percibidas de los que nos rodean.[137] No nos volvemos necesariamente insinceros por intentar engañarles, sino para protegernos. Después de todo, las personas sin poder prefieren acomodarse al entorno y complacer a los demás.

El poder te empuja a actuar

> *Ya no acepto lo que no puedo cambiar. Ahora estoy*
> *cambiando lo que no puedo aceptar.*
> Angela Davis

El investigador de un laboratorio te conduce a una habitación privada y te pide que te sientes en una silla y esperes. Al cabo de unos momentos adviertes que el aire de un ventilador te está dando en la cara. Es molesto. ¿Qué haces? ¿Mueves el ventilador? ¿Lo apagas? ¿O intentas hacer lo posible por ignorarlo?

Aquí tienes otro dilema: formas parte de un grupo de tres compañeros que estáis manteniendo un debate con otro trío y la última ron-

---

136. M. A. Hecht y M. LaFrance, «License or obligation to smile: The effect of power and sex on amount and type of smiling», *Personality and Social Psychology Bulletin, 24*, 1998, págs. 1332-1342.

137. D. Keltner, D. H. Gruenfeld y C. Anderson, «Power, approach, and inhibition», *Psychological Review, 110*, 2003, págs. 265-284.

da del torneo está a punto de llegar. A tu equipo le dan la opción de elegir si hablará el primero o el segundo. Uno de tus compañeros sugiere que debéis hablar los primeros, así podréis decidir el marco de la discusión y establecer el tono. Tu otro compañero no está de acuerdo, si sois los segundos en hablar podréis rebatir los argumentos de vuestros oponentes. Ahora te toca a ti decidir lo que haréis, ¿será tu equipo el primero o el segundo en hablar?

Ambos escenarios se usaron en los experimentos dirigidos por investigadores que intentaban entender cómo el poder o la impotencia nos empuja o no a actuar. En el estudio del ventilador, todos los sujetos habían sido primados del modo que he descrito antes para sentirse poderosos o impotentes.[138] El 69 por ciento de los participantes poderosos movieron o apagaron el molesto ventilador, pero solo un 42 por ciento de los participantes sin poder lo hicieron. El resto se quedó sentado aguantando el aire en la cara. Después de todo, nadie les había dicho que pudieran tocar el ventilador. Al sentirse sin poder necesitaban el permiso de alguien con autoridad para actuar. En el estudio sobre el debate de competición, los sujetos primados para sentirse poderosos fueron cuatro veces más proclives a hablar los primeros en el torneo comparados con los participantes a los que no les hicieron sentirse poderosos.[139]

Una cantidad inmensa de estudios respaldan la idea de que cuando nos sentimos poderosos somos proactivos. Por ejemplo, un estudio reveló que los sujetos poderosos suelen regatear mucho más sobre el precio de un automóvil nuevo y hacen la primera oferta en una negociación laboral.[140] ¿Por qué? Porque sentirnos poderosos nos da libertad para decidir, actuar y *llevar a cabo* objetivos. Los sujetos de otro

---

138. A. D. Galinsky, D. H. Gruenfeld y J. C. Magee, «From Power to action», *Journal of Personality and Social Psychology, 85*, 2003, págs. 453-466.

139. J. C. Magee, A. D. Galinsky y D. H. Gruenfeld, «Power, propensity to negotiate, and moving first in competitive interactions», *Personality and Social Psychology Bulletin, 33*, 2007, págs. 200-212.

140. Ibíd.

estudio fueron primados para que se sintieran poderosos o sin poder y a continuación les preguntaron cuánto tiempo les llevaría tomar una decisión en distintos escenarios (al elegir a un compañero de habitación, comprar un coche de segunda mano, visitar un posible lugar de trabajo).[141] Los sujetos sin poder dijeron que necesitaban más tiempo que los poderosos. Hay que tener en cuenta, sin embargo, que actuar con más presteza no significa necesariamente tomar la mejor decisión, tal vez hubiera sido prudente meditarlo un poco más. Pero el patrón general es el mismo: el poder nos empuja a actuar. Y en un estudio complementario les pidieron a los participantes que se imaginaran hasta qué punto esperarían hasta el último momento para ocuparse de distintos asuntos, como solicitar una beca o mudarse a otro piso. Los sujetos poderosos afirmaron que los tacharían de la lista de cosas por hacer antes que los sujetos sin poder. En estos casos, actuar lo antes posible es probablemente más indicado. Por último, les pidieron que trazaran una figura sin despegar el lápiz del papel y sin retocar ninguna línea, una tarea prácticamente imposible. Los sujetos poderosos persistieron en ello más tiempo y realizaron más intentos que los sujetos sin poder.

La determinación del poder viene de saber que siempre podemos acceder a los recursos que necesitamos. Lo cual nos da una mayor *sensación de control.* Aunque no me estoy refiriendo al control de tener una personalidad controladora. La sensación que emana del poder personal no es el *deseo* de tener el control, sino la sensación espontánea de *ser dueño de sí mismo:* estar lúcido, sereno y no depender de la conducta de los demás. Esta clase de poder, como espero mostrarte, se retroalimenta. Los pensamientos, la comunicación y la acción que genera no hacen más que fortalecerlo.

Del mismo modo, la impotencia lleva a una inacción autolimitadora. La gente que siente que socialmente carece de poder depende, por definición, de otras personas poderosas que marcan la pauta. Lo

---

141. A. Guinote, «Power and goal pursuit», *Personality and Social Psychology Bulletin,* 33, 2007, págs. 1076-1087.

cual hace que los individuos sin poder aprueben los sistemas injustos que refuerzan su estado. En muestras representativas, la falta de poder económico en Estados Unidos estaba ligada a una mayor legitimidad percibida en las agendas políticas y los programas que reforzaban la falta de poder de los individuos. Como los autores del estudio explican, estos hallazgos son «contraintuitivos porque es evidente que los sujetos sin poder no tendrían que aprobar un sistema en el que carecen de poder... Los procesos que vemos tienden a perpetuar la desigualdad en la medida en que los sujetos sin poder justifiquen las estructuras jerárquicas que les perjudican en lugar de intentar cambiarlas».[142]

El poder te permite actuar mejor

El poder nos hace rendir más cuando estamos bajo presión, ayudándonos en las situaciones difíciles. La falta de poder tiene el efecto contrario, nos hace rendir menos cuando hay mucho en juego.[143] Esto se demuestra con la teoría de la acción y la inhibición relacionada con el poder: cuando nos sentimos poderosos, las situaciones estresantes nos empujan a «fijarnos metas» y nos inspiran a ir a por ellas; en cambio, a los individuos sin poder las situaciones estresantes les empujan a «renunciar a metas», haciéndoles perder el deseo de enfrentarse a una situación que podría ser arriesgada o amenazadora.

La sensación de poder incluso nos hace interpretar de distinta forma las emociones que sentimos cuando estamos bajo presión: los sujetos con una gran confianza en sí mismos —básicamente, los que se

---

142. J. Van der Toorn, M. Feinberg, J. T. Jost, A. C. Kay, T. R. Tyler, R. Willer y C. Wilmuth, «A sense of powerlessness fosters system justification: Implications for the legitimation of authority, hierarchy, and government», *Political Psychology, 36*, 2015, págs. 93-110.

143. S. K. Kang, A. D. Galinsky, L. J. Kray y A. Shirako, «Power affects performance when the pressure is on: Evidence for low-power threat and high-power lift», *Personality and Social Psychology Bulletin, 41*, 2015, págs. 726-735.

sienten poderosos— interpretan que la ansiedad competitiva mejora su rendimiento en lugar de reducirlo. También afirman sentirse más satisfechos de su desempeño. Los sujetos inseguros, en cambio, creen que la ansiedad competitiva reduce su rendimiento.[144]

Un estudio sobre 114 estudios que analizaban la relación entre el rendimiento laboral y la autoeficacia —se parece al poder personal, aunque limitado a una tarea en concreto— reveló una clara relación, como era de esperar, entre los dos: cuando creemos firmemente que podremos realizar la tarea que tenemos entre manos, tendemos más a conseguirlo.[145]

El poder afecta a tu fisiología

Hasta ahora la mayoría de las investigaciones sobre el poder que he analizado tienen que ver con su aspecto psicológico: el poder y la impotencia como estados cognitivos y emocionales. Con cómo nos hace *pensar y sentir.* Lo cual plantea una pregunta lógica: ¿está el poder en nuestra cabeza?

Si fuera así, sería sorprendente por la simple razón de que nuestra idea de poder suele tener unas connotaciones físicas activas. El poder no es solo un estado mental, sino una fuerza de la naturaleza. La fuerza bruta. La energía del fuego. La potencia de un motor. La energía termonuclear. La fuerza de las cuerdas vocales. Todos sabemos que el poder es hasta cierto punto físico. Lo sabemos porque lo percibimos. *Somos* seres físicos. ¿Significa esto que nuestro poder —incluso nuestro poder interior personal— tiene también un aspecto físico? Las últimas investigaciones sobre hormonas nos dan pistas fascinantes.

---

144. R. A. Nickols, *The relationship between self-confidence and interpretation of competitive anxiety before and after competition*, 2013 (tesis doctoral). Procedente de Pro-Quest. (Número de tesis 3560269.)

145. A. D. Stajkovic y F. Luthans, «Self-efficacy and work-related performance: A meta-analysis», *Psychological Bulletin, 124,* 1998, págs. 240-261.

Pero antes de contarte cuáles son estas pistas, ten en cuenta lo siguiente. La relación entre las hormonas y la conducta no es solo compleja, sino que su estudio es además bastante reciente y está avanzando a pasos agigantados. La visión general que voy a dar no pretende explicar los numerosos matices y salvedades. Además, las hormonas no son más que una de las innumerables variables que determinan cómo pensamos, sentimos y obramos, como nuestra relación con nuestros padres, cuántas horas dormimos la noche pasada, el tiempo meteorológico, qué comemos para desayunar, cuánto café tomamos, la estabilidad de nuestras amistades más íntimas y otros factores parecidos. ¿Por qué hago todas estas aclaraciones? Porque he advertido que cuando hablo de «hormonas» la gente es todo oídos. Tendemos a darle demasiada importancia a los estudios sobre las hormonas, tal vez porque son más concretas que los pensamientos y los sentimientos, parecen más «reales». Pero lo cierto es que a estas alturas los científicos conductuales probablemente conocen más a fondo cómo los pensamientos y los sentimientos afectan a nuestra conducta que cómo la influyen las hormonas. Por eso te pido que lo consideres como una pieza más de un rompecabezas de mayor complejidad.

Volviendo al tema del poder y las hormonas...

La testosterona, una hormona esteroide secretada por los testículos en los varones y por los ovarios en las mujeres, fomenta el desarrollo muscular y la masa ósea, la fuerza física, el tejido reproductivo (en los varones) e incluso ayuda a prevenir la osteoporosis. Pero los efectos de la testosterona no son solo físicos, sino también conductuales.[146]

La testosterona, conocida como la «hormona de la dominación» o la «hormona de la asertividad», está relacionada con la conducta dominante en humanos, chimpancés, babuinos, lémures, corderos, aves e incluso peces, y refleja los cambios en el estatus y el poder indivi-

---

146. Un par de hechos más: los niveles de testosterona son siete u ocho veces más elevados en los hombres que en las mujeres, pero la testosterona afecta por igual a ambos sexos. La corteza suprarrenal también secreta pequeñas cantidades de testosterona.

dual.[147] Los individuos con un estatus elevado —por ejemplo, los que poseen poder social, los alfas—, suelen tener niveles más altos de testosterona basal. En sus estudios sobre los babuinos, por ejemplo, el profesor Robert Sapolsky, de la Universidad de Stanford, descubrió que los babuinos con altos niveles de testosterona tendían más que los otros a mostrar conductas competitivas «en busca de estatus» cuando tenían la oportunidad de subir en la jerarquía y asumir el lugar más alto (por ejemplo, cuando un babuino alfa se lesionaba).[148] Y esta relación entre estatus y testosterona es recíproca: la testosterona basal no solo es un buen predictor de quién subirá al puesto más alto, sino que estar en lo más alto también aumenta los niveles de testosterona. Cuando se gana un mayor estatus, suben los niveles de testosterona.

En los humanos, la testosterona basal se ha vinculado con la dominancia social y la conducta asertiva y competitiva de hombres y mujeres. Los niveles de testosterona, tanto si son relativamente estables como bastante temporales, proceden en ambos casos de algunas de las conductas que nos ayudan a encarar y superar los retos y las generan al mismo tiempo.

Pero esto no es más que la mitad de la historia.

La relación entre los niveles altos de testosterona y el poder no nos sorprende a la mayoría, es algo que intuíamos, ya que se considera la hormona de la dominancia. Pero lo más interesante y sorprendente es el papel de una segunda hormona, el cortisol, conocida comúnmente como la «hormona del estrés». El cortisol es secretado por la corteza adrenal como respuesta a factores estresantes físicos, como correr para coger el tren a tiempo, y a factores estresantes psicológicos, como estar nervioso por un examen. Su función principal es movilizar la energía aumentando el azúcar en la sangre y ayudando a metabolizar

---

147. Para conocer más a fondo las conductas vinculados con la testosterona y el cortisol en distintas especies, véase P. H. Mehta y R. A. Josephs, «Testosterone and cortisol jointly regulate dominance: Evidence for a dual-hormone hypothesis», *Hormones and Behavior, 58* (5), 2010, págs. 898-906.

148. R. M. Sapolsky, «Testicular function, social rank and personality among wild baboons», *Psychoneuroendocrinology, 16* (4), 1991, págs. 281-293.

las grasas, la proteína y los hidratos de carbono. También ayuda a inhibir otros sistemas, como el sistema digestivo y el inmunológico. Los niveles de cortisol suben por la mañana para animarnos a despertar, y bajan y se estabilizan por la tarde. Y al igual que la testosterona, el cortisol afecta a nuestra psicología y conducta, con lo que aumenta nuestra sensación de encontrarnos ante una amenaza y la tendencia a evitar las situaciones difíciles.[149]

Esta idea —sobre que un bajo grado de estrés es un aspecto fundamental para sentirnos poderosos y serlo— va en contra de algunos mitos populares sobre el liderazgo. Nos han dicho que estar en la cima nos hace sentir solos y que también es muy estresante, como refleja el refrán «Inquieta está la cabeza que lleva una corona» y otros por el estilo. Solemos imaginarnos que los líderes del mundo de los negocios y de la política se mueven por la vida agobiados por la presión y las preocupaciones de tener que manejar tanto poder a todas horas. A causa de este tópico se han publicado un montón de libros y artículos sobre cómo lidiar con el «estrés del liderazgo».

Sin duda, algunas personas poderosas están estresadas por la carga de responsabilidades, pero las investigaciones no respaldan ninguna gran tendencia. A decir verdad, el poder mundano auténtico parece protegernos de la ansiedad.

En el año 2012, un equipo de investigadores de la Universidad de Harvard compuesto por Jennifer Lerner, Gary Sherman y otros, decidieron investigar la relación entre el poder y el estrés. Entre los participantes se encontraban líderes de alto rango, como militares, representantes gubernamentales y directores ejecutivos. Todos habían participado en cursos de formación de ejecutivos. En primer lugar, les preguntamos el grado de ansiedad que experimentaban. Después tomamos muestras de su saliva para medirles los niveles de cortisol. Comparadas con las muestras de saliva tomadas en las mismas cir-

149. Para obtener más información, véase L. D. Hamilton, J. M. Carré, P. H. Mehta, N. Olmstead y J. D. Whitaker, «Social neuroendocrinology of status: A review and future directions», *Adaptive Human Behavior and Physiology, 1* (2), 2015, págs. 202-230. Mehta y Josephs, «Testosterone and cortisol jointly regulate dominance».

cunstancias de sujetos de la población general, las de los líderes presentaban un nivel de cortisol y de ansiedad mucho menor.

Cuando elegimos a las personas más poderosas de nuestro grupo de líderes, descubrimos que sus niveles de cortisol y de ansiedad eran incluso más bajos que los de otros sujetos menos poderosos del grupo. Al parecer, los líderes más poderosos creían tener un mayor control sobre su vida —otra variable que evaluamos— y esa sensación de control les hacía parecer más serenos y menos ansiosos que el resto.[150] En realidad, la gente con una gran sensación de control personal —a diferencia de la que depende de cosas externas para sentirse así (por ejemplo, que dependen de otras personas o de fuerzas externas)—, afrontan mucho mejor las crisis (los retos importantes y estresantes), porque sus funciones ejecutivas siguen intactas y no se toman la situación como una amenaza al gozar de una sensación de control personal.[151]

La ventaja de nuestro estudio fue que no tuvimos que inducir la sensación de poder en el laboratorio, sino que evaluamos a sujetos con un poder mundano real. Pero nos encontramos con la limitación de que, al no poder asignarles al azar el papel de líderes y de no líderes en la vida real, es difícil saber si el poder es un remedio para la ansiedad o si las personas serenas y seguras —las poseedoras de un abundante poder personal— ascienden de manera natural a posiciones de liderazgo. Pero la conexión es clara y los estudios de laboratorio sugieren que, como sucede con la testosterona, la relación es bidireccional.

Dos investigadores destacados en el campo de la neuroendocrinología social, los profesores Pranjal Mehta y Robert Josephs, han sugerido que la testosterona está relacionada con el poder solo cuando el nivel de cortisol es bajo, y la han llamado la hipótesis de las dos hor-

---

150. G. D. Sherman, J. J. Lee, A. J. C. Cuddy, J. Renshon, C. Oveis, J. J. Gross y J. S. Lerner, «Leadership is associated with lower levels of stress», *Proceedings of the National Academy of Sciences, 109*, 2012, págs. 17903-17907.

151. Para consultar un artículo sobre esta investigación y otras relacionadas acerca del estrés y el rendimiento, véase V. R. LeBlanc, «The effects of acute stress on performance: Implications for health professions education», *Academic Medicine, 84* (10), 2009, págs. S25-S33.

monas.[152] Al igual que la falta de poder reduce nuestra función ejecutiva y nos hace sentir ansiosos, un alto nivel de cortisol produce el mismo efecto. Cuando los niveles de cortisol son elevados, los altos niveles de testosterona no están relacionados con sentimientos y conductas poderosas. Lo cual tiene sentido, sobre todo cuando vemos el poder como una característica que, como he descrito en este capítulo, no solo favorece la tolerancia al riesgo y la asertividad, sino también la calma, la concentración, el autocontrol y la presencia. La tolerancia al riesgo y la asertividad, combinadas con la ansiedad, la dispersión y el estrés no son una receta para el poder. En realidad son una receta para un jefe muy desagradable (la mayoría hemos trabajado con alguno de este tipo). Mehta, Josephs y otros investigadores han descubierto pruebas sólidas que respaldan esta relación entre las dos hormonas tanto dentro como fuera del laboratorio.

En el ámbito del liderazgo, esta relación está respaldada empíricamente. Por ejemplo, un estudio reciente realizado con setenta y ocho ejecutivos varones también ha demostrado que esta combinación ideal de altos niveles de testosterona y bajos niveles de cortisol es un indicador excelente de la cantidad de empleados que tienen los ejecutivos.[153] Y los estudiantes de otro estudio realizaron un ejercicio de liderazgo en el que se puntuó su asertividad, confianza en sí mismos y otras cualidades suyas como líderes. También reveló que los altos niveles de testosterona estaban vinculados con estos rasgos, pero solo en los sujetos con bajos niveles de cortisol.[154]

Los investigadores también midieron los niveles de estas hormonas después de la victoria o la derrota en los partidos (de bádminton,

---

152. Mehta y Josephs, «Testosterone and cortisol jointly regulate dominance».

153. G. D. Sherman, J. S. Lerner, R. A. Josephs, J. Renshon y J. J. Gross, «The interaction of testosterone and cortisol is associated with attained status in male executives», *Journal of Personality and Social Psychology*, 2015, procedente de http://scholar.harvard.edu/files/jenniferlerner/files/sherman_lerner_et_al_in_press_testosterone_cortisol_and_attained_status_jpsp.pdf.

154. P. H. Mehta y S. Prasad, «The dual-hormone hypothesis: A brief review and future research agenda», *Current Opinion in Behavioral Sciences, 3*, 2015, págs. 163-168.

en un determinado estudio), y descubrieron los mismos efectos en hombres y mujeres: la derrota aumenta los niveles de cortisol y reduce los de testosterona.[155] Y se ha demostrado que a las atletas de élite femeninas les suben los niveles de testosterona durante un partido, pero solo si antes de empezar sus niveles de cortisol eran bajos.[156]

Los psicólogos David Edwards y Kathleen Casto, de la Universidad de Emory, realizaron un análisis impresionante de seis estudios sobre hormonas y conducta realizados con atletas de élite femeninas de universidades.[157] A las jugadoras de fútbol, softball, tenis y balonvolea se les pidió que evaluaran a sus compañeras de equipo en una escala del 1 al 5 en un cuestionario que medía cualidades como la deportividad, el liderazgo y el esfuerzo. El cuestionario incluía afirmaciones como:

- Inspira a sus compañeras a jugar al más alto nivel.
- Percibe de forma excelente, a cada momento, lo que el equipo necesita para jugar al más alto nivel.
- Sus palabras o acciones, o ambas a la vez, producen siempre unos efectos positivos en la moral del equipo.
- Siempre tiene una actitud positiva, incluso ante la adversidad.
- Es capaz de ser crítica de manera constructiva con sus compañeras de equipo cuando es necesario.
- Trabaja con eficacia con sus compañeras para ayudar a crear una sensación de unidad en el equipo.
- Está dispuesta a sacrificarse personalmente por el bien del equipo.
- Juega y compite con pasión para ganar el partido.

---

155. M. Jiménez, R. Aguilar y J. R. Alvero-Cruz, «Effects of victory and defeat on testosterone and cortisol response to competition: Evidence for same response patterns in men and women», *Psychoneuroendocrinology, 37,* 2012, págs. 1577-1581.

156. D. A. Edwards y K. V. Casto, «Baseline cortisol moderates testosterone reactivity to women's intercollegiate athletic competition», *Physiology & Behavior, 142,* 2015, págs. 48-51.

157. D. A. Edwards y K. V. Castro, «Women's intercollegiate athletic competition: Cortisol, testosterone, and the dual-hormone hypothesis as it relates to status among teammates», *Hormones and Behavior, 64,* 2013, págs. 153-160.

- Representa a la perfección a los miembros de su equipo y comunica de manera constructiva sus preocupaciones y frustraciones.
- Es coherente, leal y auténtica en sus interacciones con los miembros de su equipo, durante el partido y fuera de él.
- Las derrotas la motivan constructivamente.

Todas las atletas se sometieron a muestras de saliva para medir sus niveles hormonales. Al parecer, las mujeres consideradas por sus compañeras de equipo como las más inspiradoras, comunicativas, trabajadoras, apasionadas, solidarias y optimistas eran también las que tenían niveles más altos de testosterona y más bajos de cortisol del grupo.

Los investigadores concluyeron que «al menos en el caso de los individuos con bajos niveles de cortisol, cuanto más altos son los niveles de testosterona de un atleta, mayor es su capacidad para alcanzar un delicado equilibrio entre ser amable y autoritario en asuntos de autoridad en las interacciones con los compañeros de equipo».

De hecho, observar los niveles de testosterona y cortisol incluso nos indica hasta cierto punto quiénes tenderán a hacer trampa en los exámenes. La psicóloga Jooa Julia Lee y sus colaboradores de la Universidad de Harvard analizaron esta predicción. En un estudio les pidieron a los participantes que hicieran un examen de matemáticas y luego que lo puntuaran en privado, y les indicaron que cuanta mejor nota sacaran, mayor sería la compensación económica que recibirían. La situación estaba pensada para facilitar y fomentar que los participantes hicieran trampa. Los sujetos que tendieron a hacer trampa fueron los que tenían altos niveles de testosterona *y* cortisol. Como el coautor del estudio Robert Josephs explicó: «La testosterona te da el valor para hacer trampa y los elevados niveles de cortisol te aportan la razón para hacerlo».[158] Es

---

158. J. J. Lee, F. Gino, E. S. Jin, L. K. Rice y R. A. Josephs, «Hormones and ethics: Understanding the biological basis of unethical conduct», *Journal of Experimental Psychology: General*, 2015, doi: 10.1037/xge0000099. *Science Daily*, 28 de julio de 2015, «Hormones influence ethical behavior, experts say», procedente de www.sciencedaily.com/releases/2015/07/150728110809.htm.

decir, la testosterona nos hace más tolerantes a los riesgos, pero si no va acompañada de altos niveles de cortisol y del miedo que comporta no poder controlar lo que nos exige la situación, la testosterona no predice que uno vaya a hacer trampa.

Lo que me parece más interesante de toda esta gran cantidad de investigaciones no es que los altos niveles de testosterona combinados con los bajos niveles de cortisol estén relacionados con el poder, sino que este perfil hormonal está vinculado con el poder responsable, al menos entre los humanos. La testosterona aumenta nuestra asertividad y tendencia a actuar, y los bajos niveles de cortisol nos protegen de la clase de factores estresantes que más suelen hacernos fracasar en los mayores retos. Está relacionado con un buen liderazgo en un equipo, con la capacidad de ofrecerles con serenidad a sus miembros una opinión constructiva y con tener el valor y la fortaleza para seguir luchando con constancia a fin de superar los retos. ¿Se trata, en realidad, de confianza sin arrogancia?

¿El poder corrompe?

¿Cuál de estas dos opciones es la más probable?

A. Tu jefe recuerda tu fecha de nacimiento.
B. Recuerdas la fecha de nacimiento de tu jefe.

Yo sé la respuesta, aunque no me orgullezco de ella. El día que empecé a escribir este capítulo, que curiosamente fue durante la semana de mi cumpleaños, al entrar en mi despacho me encontré con un regalo sobre mi escritorio. Era de Kailey, mi ayudante; sin embargo, yo no tenía idea de cuándo era su cumpleaños (pero ahora lo sé).

El poder contribuye a que nos fijemos menos en lo que los demás piensan, lo cual es liberador, pero también puede hacer que pensemos menos en los demás y punto, o que pensemos despreocupadamente en ellos en el caso de hacerlo. Susan Fiske ha señalado que las personas con poder social también pueden adquirir fácilmente el perezoso hábito de ver y tratar a las menos poderosas (por ejemplo, a empleados y subordinados) no como individuos, sino como esbozos estereotipados y burdos de personas. Afirma que una de las razones es que nos fijamos en los que están por encima de nosotros en lugar de en los que están por debajo. Prestamos atención a las personas que controlan nuestra suerte porque queremos ser capaces de prever cómo actuarán.[159] El caso de que mi ayudante recordara mi cumpleaños podría ser un ejemplo al respecto (aunque ella también es una persona muy considerada).

Los poderosos, en cambio, pueden darse el lujo de ser desatentos con los menos poderosos, ya que su suerte no depende de sus subordinados (o, si es así, ese subordinado acaba de volverse poderoso). Esta situación se ve agravada, además, por el hecho de que los poderosos suelen tener más cosas de las que estar pendientes y, por tanto, no pueden estar por todo.[160] En un estudio, Fiske, junto con Stephanie Goodwin y sus colegas, dio a un grupo de estudiantes universitarios el poder de evaluar las solicitudes laborales veraniegas de estudiantes de institutos.[161] Descubrieron que cuanta más voz y voto tenían los estudiantes universitarios en las evaluaciones de las solicitudes, menos se fijaban en las cualidades y calificaciones únicas de cada solicitante de empleo.

Pero no hay mal que por bien no venga: cuando los investigadores primaron a los estudiantes universitarios para que se sintieran responsables al hacerles reflexionar en varios valores igualitarios, se fijaron mucho más en las cualidades únicas de cada uno de los estudiantes de instituto «subordinados» sobre los que tenían poder.

---

159. S. T. Fiske, «Controlling other people: The impact of power on stereotyping», *American Psychologist, 48*, 1993, págs. 621-628.

160. Ibíd.

161. S. A. Goodwin, A. Gubin, S. T. Fiske y V. Y. Yzerbyt, «Power can bias impression processes: Stereotyping subordinates by default and by design», *Group Processes & Intergroup Relations, 3*, 2000, págs. 227-256.

¿El poder corrompe? Sin duda alguna, como muchos estudios —por no citar la historia y la experiencia— han demostrado. Con demasiada frecuencia el poder social crea la clase de interdependencia asimétrica que genera desigualdad, injusticia y conductas antisociales como la creación de estereotipos. Por eso estoy tanto a favor del desarrollo del poder personal de suma no nula por encima de la adquisición de poder social de suma cero. Pero como el estudio que acabo de citar sugiere, podemos intentar superar nuestras tendencias negativas usando el poder social no solo en nuestro beneficio, sino también en el de los demás. Da la casualidad de que muchos de los efectos negativos del poder social disminuyen cuando la gente está motivada por la imagen que alberga de sí misma de persona justa y decente, por su deseo de obrar de forma correcta y de cumplir con las metas de la compañía al sentirse responsable de sus empleados como cuando, por ejemplo, una jefa se preocupa o responsabiliza del desarrollo, bienestar y rendimiento de sus empleados o cuando se siente responsable del éxito de la compañía.[162]

Y la falta de poder personal puede ser tan peligrosa como la posesión de poder social. Tarek Azzam, profesor de ciencias empresariales y del comportamiento en la Universidad Claremont Graduate y sus colegas han demostrado, en una serie de estudios, que cuanto menos poder alguien cree tener, más ansioso —y más agresivo— se siente en cuanto a los extranjeros y los inmigrantes. (Este efecto era incluso más fuerte en los hombres que se sentían sin poder alguno.)[163]

Por eso tengo tantas esperanzas, porque el poder personal es infinito y no requiere en ningún sentido tener a alguien bajo nuestro control, ni tampoco escasea. No sentimos que tengamos que competir

---

162. J. R. Overbeck y B. Park, «Powerful perceivers, powerless objects: Flexibility of powerholders' social attention», *Organizational Behavior and Human Decision Processes*, 99, 2006, págs. 227-243. S. T. Fiske, «Controlling other people: The impact of power on stereotyping», *American Psychologist*, 48, 1993, págs. 621-628. Goodwin et al., «Power can bias impression processes».

163. T. I. Azzam, D. A. Beaulieu y D. B. Bugental, «Anxiety and hostility to an "outsider", as moderated by low perceived power», *Emotion*, 7, 2007, págs. 660-667.

para conservarlo. Es nuestro, pase lo que pase. Nadie nos lo puede quitar. Y este conocimiento, esta comprensión, favorece el deseo de compartirlo, de ayudar a los demás a poseerlo. Por esta razón creo que el poder personal, a diferencia del poder social, es contagioso. Cuanto más poderosos nos sintamos a nivel personal, más desearemos ayudar a los demás a sentir lo mismo.

El biógrafo Robert Caro, ganador de un Premio Pulitzer, que se pasó décadas describiendo la vida y las maquinaciones de Lyndon Johnson, dijo en una ocasión en *The Guardian:* «Nos han enseñado el axioma de lord Acton: el poder corrompe, el poder absoluto corrompe de manera absoluta. Yo creía en ello al empezar a escribir estos libros, pero ahora creo que no siempre es verdad. El poder no siempre corrompe. El poder puede hacer una limpieza. Lo que creo que es cierto en todo caso sobre el poder es que siempre es revelador».[164]

El poder es revelador, esta frase tiene mucho sentido para mí. Como he intentado haceros ver en este capítulo, creo que el poder personal nos acerca a nuestro mejor yo; en cambio, su carencia lo distorsiona y oscurece.

Pero si el poder es revelador, en este caso reconoceremos a las personas poderosas de verdad porque no solo serán lo bastante atrevidas para revelarse tal como son sin subterfugios ni apologías, sino que además tendrán el valor y la confianza en sí mismas para abrirse a la mirada de los demás.

El camino al poder personal es, por tanto, el camino a la presencia. Es cómo todos descubrimos y manifestamos quiénes somos realmente.

---

164. C. McGreal, «Robert Caro: A life with LBJ and the pursuit of power», 9 de junio de 2012, *The Guardian*, procedente de www.theguardian.com/world/2012/jun/10/lyndon-b-johnson-robert-caro-biography.

6

Encorvar la espalda, unir las yemas de los dedos y el lenguaje corporal

Lo que eres se expresa con tanta fuerza
que no puedo oír lo que dices.
RALPH WALDO EMERSON

La expresión más feroz de poder tiene lugar antes del inicio de un partido neozelandés de rugby.

El rugby no es un asunto de poca monta en la diminuta Nueva Zelanda (4,5 millones de habitantes). Su equipo masculino nacional de rugby —los All Blacks— es un tremendo motivo de orgullo. Los All Blacks, un equipo que existe desde 1884, es desde cualquier aspecto que se mire el mejor equipo de rugby del mundo.[165]

Nueva Zelanda es un país único con tres lenguas oficiales —inglés, maorí y el lenguaje de signos neozelandés— y una población que

---

165. Los All Blacks han ganado el 76 por ciento de sus partidos internacionales, obtuvieron la Copa del Mundo de Rugby masculino de 2014 y fueron el Equipo del Año del Mundial de Rugby de 2014. Desde que se crearon las clasificaciones del Mundial de Rugby en octubre de 2003, Nueva Zelanda las ha estado encabezando mucho más tiempo que todos los otros equipos juntos. También ha sido el primer equipo que ha ganado cuatrocientos partidos internacionales y desde 2005 ha sido elegido en siete ocasiones como el Equipo del Año del Mundial de Rugby. Véase en Wikipedia: New Zealand National Rugby Union Team. (Sin fecha). Consultado el 17 de julio de 2015 en https://en.wikipedia.org/wiki/New_Zealand_national_rugby_union_team.

incluye descendientes de europeos (74 por ciento) y de maorís (15 por ciento).[166] Pero lo que realmente lo diferencia de los otros, en el sentido sociocultural, es hasta qué punto la cultura de los aborígenes maorís y la de los colonos europeos se han integrado.

Supongo que lo más probable es que no seas aficionado al rugby. De ser así, seguramente no has visto el extraordinario espectáculo que tiene lugar en el campo antes del comienzo de un partido de los All Blacks. Empieza como la mayoría de los partidos: los espectadores se ponen en pie al oír el himno nacional. Pero luego el equipo, formado por quince jugadores de lo más corpulentos y hercúleos que te puedas imaginar —casi tan enormes como los de los libros de cómics— se disponen en formación en medio del campo, pegados unos a otros, ante los miembros del equipo contrario, que normalmente permanecen enlazados en una sola hilera, rodeando con el brazo el hombro del compañero de al lado.

La multitud espera con ansia este momento. La electrizante energía que se respira en el ambiente es, como algunos la han descrito, «embriagadora». Numerosos neozelandeses le dan mucha más importancia a este momento que al de cuando los espectadores cantan a coro el himno nacional.

Plantados con firmeza con los pies separados y las rodillas ligeramente dobladas, los All Blacks esperan. Su líder camina entre su equipo como un tigre enjaulado y de repente grita una orden en maorí. Al instante, con una ferocidad controlada, los miembros del equipo le responden mientras adoptan la primera postura de lo que será una danza impactante y provocadora. Sincronizados, se mueven lenta aunque vigorosamente adoptando una serie de posturas, gestos y expresiones faciales poderosísimas, con los ojos lo más abiertos posible, sacando el pecho, dándose palmadas en los muslos y golpeando con

---

166. También incluye una población de descendientes de asiáticos, isleños del Pacífico, de Oriente Medio, latinoamericanos y africanos. Véase «Statistics New Zealand Tatauranga Aotearoa», 15 de abril de 2014. *2013 Census QuickStats about culture and identity*, procedente de www.stats.govt.nz/Census/2013-census/profile-and-summary-reports/quickstats-culture-identity/ethnic-groups-NZ.aspx.

los pies el suelo. Cantan con voz fuerte y grave. Con cada movimiento parecen expandirse y echar raíces en el suelo al mismo tiempo. Se van aproximando a sus rivales de manera pausada e inexorable y finalizan la danza con la lengua fuera y los ojos desorbitados.

Se conoce como *haka*, la danza tradicional maorí, y el equipo la ejecuta antes del inicio de los partidos desde 1905. La gente la denomina comúnmente danza guerrera, pero un *haka* es mucho más que eso. Aunque se usaba en el campo de batalla, también se realizaba (y se sigue haciendo) cuando los grupos se reunían en paz. En los funerales es una profunda muestra de respeto hacia el fallecido. Normalmente los All Blacks escenifican un tipo de *haka* conocido como *ka mate*, creado en 1820 por Te Rauparaha, el jefe tribal de los ngati toa. En ocasiones especiales, el equipo realiza el *kapa* o *pango*, creado por Derek Lardelli, asesor cultural maorí que explicó en un documental reciente que pretende «reflejar la mezcla multicultural de la Nueva Zelanda moderna, en especial la influencia de las culturas polinesias».[167] El *kapa* o *pango* termina con los jugadores deslizando su mano por el cuello, algo que algunos interpretan como el agresivo gesto de degollar al enemigo. Lardelli explicó que en realidad no representa una degollación, sino el acto de «llevar la energía vital al corazón y los pulmones».[168] Te sugiero que busques en Internet a los All Blacks para contemplar su danza.[169]

El *pukana* es otro momento impactante de la coreografía. «El *pukana* es un acto de desafío exhibido por medio de sacar la lengua», explicó Hohepa Potini, un anciano de la tribu de los ngati toa. «Cuan-

---

167. Para la letra del *ka mate*, véase en Wikipedia: Haka (deportes) (sin fecha). Información extraída el 17 de julio de 2015 de https://en.wikipedia.org/wiki/Haka (sports); All Blacks. (Sin fecha); The Haka. Información extraída de Wikipedia, New Zealand National Rugby Union Team: http://allblacks.com/Teams/Haka. Ambos artículos de Wikipedia contienen numerosos enlaces de fuentes exteriores fiables.

168. P. Lewis, «NZRU spin puts the "ha" into new haka», 15 de julio de 2006, *The New Zealand Herald*, procedente de www.nzherald.co.nz/opinion/news/article.cfm?c_id=466&objectid= 10391465.

169. Aquí encontrarás un buen vídeo: www.youtube.com/watch?v=HcMO2NqntHA.

do ves el *pukana* de los All Blacks al terminar el *haka*, es como si te estuvieran diciendo: "¡Vamos!"»[170]

Ver a los All Blacks escenificar un *haka* desde lo alto de las gradas es intimidador. Es una danza de una ferocidad escalofriante, incluso cuando la ves en un vídeo en Internet. No me puedo imaginar cómo se deben de sentir los jugadores del equipo contrario.

La primera vez que vi a los All Blacks realizar un *haka*, me dije: «Es la manifestación más extrema y escalofriante de lenguaje corporal dominante que he visto entre humanos». Una orden física de cese y desistimiento. Desmesurada. Primitiva, incluso.

Si el lenguaje corporal sirve para comunicarnos, en ese caso este mensaje es simple y directo: es la pura intimidación de un equipo al otro. O al menos eso parecía al principio.

El poder expande nuestro lenguaje corporal

El poder no solo nos expande la mente, sino también el cuerpo. El lenguaje corporal expansivo y abierto está estrechamente asociado con la dominación en el reino animal, como en el caso de los humanos, de primates no humanos, de perros, gatos, serpientes, peces y aves, y de otras muchas especies. Cuando nos sentimos poderosos, nuestro cuerpo se expande.

El estatus y el poder, sean temporales o estables, benevolentes o siniestros, se expresan por medio de manifestaciones no verbales evolucionadas: miembros extendidos, la ocupación de un mayor espacio vital, una postura erguida. Piensa en Wonder Woman y en Superman. En cualquier personaje de John Wayne. En Frank Underwood encarnado por Kevin Spacey en la serie *House of Cards*. En el bailarín Alvin Ailey expresando liberación y libertad. Cuando nos sentimos poderosos nos estiramos. Levantamos la barbilla y erguimos la espalda. Abrimos el pecho. Separamos los pies. Alzamos los brazos.

---

170. American International Group, 6 de octubre de 2014. Haka: History, información procedente de www.youtube.com/watch?v=AnlFocaA64M.

Cada cuatro años todos nos volvemos apasionados de la gimnasia. (Es curioso cómo un deporte que nos parece a todos tan importante durante las Olimpiadas muere en el olvido al poco de celebrarse la ceremonia de clausura.) Estoy segura de que has advertido que los gimnastas realizan varios movimientos coreografiados antes de empezar siquiera su rutina. Se dirigen a la colchoneta, levantan los brazos por encima de la cabeza en forma de V, alzan la barbilla y abren el pecho. ¿Por qué, de todas las posibles posturas adoptables, los gimnastas eligen estas?

Para responder a la pregunta quiero que te imagines que acabas de ganar una carrera. Cruzas la meta, llevándote la cinta por delante: ¿qué haces con tu cuerpo? O imagínate que estás viendo a tu equipo de fútbol preferido marcar el gol de desempate que les permitirá ganar el Mundial: ¿qué haces con el cuerpo? Lo más probable es que lances los brazos al aire en forma de V, levantes la barbilla y abras el pecho. ¿Por qué? Porque esta postura en concreto indica triunfo, victoria y orgullo: los estados psicológicos del poder. Y al manifestar este triunfo de forma no verbal estamos comunicando a los demás nuestro estatus y poder, por más pasajeros que sean.

Antes de seguir con el tema de los humanos, me gustaría hablar de otros primates. Me encantan los primates no humanos. Como le ocurre a mucha gente, los encuentro bellos, divertidos y fascinantes, me veo a mí misma en ellos. Me siento como si estuviera viendo a niños jugando. Pero como psicóloga social que investiga el poder, me encanta sobre todo observar su conducta, porque los primates no humanos nos ofrecen una imagen sin filtrar de cómo el poder condiciona el lenguaje corporal. La conducta humana está controlada por el lenguaje, el manejo de las impresiones, las normas culturales, los estereotipos, la religión, las reglas formales y muchos otros factores. Todas estas cosas hacen que la conducta humana sea ruidosa y difícil de interpretar. ¿Estoy contemplando a alguien haciendo lo que quiere hacer o lo que piensa que los demás quieren que haga? La conducta social de los primates no humanos está mucho menos condicionada. Como el famoso primatólogo Frans de Waal explicó:

En mi caso, me siento muy aliviado de estudiar la desigualdad social en seres que expresan sus necesidades y deseos con descaro, sin máscaras. El lenguaje es un atributo humano muy válido, pero la mayoría de las veces distrae más que aclara. Cuando observamos a los líderes políticos en la televisión, sobre todo cuando están presionados o debatiendo un tema, a veces apago el sonido para concentrarme mejor en las miradas, posturas del cuerpo, gestos, etc. Me doy cuenta de la forma que tienen de aparentar ser más grandes cuando se ven envueltos en una batalla verbal.[171]

El hecho de que los primates dominantes y poderosos —los alfas— manifiesten un lenguaje corporal expansivo y abierto es obvio hasta para el ojo inexperto. Cuando los chimpancés aguantan la respiración hinchando el pecho, están señalando su rango en la jerarquía. Los chimpancés macho muestran su estatus a los machos subordinados caminando erguidos e incluso sosteniendo trozos de madera para hacer que sus miembros parezcan más largos de lo que son. El vello del cuerpo también se les eriza (un fenómeno conocido como piloerección). Y los gorilas macho de espalda plateada se golpean el pecho con los puños para comunicar fuerza y poder cuando un macho poco grato invade su territorio. Los primates también demuestran su poder ocupando los espacios centrales, elevados y especialmente valiosos, haciéndose visibles y colocándose por encima de los demás.[172]

Los animales que no son tan cercanos a los humanos como los primates, están incluso menos condicionados por las presiones sociales. Cuando los pavos reales se yerguen y despliegan las plumas calidoscópicas de la cola, están exhibiendo con atrevimiento que son

---

171. F. de Waal, *The ape and the sushi master: Reflections of a primatologist*, Basic Books, Nueva York, 2008, pág. 310. [Edición en castellano: *El simio y el aprendiz de sushi: reflexiones de un primatólogo sobre la cultura*, Paidós, Barcelona, 2002, pág. 261].

172. Para obtener más información sobre el lenguaje corporal de los primates, te recomiendo leer el libro de F. de Waal, *Chimpanzee politics: Power and sex among apes* (ed. 25 aniversario), Johns Hopkins University Press, Baltimore, 2007. [Edición en castellano: *La política de los chimpancés: el poder y el sexo entre los simios*, Alianza Editorial, Madrid, 1993.]

más fuertes que otros posibles machos, sin reservas. Cuando una cobra real quiere mostrarle a otra quién es el que manda, endereza la parte frontal del cuerpo sin dudarlo un instante, hinchando el capuchón y «bufando». El manejo de las impresiones —«lo que pensarán de mí» que tanto nos preocupa a los humanos—, no le importa lo más mínimo a una osa erguida sobre sus patas traseras para asustar a un depredador que le ha echado el ojo a sus oseznos.

La conducta no verbal se manifiesta a través de muchos medios: expresiones faciales, movimientos oculares y miradas, orientación y postura del cuerpo, gestos con las manos, maneras de andar, signos vocales como el tono y el volumen, etcétera. Las psicólogas sociales Dana Carney y Judith Hall han estudiado minuciosamente el lenguaje corporal poderoso y el carente de poder. En una serie de estudios les pidieron a los participantes que se imaginaran cómo se comportaban de una forma no verbal las personas poderosas.[173] Les dieron una larga lista de conductas y les pidieron que eligieran las que caracterizaban a los poderosos. De los sujetos sumamente poderosos se esperaba que iniciaran los apretones de manos, que mostraran un contacto visual más frecuente y prolongado, unos gestos más amplios, una postura erguida y abierta, manteniéndose inclinados hacia delante con el cuerpo y la cabeza apuntando hacia los demás y unas expresiones físicas animadas y seguras.

Incluso nuestras manos y dedos pueden transmitir poder. Coloca las manos a la altura de la cara con las palmas mirándose y los dedos apuntando al techo. Dobla ahora los dedos, une las yemas de modo que se encuentren en el medio y separa los dedos lo máximo posible sin que la postura te resulte incómoda. Si no te aclaras con estas instrucciones, mira imágenes del señor Burns de *Los Simpson*. Incluso este gesto, al que los psicólogos se refieren como unir las yemas de los dedos, es signo de un alto grado de confianza en uno mismo. Aunque sea sutil, sigue siendo expansivo espacialmente comparado con cómo unimos normalmente las manos. En realidad, Joe Navarro, exagente del FBI y experto en lenguaje

---

173. D. R. Carney, J. A. Hall y L. S. LeBeau, «Beliefs about the nonverbal expression of social power», *Journal of Nonverbal Behavior*, 29, 2005, págs. 105-123.

corporal, afirma: «Unir las yemas de los dedos de ambas manos comunica que somos uno con nuestros pensamientos, que no estamos vacilando ni dudando. En cuanto unimos las yemas de los dedos, estamos comunicando universalmente que confiamos en nuestros pensamientos e ideas, sin dudar de nuestra afirmación, llenos de confianza».[174]

El poder también afecta a cómo percibimos nuestra estatura y la de los demás. Sentirnos poderosos incluso nos lleva a sobrestimarla. ¿Cómo es posible? La mayoría sabemos lo altos que somos, ¿es que el poder nos hace recordar mal nuestra estatura? Claro que no. Yo sé en todo momento que mido 1,67, por más segura o fuerte que me sienta. Pero mi apreciación de mi estatura *relativa* tiende a ser subjetiva.

Los psicólogos Michelle Duguid y Jack Goncalo demostraron en una serie de estudios que la gente —al margen de su estatura real— suele elegir un avatar alto para que les «represente con la mayor exactitud» en un videojuego de realidad virtual. Y en un par de experimentos dirigidos por Andy Yap, los participantes primados para sentirse poderosos subestimaron la estatura de un desconocido en una fotografía y la de otra persona con la que habían interactuado durante el estudio.[175] Es decir, el poder hace que nos veamos más altos de lo que somos y que los demás nos parezcan más bajos de lo que son.

---

174. Comunicación personal con J. Navarro, 9 de julio de 2015. Para conocer más a fondo el tema, véase J. Navarro y M. Karlins, *What every body is saying*, HarperCollins, Nueva York, 2008. [Edición en castellano: *El cuerpo habla*, Editorial Sirio, Málaga, 2014.]

175. En el estudio 1, los sentimientos de poder y de impotencia se indujeron mediante la manipulación de recuerdos (los sujetos escribían sobre una ocasión en la que habían tenido poder o habían carecido de él); en el estudio 2, el poder y la impotencia se indujeron mediante la asignación de roles (a los sujetos se les asignó al azar un rol poderoso o sin poder según los resultados obtenidos en un test falso sobre liderazgo). A. J. Yap, M. F. Mason y D. R. Ames, «The powerful size others down: The link between power and estimates of others' size», *Journal of Experimental Social Psychology, 49*, 2013, págs. 591-594. www.researchgate.net/publication/256752593_The_powerful_size_others_down_The_link_between_power_and_estimates_of_others%27_size.

Pero ¿son estas conductas aprendidas o se trata de algo más básico? Es decir, ¿el lenguaje corporal lo aprendemos culturalmente o forma parte de nuestra esencia humana? ¿Es algo inculcado o innato?

En 1872, Charles Darwin sugirió que muchas expresiones emocionales son biológicamente innatas y evolutivamente adaptativas, y aportan una importante información social. Sostuvo que las expresiones emocionales nos sirven al provocar una acción inmediata que nos beneficia, dadas las circunstancias de nuestro entorno. Si vemos un rostro enfurecido acercándose, huimos. Pero para saber que la cara significa cólera, antes tenemos que reconocer esta expresión en concreto. Es decir, Darwin estaba sugiriendo que ciertas expresiones emocionales son universales, que prácticamente todas las culturas las reconocen.[176]

Como he descrito en el primer capítulo, los investigadores han documentado la evidencia de la universalidad de muchas expresiones faciales de emociones. Por ejemplo, sea cual sea nuestra nacionalidad, cuando sentimos repugnancia arrugamos la nariz y alzamos el labio superior. Cuando sentimos sorpresa, arqueamos las cejas y abrimos los ojos como platos entreabriendo ligeramente la boca. (Pruébalo si lo deseas.)

Pero la expresión de los estados emocionales no se acaba con las emociones simples. Hay otras más complejas que indican poder y falta de poder, como posturas corporales y movimientos de cabeza, que también son universales.

Nadie conoce más a fondo el tema que Jessica Tracy, profesora de Psicología en la Universidad de la Columbia Británica. Tracy ha estudiado exhaustivamente la emoción compleja del orgullo, que surge cuando nos sentimos poderosos, fuertes y victoriosos, y su investigación demuestra que también podría ser una parte evolucionada del ser humano, idea sugerida también por Darwin.

El orgullo se expresa con todo el cuerpo. Como Tracy y sus colegas escriben, la expresión prototípica de orgullo incluye «una postura erguida y expansiva, la cabeza un tanto alzada (unos viente grados),

---

176. Charles Darwin, *The expression of the emotions in man and animals*, John Murray, Londres, 1872.

una ligera sonrisa y los brazos en jarras o alzados por encima de la cabeza con las manos en un puño.[177] En 2004, Tracy y Richard Robins realizaron un estudio en el que les pidieron a estudiantes universitarios que vieran en la pantalla de un ordenador imágenes de personas expresando orgullo, felicidad y sorpresa con la postura del cuerpo para que describieran las emociones que veían.[178] Al ver las manifestaciones de orgullo, dos terceras partes de los estudiantes usaron adjetivos relacionados con esta emoción (*orgulloso, triunfante, seguro de sí mismo...*), en cambio casi ninguno describió las posturas de felicidad o sorpresa como expresiones de orgullo. Esto indica que distinguimos fácilmente el orgullo de otras emociones expresadas.

Las expresiones espontáneas de orgullo también son, al parecer, universales. Tracy y David Matsumoto analizaron fotografías de atletas de más de treinta países tomadas después de ganar o perder combates de yudo en las Olimpiadas y las Paraolimpiadas de 2004.[179] Atletas de todas partes del mundo solían mostrar las mismas conductas después de ganar (sonriendo, inclinando la cabeza hacia atrás, levantando los brazos en forma de V, sacando pecho) y de perder (encorvando la espalda, bajando la barbilla y hundiendo el pecho). Esto se apreció incluso en competidores de culturas colectivistas en las que el orgullo es menos patente, y hasta el desaliento, en algunos casos. Pero quizá la mayor evidencia de la cualidad innata de estas expresiones es el hecho de que incluso los atletas con una ceguera congénita, los que nunca han visto a otra persona, expresaban con su cuerpo el orgullo, el poder o la victoria de la misma forma que el resto cuando ganaban.[180]

---

177. J. P. Martens, J. L. Tracy y A. F. Shariff, «Status signals: Adaptive benefits of displaying and observing the nonverbal expressions of pride and shame», *Cognition & Emotion, 26*, 2012, págs. 390-406, 391.

178. J. L. Tracy y R. W. Robins, «Show your pride: Evidence for a discrete emotion expression», *Psychological Sciences, 15*, 2004, págs. 194-197.

179. J. L. Tracy y D. Matsumoto, «The spontaneous expression of pride and shame: Evidence for biologically innate nonverbal displays», *Proceedings of the National Academy of Sciences, 105*, 2008, págs. 11655-11660.

180. Ibíd.

Hagamos una pequeña pausa para reflexionar sobre cómo se siente uno después de correr cien metros con más rapidez que ningún otro ser humano en la historia, como el velocista jamaicano Usain Bolt ha hecho en tres ocasiones. La palabra *exhausto*, sin duda, nos viene a la mente. Desde una perspectiva evolutiva, seguir gastando energía sacando pecho y levantando los brazos después de haber ganado parece un esfuerzo inútil. ¿Es que no deberíamos conservar la poca energía que nos queda después de haber gastado tanta?

En realidad, estas expresiones victoriosas sirven para otro fin. Tracy y sus colaboradores sugieren que tal vez hayan evolucionado para producir cambios fisiológicos, como un aumento de testosterona, que nos permitan seguir dominando una situación y defender una victoria. Puede que hayan evolucionado en una función social, al acabar siendo reconocidas como una señal de victoria y comunicando, por tanto, un estatus elevado o poder.[181] De hecho, interpretamos automáticamente las manifestaciones de orgullo como signos de estatus. En un estudio, cuando los participantes veían imágenes de personas en posturas expansivas y poderosas, tendían más a aceptar la respuesta a una pregunta banal que les sugería aquel individuo, interpretando el orgullo que expresaba como un signo de que dominaba el tema.[182]

Las señales comunicadas por estas expresiones son tan fuertes que pueden neutralizar o superar otras que indican el estatus de una persona. En un estudio del año 2012, Tracy y sus colegas les mostraron a los participantes la imagen de un hombre descrito como el capitán de un equipo y de otro descrito como el aguador.[183] Cuando el capitán aparecía encorvado y avergonzado, y el aguador erguido y con cara de orgullo, los participantes relacionaban al aguador con la lista de pala-

---

181. Tracy Martens y Shariff, «Status signals».

182. J. P. Martens y J. L. Tracy, «The emotional origins of a social learning bias: Does the pride expression cue copying?», *Social Psychological and Personality Science, 4*, 2013, págs. 492-499.

183. A. F. Shariff, J. L. Tracy y J. L. Markusoff, «(Implicitly) judging a book by its cover: The power of pride and shame expressions in shaping judgments of social status», *Personality and Social Psychology Bulletin, 38*, 2012, págs. 1178-1193.

bras que indicaban un rango elevado y al capitán con la lista que indicaba un rango inferior, al contrario de lo que hacían cuando el capitán aparecía erguido y con cara de orgullo, y el aguador encorvado y avergonzado. Al menos implícitamente, la postura era una señal más fuerte de estatus que la información sobre los roles en el equipo.

Caminar y hablar con un fanfarrón

He hablado de las posturas y los gestos poderosos, pero ¿qué hay de los cuerpos en movimiento? Cuando nos sentimos poderosos, ¿caminamos de una determinada manera? Para averiguarlo, mi equipo colaboró con Nikolaus Troje, un biólogo que dirige el Laboratorio Bio-Motion de la Universidad de Queen en Ontario. Troje y sus colegas están aplicando un avanzado análisis informático a la información tridimensional de imágenes en movimiento (captada con una exactitud increíble con la técnica de captación digital de imágenes en movimiento) para descubrir las relaciones entre el movimiento biológico (el movimiento de un cuerpo) y diversas emociones, como felicidad, tristeza, relajación y ansiedad.[184]

En un estudio que realizamos con Troje, les pedimos a cien participantes de Internet que puntuaran una selección escogida al azar de cien figuras caminando según lo poderosas o poco poderosas que les parecieran. Esas figuras andando se plasmaban de forma gráfica y dinámica en la pantalla del ordenador por medio de quince puntos en movimiento que representaban las articulaciones principales del cuerpo, las cuales ofrecían con una viveza asombrosa la imagen de un

---

184. La información en movimiento se registra con el mismo tipo de tecnología avanzada que los estudios cinematográficos usan para captar los movimientos humanos y aplicarlos a figuras animadas. Se colocan unos simples marcadores en las articulaciones del cuerpo (y en otros puntos clave, como la cabeza, las manos y los pies), y una serie de cámaras envían la información grabada a un programa informático que triangula la localización de cada marcador en 3-D. Esta información se puede visualizar más tarde como una película de animación o analizarla.

cuerpo humano en movimiento. Usando estas diez mil puntuaciones (cien personas puntuando a cien caminantes), pudimos analizar matemáticamente la cinemática del movimiento poderoso y del carente de poder percibida por la gente y crear una figura informatizada que se pudiera manipular en un continuo de un extremo del poder al otro.

Como se puede ver, los andares poderosos, con relación a los andares sin poder, son expansivos, los brazos se mueven más y los pasos son más largos. Aunque cueste de ver en estas imágenes estáticas, un caminar poderoso también comporta un mayor movimiento vertical de la cabeza. Un caminar sin poder es mucho más contenido, los brazos apenas se mueven, la cabeza está prácticamente inmóvil y los pasos son más cortos.[185] En la página web de Niko Troje puedes ver algunas de las demostraciones informatizadas.[186]

Incluso nuestras voces comunican poder, y no solo por medio de las palabras que proferimos. Al igual que nuestro cuerpo se expande y ocupa más espacio físico cuando nos sentimos poderosos, nuestra voz es más potente. Las personas poderosas inician las conversaciones con más frecuencia, hablan más en términos generales y mantienen un mayor contacto visual con su interlocutor que las carentes de poder. Cuando nos sentimos poderosos hablamos de forma más pausada, nos tomamos nuestro tiempo. No lo hacemos a toda prisa. No nos da miedo hacer pausas. Creemos tener derecho a emplear todo el tiempo que nos parezca necesario.

---

185. A. J. C. Cuddy, N. Troje y S. Schultz, «Kinematics of powerful versus powerless movement: Do the powerful walk with a swagger?» Documento de trabajo. La cinemática de poder percibida se correspondía en gran medida con la cinemática vinculada con el sexo del caminante. (Es decir, cuanto más masculina parecía una figura por sus movimientos de brazos y cabeza, y por la zancada, por ejemplo, más poderosa les parecía a los participantes. La estatura y la complexión de los caminantes no variaban, los puntos solo representaban los movimientos.). En nuestro último análisis, eliminamos la información cinemática relacionada con el sexo para ver claramente cuáles eran las características asociadas con el poder y crear para futuros estudios caminantes poderosos y sin poder asexuados. Ten en cuenta que las figuras presentadas se basan en datos sin procesar (la información sexual no se ha eliminado).

186. Véase www.biomotionlab.ca/walking.php.

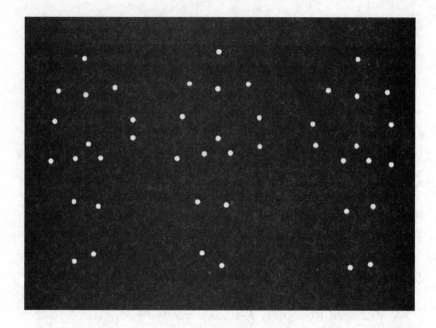

Caminante poderoso

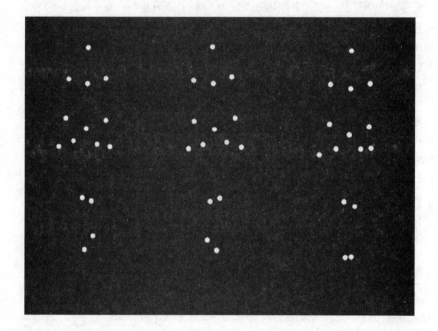

Caminante sin poder

Cuando las personas se sienten poderosas o les asignan un papel de mucho poder en los experimentos, inconscientemente bajan la modulación vocal, o el tono, lo cual provoca que su voz se expanda y suene «más potente». Y al hablar con voz grave los desconocidos los ven como poderosos.[187] ¿Qué tiene esto que ver con la expansividad? Cuando nos sentimos ansiosos o amenazados, la voz nos cambia, hablamos en un tono más agudo. En cambio, cuando nos sentimos fuertes y seguros, los músculos de la laringe se expanden en lugar de agarrotarse, y el tono de voz baja de manera automática.

La falta de poder te encoge el cuerpo

La otra cara de la moneda es, por supuesto, que la falta de poder no solo nos coarta los pensamientos, sentimientos y acciones, sino que también nos encoge el cuerpo. Cuando nos sentimos sin poder o subordinados a alguien, contraemos nuestra postura, tensándonos, protegiéndonos y achicándonos (pegamos los miembros al cuerpo, hundimos el pecho, dejamos caer los hombros, agachamos la cabeza, doblamos la espalda). También reprimimos nuestros gestos y palabras al titubear, precipitarnos y hablar con un menor registro vocal y una voz más aguda... Cuando nos sentimos sin poder incluso somos menos expresivos, según se aprecia en la tensión de los músculos faciales, como los labios fruncidos. Nuestro estudio sobre caminantes reveló que a las personas sin poder las vemos andar de un modo contraído y encogido: sus pasos son cortos y mueven mucho menos los brazos y la cabeza que las podero-

---

187. M. Stel, E. Van Djik, P. K. Smith, W. W. van Dijk y F. M. Djalal, «Lowering the pitch of your voice makes you feel more powerful and think more abstractly», *Social Psychological and Personality Science, 3*, 2012, págs. 497-502. D. A. Puts, C. R. Hodges, R. A. Cárdenas y S. J. Gaulin, «Men's voices as dominance signals: Vocal fundamental and formant frequencies influence dominance attributions among men», *Evolution and Human Behavior, 28*, 2007, págs. 340-344. D. A. Puts, S. J. Gaulin y K. Verdolini, «Dominance and the evolution of sexual dimorphism in human voice pitch», *Evolution and Human Behavior, 27*, 2006, págs. 283-296.

sas. Incluso al caminar procuran ocupar menos espacio. Están intentando desaparecer.[188]

Un gesto especialmente revelador de falta de poder quizá no parezca tan impresionante a simple vista, como rodearnos el cuello con la mano. Lo hacemos sobre todo cuando nos sentimos incómodos, inseguros y en peligro, física o psicológicamente, y estamos señalando con claridad que tenemos miedo y nos sentimos amenazados. ¿Por qué hacemos este gesto? Para protegernos de las fauces de un depredador cubriéndonos literalmente la carótida. La próxima vez que estés rodeado de gente observa quién se la cubre y en qué momento hace este gesto. Cuando nos sentimos poderosos no hacemos este gesto. No te quepa la menor duda. Pero cuando nos sentimos sin poder nos replegamos para protegernos, cubrirnos y envolvemos adoptando la postura fetal.

Otros animales hacen lo mismo. Los chimpancés que ocupan un lugar inferior en la jerarquía encorvan la espalda, pegan las rodillas al cuerpo, y se rodean las piernas y el torso con los brazos, adoptando una especie de postura fetal, casi como si intentaran volverse invisibles. Los perros sumisos esconden la cola entre las patas, agachan el cuerpo y echan las orejas hacia atrás pegándolas a la cabeza, indicando una rendición absoluta. Y las grullas blancas de jerarquía inferior mantienen el cuerpo en postura horizontal casi paralelo al suelo, doblando el cuello y agachando la cabeza por debajo del nivel de las otras aves de la zona. Si una grulla dominante se acerca, la sumisa se aparta enseguida.

Elizabeth Baily Wolf, una estudiante de doctorado con la que trabajé en la Escuela de Negocios de Harvard durante cuatro años,

---

188. S. L. Ellyson y J. F. Dovidio (eds.), *Power, dominance, and nonverbal behavior*, Springer-Verlag, Nueva York, 1985. T. Holtgraves y B. Lasky, «Linguistic power and persuasion», *Journal of Language and Social Psychology, 18*, 1999, págs. 196-205. L. A. Hosman, «The evaluative consequences of hedges, hesitations and intensifiers», *Human Communication Research, 1*, 1989, págs. 383-406. D. Keltner y L. A. Harker, «The forms and functions of the nonverbal display of shame», en P. Gilbert y B. Andrews (eds.), *Interpersonal approaches to shame*, Oxford University Press, Oxford, 1998, págs. 78-98.

me habló un día de un partido de fútbol que había estado viendo con su marido. Me preguntó: «¿Te has fijado alguna vez en lo que los espectadores de las gradas hacen con las manos cuando ven que su equipo comete un fallo o no consigue meter un gol? Todos hacen lo mismo: se tapan la cara». Tenía razón. Si observas a los espectadores cuando su equipo comete un fallo decisivo para el partido, verás que se cubren la cara en el acto o se llevan las manos a la cabeza. En realidad, si observas a los futbolistas verás que muchos hacen lo mismo cuando cometen un error o pierden la oportunidad de marcar un gol.

Wolf decidió realizar varios experimentos para estudiar este fenómeno. Mostró fotografías de gente cubriéndose la cara y la cabeza en una variedad de formas a cientos de participantes, y luego les pidió que describieran las imágenes en términos de ciertos rasgos. Como se imaginaba, descubrió que las personas que se tapaban la cara con una mano eran vistas como menos poderosas y más alteradas, avergonzadas e impactadas que las que no se la tapaban. Tocarse el rostro con ambas manos aumentaba estas impresiones.[189]

Cuando nos sentimos sin poder nos encogemos de cualquier forma posible. Ocupamos menos espacio en lugar de más mediante las posturas, los gestos, la forma de andar e incluso la voz. Nos empequeñecemos, encorvamos y hundimos, y reprimimos nuestro lenguaje corporal. Y al observarnos, la gente no puede evitar vernos como desvalidos y asustados.

El lenguaje corporal y el sexo

Una de las preguntas que más a menudo me hacen cuando doy una charla sobre el lenguaje corporal es: «¿El lenguaje corporal de los hombres es más expresivo que el de las mujeres?» Sí. Sin duda alguna. Los hombres manifiestan, en general, una mayor dominación y ex-

---

189. Elizabeth Baily Wolf, manuscrito inédito.

presividad no verbal, hablan más e interrumpen con mayor frecuencia que las mujeres. Estas suelen manifestar una conducta no verbal más sumisa y encogida, hablan menos (sí, el estereotipo de que las mujeres son más habladoras que los hombres es totalmente falso)[190], interrumpen con menor frecuencia y son interrumpidas mucho más a menudo.[191]

En lo que se refiere al modo de andar, las diferencias entre ambos sexos son enormes. En nuestro estudio sobre la forma de caminar, la relación entre sexo y movimiento poderoso era muy notable: el andar de las mujeres es mucho más contenido que el de los hombres en las dimensiones que identificamos como relacionadas con el poder: movimiento de brazos, movimiento de la cabeza y longitud de los pasos.[192]

Adam Galinsky, profesor de la Escuela de Negocios de Columbia y experto en la psicología del poder, hace la fascinante observación, basándose en los datos, de que las diferencias entre sexos equivalen a las diferencias de poder: las conductas típicas de las mujeres también son típicas de las personas sin poder y viceversa. En prácticamente cada sociedad, las mujeres siguen teniendo menos poder social formal que los hombres, es decir, poder y sexo se confunden casi siempre, por lo que cuesta saber cuál es el que influye más en la conducta de la gente. De hecho, Galinsky ha demostrado que las diferencias conductuales prototípicas entre ambos sexos se pueden provocar al manipular lo poderosa que se siente una persona, al margen de cuál sea su sexo.[193]

190. C. Leaper y M. M. Ayres, «A meta-analytic review of gender variations in adults' language use: Talkativeness, affiliative speech, and assertive speech», *Personality and Social Psychology Review*, 11, 2007, págs. 328-363.

191. M. La France y C. Mayo, «A review of nonverbal behaviors of women and men», *Western Journal of Communication*, 43, 1979, págs. 96-107.

192. Cuddy et al., «Kinematics of powerful versus powerless movement».

193. Para una discusión excelente sobre esta investigación, véase el libro de Adam Galinsky y Maurice Schweitzer, *Friend and foe: When to cooperate, when to compete, and how to succeed at both*, Crown, Nueva York, 2015.

Con esto no quiero negar la existencia de ciertas diferencias entre ambos sexos basadas en la biología, claro está que las hay. Pero estas diferencias son mucho más pequeñas de lo que se suelen ver, no es que las «mujeres hagan esto y los hombres aquello». Y estas diferencias aumentan notablemente con la creación de estereotipos y las inclinaciones cognitivas que nos llevan a buscar la información que confirma estos estereotipos. Es decir, muchas de las diferencias percibidas entre cómo se comportan las mujeres y los hombres —incluido el lenguaje corporal— se basan en realidad en las diferencias relacionadas con el poder y no en las diferencias biológicas.

Para complicar más las cosas, la cultura influye en estas diferencias, aumentando o reduciendo las desigualdades relacionadas con el poder basadas en el sexo. Sadaaf, una mujer nacida y criada en Bangladesh que ahora vive en Dallas (Texas), me escribió al poco tiempo de aparecer mi charla TED en la Red. «Las mujeres tienden a empequeñecerse comparadas con los hombres. Crecí en Bangladesh y culturalmente no nos enseñan a sentirnos poderosas. Los hombres son el sexo dominante y para las mujeres supone toda una hazaña sentirse poderosas y serlo cuando están en la misma habitación. Sin duda se refleja en el lenguaje corporal. Después de ver tu charla siempre procuro ocupar un poco más espacio del que estoy acostumbrada a ocupar. No estoy haciendo nada extremo, solo lo justo ¡para sentir que mi burbuja me pertenece! ¡No pienso encogerme! Usaré todo ese espacio. Me hace sentir que controlo un poco más la situación.»

También recibí un correo electrónico muy conmovedor de Uyen, una joven vietnamita, en el que reflexionaba sobre sus experiencias como recién llegada a Estados Unidos. Se quedó pasmada por las diferencias entre Estados Unidos y Vietnam en cuanto al lenguaje corporal femenino, y confundida al no saber cómo conciliar estas diferencias con lo que le habían enseñado de niña las mujeres mayores de su familia (por ejemplo, «No mires a tu padre a los ojos cuando hables con él», «Estréchales apenas la mano a los amigos de papá cuando vengan a visitarnos», «Cruza las piernas cuando hables con tus colegas», e incluso «Las mujeres no somos importantes, debemos pasar desapercibidas y ocultar nuestra valía delante de los demás»). Me dijo que mientras me escribía este correo estaba «sentada en una cafetería de Boston mirando a las mujeres entrar y salir del local y observando su lenguaje corporal. Las mujeres americanas mantienen contacto visual con seguridad cuando le piden al camarero un café y permanecen con los brazos separados del cuerpo al hablar con los amigos y los colegas». ¿Cómo podía respetar lo que le habían enseñado los mayores con toda su buena intención en una cultura mientras su sensación de poder y orgullo aumentaba en otra?

Aunque estas recetas relacionadas con el sexo puedan ser exageradas en algunos países, en Estados Unidos tampoco nos hemos librado de ellas, como mis colegas y yo descubrimos en un experimento en el que participaron niños americanos.

Los padres con hijos pequeños —en realidad, cualquiera que haya observado a niños de corta edad— seguramente se han dado cuenta de que los movimientos y las posturas de los niños y de las niñas son libres y expansivos. Libres de las normas culturales, las niñas pequeñas lanzan los brazos al aire, mantienen la espalda derecha y separan las piernas al estar de pie como hacen los niños. Pero en un determinado momento por lo visto esto cambia: los niños siguen moviéndose expansivamente; en cambio, las niñas lo hacen con más recato. Cuando mi hijo empezó la educación secundaria observé que sus amigas ya no se comportaban como antes. Contraían más el cuerpo, encorvaban la espalda, se rodeaban el torso con los brazos, cruzaban las piernas y los tobillos y bajaban la barbilla. Podía deberse a una serie de razones, pero sin duda una de ellas es que a esa edad las niñas se amoldan a los estereotipos culturales que dictan —acertada o desacertadamente— lo que le resulta atractivo al sexo opuesto. Y esta puede ser la razón por la que tu hija rebosante de vitalidad empiece a mostrarse más contenida cuando empiece la educación secundaria.

Mis colegas y yo comenzamos a estudiar el papel del sexo en el lenguaje corporal infantil por casualidad. Annie Wertz —psicóloga del desarrollo en el Instituto Max Planck de Berlín (también mi «canguro» de la infancia de la puerta de al lado durante diez años e hija de Elsa, mi maestra de tercero)—, Kelly Hoffman, Jack Schultz, Nico Thornley y yo estábamos creando un estudio sobre el desarrollo social para identificar la edad a la que los niños empiezan a vincular las posturas expansivas con el poder y las contenidas con la falta de poder. Consideramos varias formas de presentarles las posturas a los niños: podíamos adoptar nosotros mismos varias posturas, mostrarles imágenes de personas en diversas posturas, usar personajes de dibujos animados o figuras de palitos en diversas posturas... un montón de posibilidades. Era importante utilizar estímulos sexuales neutros para que el experimento fuera lo más fiel posible y en una sesión de lluvia de ideas se nos ocurrió usar un maniquí articulado o muñeco de madera, como el de los artistas, que fuera fácil de manipular. Compramos uno y le hicimos adoptar un puñado de posturas de alto y de bajo poder y las fotografiamos. Creímos que antes de empezar el estudio real era mejor hacer una prueba piloto de las fotografías del maniquí con una muestra de participantes que nos resultara «práctica» (por ejemplo, los hijos de nuestros amigos) para ver sus primeras reacciones, sobre todo porque como los estudios sobre desarrollo social en los que participan niños pequeños exigen mucho tiempo y una labor intensiva, queríamos asegurarnos de emplear los métodos adecuados. Al hacerlo, descubrimos por casualidad algo inquietante: al parecer, los niños creían que los muñecos con posturas poderosas eran chicos y los de las posturas sin poder, chicas. De modo que cambiamos ligeramente el enfoque y en lugar de analizar la edad a la que los niños vinculan las posturas expansivas con el poder, decidimos analizar la edad a la que empezaban a vincularlas con el sexo.

A continuación, reunimos las impresiones de los niños mostrándoles dieciséis pares de imágenes, en cada par aparecía un muñeco en una postura de alto poder y otro en una postura de bajo poder. Después de ver todos los pares de imágenes les pedimos que nos dijeran qué muñeco era una chica y qué muñeco era un chico. Una puntuación de 9 o por encima indicaba una poderosa inclinación masculina. Una puntuación de 8 o por debajo indicaba una poderosa inclinación femenina. Y una puntuación de 16 significaba que un niño veía cada muñeco poderoso como un chico y cada muñeco sin poder como una chica. Una puntuación de 0 indicaba que un niño veía cada muñeco poderoso como una chica y cada muñeco sin poder como un chico.

Alrededor de sesenta niños, reunidos en un museo infantil, participaron en el estudio: la mitad tenía cuatro años y la otra mitad, seis. Basándonos en la investigación sobre el momento de la infancia en que se adquiere la identidad sexual y se adoptan los estereotipos culturales, planteamos la hipótesis de que los niños etiquetarían los muñecos en posturas de alto poder como chicos y los de las posturas de bajo poder como chicas, y que el efecto sería mayor en los niños de seis años.

Queríamos saber qué porcentaje de niños mostraban la inclinación de vincular el poder con el sexo masculino. Solo un 73 por ciento de los niños de cuatro años mostraron la tendencia a vincular el poder con el sexo masculino, frente al 85 por ciento de los de seis. Los resultados son incluso más asombrosos si se tiene en cuenta el porcentaje de la puntuación «perfecta» en cuanto al poder vinculado al sexo masculino: la puntuación de 16. Solo el 13 por ciento de los niños de cuatro años dieron una puntuación de 16, frente al 44 por ciento de niños de seis. Es decir, aunque ambos grupos mostraron una gran tendencia a vincular el poder con el sexo masculino, comparados con los niños de cuatro años, los de seis tendieron tres veces más a ver *cualquier* muñeco en una postura poderosa como un chico y *cualquier* muñeco en una postura poco poderosa como una chica. Y no hubo ninguna diferencia entre las puntuaciones de las niñas y las de los niños, en todas se apreciaba una inclinación en la misma proporción.

¿Para qué sirve todo esto, tal vez te preguntes?

En realidad, estoy planteando un reto para todos que no debemos tomarnos a la ligera: *cambiémoslo*. Cuando veas a tus hijas, hermanas y amigas empezando a adoptar una postura contenida, toma cartas en el asunto. Muéstrales ejemplos de niñas y mujeres en posturas triunfantes, moviéndose con una sensación de poder, hablando con auténtico orgullo. Cambia las imágenes y los estereotipos a los que los niños están expuestos. No es necesario decirles a las mujeres que sean como hombres, pero debemos animar a las niñas a no temer expresar su poder personal. Dejemos de ver las posturas poderosas como masculinas y las carentes de poder como femeninas. No te estoy sugiriendo que te sientes despatarrado, que plantes los pies sobre el escritorio en una reunión o que adoptes el lenguaje corporal típico de un alfa en tus interacciones, seas hombre o mujer. Me refiero a que te *mereces* adoptar posturas abiertas y cómodas y ocupar el espacio vital que te corresponde sea cual sea tu sexo.

¿Deberíamos ser siempre los dominadores con nuestro lenguaje corporal?

En 2014 alguien del estado de Washington me mandó el enlace de un mensaje del servicio público en el que se explicaba lo que debíamos hacer si nos topábamos con un puma en medio de la naturaleza. (Me gustaría aclarar que, tal como se indicaba en el mensaje, las probabilidades de encontrarte con un puma en el estado de Washington son reducidísimas, ya que el único caso conocido es el de un excursionista que murió en 1924 por esta causa.) En el vídeo, el narrador, el ecologista Chris Morgan, explica: «Saber algunas cosas sobre los pumas os mantendrá a tu familia y a ti y a los pumas a salvo». Una de las precauciones, aconseja, es «Si *te* topas con uno, no eches a correr, ¡hazte más grande!» Esta parte va acompañada de la secuencia de un tipo plantado en el bosque con la parte trasera de su chaqueta alzada por encima de la cabeza para parecer más alto de lo que es.

Describí este mensaje del servicio público mientras daba una charla el año pasado. Al terminarla, se me acercó un hombre de cincuenta y tantos años y me dijo: «Sé que parece mentira, pero cuando era pequeño mi padre y yo nos topamos con un puma cuando estábamos pescando en Oregón y eso fue exactamente lo que hicimos. De hecho, mi padre me dijo: "Súbete a mis hombros y levántate la camiseta por encima de la cabeza para que el puma crea que somos mucho más altos"». Le hice caso y el puma simplemente huyó. Ahora lo entiendo.

¿Te acuerdas de los chimpancés que sostienen palos para que sus miembros parezcan más largos de lo que son? Pues lo hacen por la misma razón.

El lenguaje corporal poderoso les indica a los demás que se acerquen o se alejen. En este caso, por supuesto, queremos indicarle al puma que se aleje para hacerle saber que somos grandes, dominantes, fuertes y peligrosos.

Pero la cuestión es que la mayoría nunca tendremos que ahuyentar a un puma. O a ningún otro felino salvaje. O a ningún depredador imponente. Si bien estas posturas, a las que yo llamo «posturas de vaquero», puede que sean un recurso adaptativo en nuestra evolución para intentar evitar ser devorados por un macairodo, no nos son especialmente útiles en reuniones laborales, clases universitarias o discusiones familiares. A decir verdad, suelen ser contraproducentes cuando las usamos para impresionar a los demás.

Cuando doy una charla ante el público —desde estudiantes universitarios y médicos hasta ejecutivos y bibliotecarios— una de las preguntas más corrientes que me plantean es: «¿Qué puedo hacer si trabajo con una persona que siempre adopta un lenguaje corporal alfa dominante?» Esta clase de preguntas reflejan que a la mayoría de la gente no le gusta que intenten dominarla con el lenguaje corporal. Tal vez esto parezca ser contradictorio con todo lo que has estado aprendiendo sobre la importancia de las posturas poderosas. Pero intentar usar expresiones no verbales de alto poder para salirnos con la nuestra es una mala idea por varias razones.

Intimidad en lugar de intimidación

Aunque el estatus no sea sinónimo de poder, ambos están estrechamente ligados. Las investigaciones demuestran que nos fijamos más en los individuos dominantes de una categoría alta, al igual que hacen los primates. Lo cual tiene sentido, porque los miembros dominantes de un grupo son los que, por lo general, tienen la capacidad de repartir los recursos, influir en las decisiones grupales, fijar normas para una conducta apropiada, incitar conflictos y resolver las disputas.

Pero los chimpancés y los gorilas *evitan* mirar a los ojos a los primates que *muestran* abiertamente una actitud de dominación (por ejemplo, usando un lenguaje corporal expansivo). Mostrarse dominante no es lo mismo que ocupar un alto cargo dominante en la jerarquía, ya que uno puede ejercerlo sin exhibir abiertamente esta clase de actitud. Mostrarse dominante sin tapujos, en especial si lo hace el miembro de un grupo que ocupa un puesto elevado en la jerarquía, quiere decir algo. Evitar mirar a alguien a los ojos es un signo de sumisión. ¿Lo hacemos también los humanos como los otros primates no humanos?

En un par de experimentos, Elise Holland, Elizabeth Baily Wolf, Christine Looser y yo planteamos la siguiente cuestión.[194] Pedimos a los participantes que miraran series de fotos de hombres y mujeres: algunas veces las personas de las fotos aparecían en posturas pode-

---

194. E. Holland, E. Baily Wolf, C. Looser, A. J. C. Cuddy, «Visual attention to powerful postures: People reflexively avert their gaze from nonverbal dominance displays», 2015. Documento de trabajo.

rosas y dominantes —por ejemplo, plantadas con los brazos en jarras y las piernas separadas, sentadas con las rodillas separadas y los dedos de las manos entrelazados en la nuca, con los codos apuntando hacia los lados— y otras aparecían en posturas sumisas carentes de poder, —por ejemplo, de pie con los tobillos cruzados y los brazos alrededor del torso, sentadas con la espalda encorvada, la barbilla baja y las manos enlazadas.

Usando una tecnología videográfica de rastreo ocular, pudimos medir con exactitud los patrones visuales de los sujetos cuando miraban las fotografías. Mientras miraban sentados en una silla las imágenes que iban apareciendo en la pantalla del ordenador, una cámara grababa los movimientos de sus ojos, captando exactamente aquello que miraban en el momento en que lo hacían, y durante cuánto tiempo lo contemplaban. Como a todos nos cuesta mucho controlar intencionadamente estos patrones visuales cuando vemos algo por primera vez, el rastreo ocular es en cierto modo como si alguien nos leyera la mente, al mostrar lo que estamos mirando sugiere aquello en lo que estamos pensando.

La diferencia entre los patrones visuales que se dieron cuando los participantes miraban las posturas dominantes o las posturas de sumisión fue abismal: al ver las imágenes de sujetos en posturas dominantes evitaban enseguida mirarles a la cara y posaban los ojos en las piernas y los pies del desconocido, o simplemente apartaban la mirada. En cambio, al ver las imágenes de sujetos en posturas de sumisión, las miradas de los participantes seguían unos patrones sociales más normales: les miraban a la cara. Y estos patrones visuales reflejan cómo interactuamos en el mundo real: no queremos relacionarnos con individuos que exhiben una actitud dominante de manera ostensible. Advertimos que su conducta es asincrónica y nos parecen demasiado peligrosos.

Jessica Tracy descubrió otra razón por la que a los humanos nos desagrada el contacto visual excesivo: nos lo tomamos como un intento descarado y arrogante de querer dominarnos y no nos gusta lo más mínimo. Ella escribió: «Cuando un sujeto mira hacia arriba con cara de orgullo en lugar de mirar directamente a los ojos a la persona con la que está interactuando, su expresión es percibida como más auténtica, menos presuntuosa. Esto se podría deber a la sensación de dominio que transmite mirarle directamente a los ojos».[195] Es otra razón para reducir los combates de a ver quién dura más en sostenerle la mirada a quién en las reuniones de negocios.

Como ya he dicho antes, en la mayoría de las situaciones sociales tendemos a imitar sin darnos cuenta el lenguaje corporal del otro, algo que sirve para hacer que las interacciones sean más fluidas. Pero a veces, en lugar de imitar el lenguaje corporal de nuestros compañeros, lo complementamos. Este fenómeno se da sobre todo cuando existe un desequilibrio de poder entre los implicados. La persona más poderosa tenderá a adoptar posturas de poder de manera exagerada, por lo que la de menos poder también tenderá a adoptar posturas carentes de poder de forma desmesurada.[196]

En este tipo de situaciones, cuando alguien se engrandece hace que los demás se empequeñezcan (y viceversa), por lo que resulta más difícil establecer una relación. No olvides que lo ideal no es ejercer el poder *sobre los demás*, sino gozar de poder personal. Tenemos que sentirnos seguros y relajados en lugar de parecer que estemos haciendo todo lo posible por dominar a los demás. La meta no es la intimidación, sino la intimidad. Si diriges una reunión laboral como si fueras un espalda plateada, le estarás dejando muy poco espacio, física o emocionalmente, a cualquier otra persona.

---

195. Entrevista con Jessica Tracy: *New York Times*, 6 de abril de 2009. Questioning pride, procedente de http://consults.blogs.nytimes.com/2009/04/06/questioning-pride/.
Para un breve artículo sobre la investigación de Tracy acerca de las manifestaciones del orgullo, véase J. L. Tracy, D. Randles y C. M. Steckler, «The nonverbal communication of emotions», *Current Opinion in Behavioral Sciences, 3*, 2015, págs. 25-30, procedente de www.sciencedirect.com/science/journal/23521546/3.

196. L. Z. Tiedens y A. R. Fragale, «Power moves: Complementarity in dominant and submissive nonverbal behavior», *Journal of Personality and Social Psychology, 84*, 2003, págs. 558-568.

Para ilustrar las posturas públicas exageradas en la página web de Vooza aparece un vídeo satírico de una reunión laboral. Un tipo entra en la sala de reuniones y empieza a aconsejar a uno de sus colegas para que parezca más seguro adoptando posturas como la del «gorila rebosante de confianza» y la del «montañés gigantesco». Cuanto más agresivas y exageradas se van volviendo sus posturas, más ponen los ojos en blanco y más muecas de hastío hacen sus compañeros de la reunión, hasta que al final el tipo al que está aconsejando siguiendo sus instrucciones, imita a un «alce enfurecido» para intimidar a una compañera y ella, impertérrita, le rocía la cara con espray de pimienta. Es una escena divertida porque nos resulta familiar: todos conocemos esta clase de imbéciles. No queremos estar en su piel.

Y quizás hayas oído hablar del «despatarramiento masculino». Se da en las ciudades donde los vagones del metro están atestados de gente. El término describe el hábito de algunos pasajeros masculinos de sentarse despatarrados en el metro y ocupar dos o incluso tres asientos mientras los otros viajeros se ven obligados a estar de pie. Fulminándolo con la mirada. Si usas el metro de la ciudad de Nueva York lo más probable es que veas pósteres con lemas que rezan: TÍO... DEJA DE SENTARTE DESPATARRADO, POR FAVOR.

A menudo intentamos manejar una situación poniéndonos rectos como palos o estrechando las manos con demasiada fuerza. Nos suele ocurrir en las entrevistas de trabajo. Y las investigaciones revelan que los beneficios son... bueno, casi inexistentes. Por ejemplo, en un estudio los candidatos que intentaban crear muy buena impresión manteniendo con frecuencia contacto visual no triunfaron en las entrevistas de trabajo. Y cuanto más largas y estructuradas eran las entrevistas, y mejor formado estaba el entrevistador, peores resultados producía la táctica de intentar manipular la impresión no verbal que le causaba. ¿Te acuerdas del tema de la sincronía del primer capítulo? Este factor también cuenta. Y lo que es quizá más importante, los entrevistadores ven a los candida-

tos que intentan manejar el lenguaje corporal como falsos y manipuladores. Huelga decir que no les contrataron.[197]

---

197. M. R. Barrick, J. A. Shaffer y S. W. DeGrassi, «What you see may not be what you
get: Relationships among self-presentation tactics and ratings of interview and job performance», *Journal of Applied Psychology, 94*, 2009, págs. 1394-1411. El estudio de varias
tácticas usadas para manipular la impresión (MI) que causamos a los demás ha revelado
que algunas tácticas verbales producen efectos importantes (por ejemplo, el uso de términos autodescriptivos positivos y la narración de historias personales de éxito), a diferencia de las tácticas no verbales (mantener contacto visual y sonreír con frecuencia). Véase
D. C. Gilmore y G. R. Ferris, «The effects of applicant impression management tactics on
interviewer judgments», *Journal of Management, 15*, 1989, págs. 557-564. C. K. Stevens y
A. L. Kristof, «Making the right impression: A field study of applicant impression management during job interviews», *Journal of Applied Psychology, 80*, 1995, págs. 587-606. Sin
embargo, estos efectos se atenúan o desaparecen si la entrevista es más larga (véase W. C.
Tsai, C. C. Chen y S. F. Chiu, «Exploring boundaries of the effects of applicant impression
management tactics in job interviews», *Journal of Management, 31*, 2005, págs. 108-125),
si está más estructurada y estandarizada (véase M. R. Barrick, J. A. Shaffer y S. W. De-
Grassi, «What you see may not be what you get: Relationships among self-presentation
tactics and ratings of interview and job performance», *Journal of Applied Psychology, 94*,
2009, págs. 1394-1411) y si la realiza un entrevistador con una elevada formación (véase
J. L. Howard y G. R. Ferris, «The employment interview context: Social and situational
influences on interviewer decisions», *Journal of applied Social Psychology, 26*, 1996, págs.
112-136). Se dan muchas otras variables que influyen en hasta qué punto las tácticas de la
MI llevan a decisiones positivas de contratar al candidato o a decisiones negativas, como
el sexo del candidato y del entrevistador (véase R. A. Baron, «Self-presentation in job interviews: When there can be "too much of a good thing"», *Journal of Applied Social
Psychology, 16*, 1986, págs. 16-28; L. A. Rudman, «Self-promotion as a risk factor for
women: The costs and benefits of counterstereotypical impression management», *Journal
of Personality and Social Psychology, 74*, 1998, págs. 629-645; C. L. Von Baeyer, D. L. Sherk
y M. P. Zanna, «Impression management in the job interview when the female applicant
meets the male (chauvinist) interviewer», *Personality and Social Psychology Bulletin, 7*,
1981, págs. 45-51), la valencia del estado afectivo del entrevistador (véase R. A. Baron,
«Interviewer's moods and reactions to job applicants: The influence of affective states on
applied social judgments», *Journal of Applied Social Psychology, 17*, 1987, págs. 911-926),
y la similitud percibida entre el candidato y el entrevistador (véase T. A. Judge, D. M.
Cable y C. A. Higgins, «The employment interview: A review of recent research and re-
commendations for future research», *Human Resource Management Review, 10*, 2001,
págs. 383-406). Y quizá lo más importante es que, a medida que el candidato recurre cada
vez más a tácticas de MI no verbales, el entrevistador empieza a verlo como falso y manipulador, por lo que las evaluaciones y decisiones de contratarlo acaban siendo negativas
(véase Baron, «Self-presentation in job interviews»).

Podrías estar quebrantando las normas culturales

Las normas del lenguaje corporal varían notablemente entre las distintas culturas y entender estas idiosincrasias puede crear o romper interacciones interculturales. Son distintas en muchas dimensiones: ¿cuánto contacto visual debes mantener? ¿Son correctos los apretones de manos? ¿Con cuánta firmeza deben darse? ¿Quién ha de tender primero la mano? ¿Es necesario inclinar también la cabeza? ¿Durante cuánto tiempo? ¿Quién debe hacerlo primero? ¿Es mejor sentarte o quedarte de pie? ¿Dónde debes sentarte? ¿Cómo harás un brindis? ¿Cuánto espacio dejarás entre tú y la otra persona?

En un estudio realizado por Wendi Adair, profesora de conducta empresarial en la Universidad de Waterloo, los negociadores canadienses usaban un lenguaje corporal mucho más relajado y unas expresiones faciales más negativas que sus homólogos chinos. Pero los negociadores chinos ocupaban más espacio en la mesa que los canadienses. Estas diferencias afectaron tanto a los resultados concretos de la negociación como a la sensación de satisfacción de los participantes en el proceso.[198]

Adair también estudia la forma en que las personas de distintas culturas intentan adaptarse unas a otras en el mundo empresarial. Descubrió que cuando los negociadores occidentales intentan ocupar más espacio que sus homólogos orientales, este gesto puede verse como una exhibición de dominio inapropiado. Los malentendidos culturales sobre el lenguaje corporal pueden hacer fracasar negocios muy lucrativos.

Las posturas de vaquero tal vez funcionen de maravilla en Texas, pero será más prudente evitarlas en Japón. Rodearle los hombros con el brazo a un individuo que acabamos de conocer tal vez sea normal en Brasil, pero en Finlandia provocaríamos una reacción muy distinta. No tomarnos el tiempo para entender estas diferencias puede hacer

---

198. Z. Semmani-Azad y W. L. Adair, «The display of "dominant" nonverbal cues in negotiation: The role of culture and gender», *International Negotiation, 16*, 2011, págs. 451-479.

que los tratos comerciales y las ofertas de trabajo se vayan al traste o incluso que ocurra algo peor.

Todo esto nos lleva de vuelta al rugby, a los All Blacks y al *haka*.

El *haka* trata «del triunfo de la vida sobre la muerte», explicó Hohepa Potini, el anciano jefe de la tribu de los ngati toa.[199] «Como Nueva Zelanda es un país pequeño, cuando viajamos al extranjero y nos enfrentamos a países que son tres o cuatro veces más grandes que el nuestro, intentamos sobrevivir y mantener nuestra identidad: nuestro *mana,* nuestra integridad. Los All Blacks lo hacen con un orgullo inmenso. Y eso es lo que les da el *haka...* Es nuestro legado cultural. Plantear un desafío. Celebrar una victoria.»

Y todos los jugadores de los All Blacks hablan del *haka* con gran respeto, como algo que soñaran con hacer. «Estamos muy orgullosos de nuestro legado cultural y cuando realizamos el *haka* juntos es una oportunidad para todos de ver a nuestros compañeros de equipo alineados y de conectar de verdad con el que tenemos al lado», dijo Keven Mealamu, un jugador de los All Blacks. «Muchos jóvenes que han crecido en Nueva Zelanda siempre han practicado el *haka*, con la esperanza de tener un día la oportunidad de representarlo», añadió Aaron Cruden, otro jugador del equipo que afirmó que el *haka* consistía en «recibir fuerza espiritual de los compañeros de equipo, de la tierra sobre la que estamos plantados».

Pero ¿qué tiene que ver el *haka* con nosotros?

Es evidente que los pensamientos y sentimientos condicionan el lenguaje corporal y que el lenguaje corporal de cada uno habla a los demás. Usando un vocabulario puramente físico, comunicamos nuestra vida interior, unos a otros, en ambos sentidos. Mantenemos conversaciones enteras, intercambiando una información importante sin pronunciar una sola palabra.

Pero también ocurre algo más, algo que no se aprecia de manera tan evidente: nuestro lenguaje corporal también nos habla a *no-*

---

199. American International Group, Haka: History.

sotros mismos: a nuestro yo más íntimo. Y no nos dice simplemente lo que estamos sintiendo, sino que es algo más complejo. Quizás el poder del *haka* no resida simplemente en el efecto que les produce a los miembros del equipo contrario, sino también en lo que les hace a los jugadores de los All Blacks. (Incluir aquí el solemne redoble de tambores.)

7

Surfeando, sonriendo
y cantando felices

*Tuve que decidir mantenerme en pie en mi tabla de surf. No sabía
si esto también me ayudaría a mantenerme en pie en mi vida.*

EVE FAIRBANKS

Si por casualidad te casas con un australiano como me ocurrió a mí,
lo más probable es que conozcas de primera mano el desmoralizador
proceso de aprender a surfear. Me llevó su tiempo conseguir mantenerme temblorosa en la tabla (y caerme de ella), pero no fue hasta leer
a la periodista Eve Fairbanks comentando el tema que vi lo vinculado
que este proceso está con la presencia.

Fairbanks cree que aprender a surfear le ha enseñado algo sobre la
vida en tierra firme.[200] Como escribió en *The Washington Post*: «Surfear es un momento físico, el reto espontáneo, intelectual y complejo
de aceptar lo que la vida te arroja y de aprovecharlo al máximo al
mismo tiempo».

Su análisis sobre aprender a surfear, un proceso que requiere
controlar nuestras posturas físicas para cambiar nuestra psicolo-

---

200. E. Fairbanks, «How surfing taught me to make choices», 25 de febrero de 2015,
The Washington Post, procedente de www.washingtonpost.com/posteverything/
wp/2015/02/25/how-surfing-taught-me-to-make-choices/.

gía, capta perfectamente la conexión entre cuerpo y mente: cómo y por qué funciona, y por qué razón, por desgracia, solemos pasarla por alto.

Nuestro primer error, afirmó, es centrarnos demasiado en las habilidades que creemos necesitar para ser un buen surfista o para que nos consideren buenos en nuestra profesión o atractivos a los ojos de una posible pareja. Fairbanks escribió: «Los principiantes se imaginan que los deportes de aventuras dependen de las habilidades de uno: de adquirir la fuerza y la memoria muscular necesarias para lograr una hazaña deportiva». Al principio, como Fairbanks tenía esta mentalidad, se fijaba en si daba la talla, en si tenía o no madera de surfista, y hasta qué punto había progresado, y todo ello le hacía sentirse insegura. «Al principio, cuando me caía de la tabla», apuntó, «sentía el desesperado deseo de que mi instructor me dijera que mis fallos eran normales, que no estaba haciéndolo tan mal en comparación con sus otros alumnos. Era como el deseo que yo tenía en la vida cotidiana de que me aseguraran que mi personalidad no se había visto afectada por mis errores.»

Pero en un determinado momento cambió de mentalidad. «Después de una combinación de éxitos y fracasos, mi instructor me dijo que en algún momento tendría que "decidir seguir plantada en la tabla"», recordó. «Fue asombroso vivir la gran diferencia que creó esta decisión y mantenerla hasta el final. En lugar de caerme de la tabla, empecé a cabalgar cada ola. El placer de mi hazaña generó más placer, la certeza de que cada vez que superaba una nueva prueba, mi habilidad aumentaba.»

Su experiencia sugiere que quizá la «receta para el éxito» sea a la inversa. «Nos suelen aconsejar que tomemos nuestras decisiones con confianza. Que la confianza nos ayudará a tomarlas y que nuestras decisiones simplemente ratifican una verdad interior. Pero en realidad es al revés: son las decisiones las que crean confianza. Esto fue lo que aprendí en mi tabla de surf.»

Fairbanks no olvidó la lección y al poco tiempo descubrió que no solo era aplicable al surf. «Cuando tenía que tomar otras decisiones en tierra firme —la clase de decisiones de las que a veces dudaba—, sentía mi cuerpo plantado sobre la tabla, decidiendo mantenerse en pie y saliendo airosa de la situación. Hizo que me resultara mucho más fácil creer que podía mantenerme en pie en la tabla metafórica de un proyecto.»

Al mantenerse en la tabla, el cuerpo de Fairbank le mostró aquello de lo que era capaz de un modo que sus pensamientos nunca habrían podido hacerlo. «El problema es que lo que tenemos en nuestra mente es invisible», matizó. «Solo nos lo podemos imaginar. Pero experimentamos nuestro cuerpo sensualmente. Cuando percibimos nuestra personalidad tal como nuestro cuerpo la expresa, tal como nuestros sentidos la captan, es una experiencia poderosísima.»

Cuando percibimos nuestra personalidad tal como nuestro cuerpo la expresa...

«Soy feliz porque canto»

El mito de que el cuerpo, el cerebro y la mente son entidades separadas y autónomas, y la opinión de que verlos como conectados es una idea «alternativa» siempre me deja perpleja. ¿Es que el cerebro no está *dentro* del cuerpo? Y si esta prueba no basta, el cuerpo se mueve, habla, responde, respira y *vive* gracias al cerebro. El cuerpo y el cerebro forman parte de un único sistema integrado, complejo y bello. Como Oakley Ray, un antiguo psicólogo muy venerado en la Universidad de Vanderbilt, dijo: «No existe una verdadera división entre el cuerpo y la mente, dadas las redes de comunicación que se extienden entre el cerebro y el sistema neurológico, endocrino e inmunitario».[201]

¿Acaso es posible tener una mente sin un cerebro? La conexión entre el cuerpo, el cerebro y la mente debería ser una de las ideas me-

---

201. Según se cita en V. Brower, «Mind-body research moves towards the mainstream», *EMBO Reports, 7,* 2006, págs. 358-361.

nos controvertidas de la ciencia. Sin embargo, las afirmaciones sobre esta conexión suelen provocar reacciones de escepticismo. En una ocasión en que hice un comentario sobre la conexión entre el cuerpo y la mente, un desconocido replicó gruñendo: «¿Te has fumado un paquete de Chopras?» (Se refería, por supuesto, a las enseñanzas sobre el mindfulness de Deepak Chopra.)

El departamento de Psicología de la Universidad de Harvard se encuentra en el Pabellón William James. William James (1842-1910) debió de haber sido un hombre extraordinario. Muchos psicólogos destacados pueblan los pasillos de Harvard, pero el legado de James los eclipsa a todos. Fue el primer educador que ofreció un curso de psicología de nivel universitario en Estados Unidos, sigue siendo uno de los filósofos norteamericanos más famosos que han existido y se le conoce como el creador de la psicología americana.

Si bien innumerables ideas jamesianas han ayudado a dar forma a lo que en la actualidad estudian los psicólogos, la que más me ha impactado es su famosa afirmación: «No canto porque soy feliz, soy feliz porque canto».

Esta provocadora idea afirma que las experiencias corporales generan emociones en lugar de ser a la inversa. Según James, experimentamos una sensación física o una acción con nuestro cuerpo o la manifestamos con él, y esto nos hace sentir de una determinada manera. «Una emoción puramente incorpórea es una no entidad»,[202] escribió en 1884. Es evidente que James no estaba «fumando Chopras», Deepak Chopra no nacería hasta sesenta y tres años más tarde.

James creía que nuestras emociones son interpretaciones de nuestras experiencias corporales y viscerales, y teorizó sobre que podemos fingir una emoción hasta crearla, como cantar hasta sentirnos felices o llorar hasta sentirnos desesperados. Era un gran intelectual —un término que hoy día se confunde con demasiada frecuencia con «cíni-

---

202. W. James, «What is an emotion?», *Mind, 9*, 1884, págs. 188-205, 194.

co»— lleno de esperanza y animaba a la gente a «empezar a ser ahora lo que sería de aquí en adelante».

Tal vez la teoría de James no te parezca demasiado controvertida, pero ten en cuenta que los humanos —que vivimos metidos en nuestra cabeza— solemos creer que las emociones surgen primero, antes que las sensaciones físicas, y que lo que ocurre en nuestra mente es la *causa* de lo que nuestro cuerpo hace y siente, en lugar de ser el *resultado*,[203] como James sugirió. Él escribió: «El sentido común afirma que perdemos nuestra fortuna y nos lamentamos y lloramos; que nos topamos con un oso y huimos aterrados; que un rival nos insulta y le atacamos enojados. Pero la hipótesis por la que yo abogo afirma que este orden de la secuencia es incorrecto... y que una afirmación más lógica sería que nos lamentamos porque lloramos, que nos enojamos porque atacamos a nuestro rival y que nos sentimos aterrados porque temblamos».[204]

James incluso sugirió —de nuevo en 1890— que una forma de comprobar esta teoría sería examinar las emociones de la gente sin sensaciones corporales. No fue hasta un siglo más tarde cuando un grupo de investigadores, dirigidos por Hugo Critchley, siguiendo su consejo, medirían las experiencias emocionales de pacientes aquejados de un fallo autonómico puro (FAP), que causa la degeneración del mecanismo de reacción del sistema nervioso simpático y parasimpático, es decir, los que sufren FAP apenas tienen sensaciones corporales.

El estudio reveló que, comparados con el resto de las personas, los sujetos con FAP afirmaban carecer de experiencias emocionales y experimentar una menor actividad neural relacionada con el miedo y una menor habilidad para entender cómo las situaciones les

---

203. Ten en cuenta que en la misma época aproximadamente, el médico danés Carl Georg Lange estaba desarrollando por su parte una teoría parecida en la que las emociones son respuestas a sensaciones físicas. De ahí que la idea sobre que las expresiones no verbales son la causa, y no el resultado, de las emociones se cita a menudo como la teoría de James-Lange.

204. James, «What is an emotion?», pág. 190.

afectaban emocionalmente a la gente. Es decir, una mala conexión con el cuerpo causa una conexión defectuosa con nuestras emociones y una menor capacidad para interpretar las respuestas emocionales de los demás.[205]

Sobre el rostro

Si fueras a realizar un experimento para comprobar directamente la hipótesis de James sobre que las expresiones corporales son las que crean las emociones, ¿por dónde empezarías? El rostro parece un buen lugar para empezar, pero ¿qué expresión facial elegirías? ¿Qué emoción? Para comprobar adecuadamente cómo el cuerpo influye en la mente, tendrías que encontrar una persona que hiciera una expresión facial sin asociarla con la emoción que connota. Algo muy difícil de conseguir.

En 1974 el psicólogo James Laird publicó los resultados de un estudio llevado a cabo para evaluar si la conducta físicamente expresiva podía crear una experiencia emocional, o en términos sencillos, si fruncir el entrecejo nos hace enojar y sonreír hace que nos sintamos contentos.[206]

Laird sabía que si les contaba a los participantes el propósito del experimento condicionaría sus reacciones, de modo que se inventó una ingeniosa treta para engañarles. En primer lugar les dijo (eran estudiantes universitarios varones) que la finalidad del experimento era únicamente estudiar «la actividad de los músculos faciales en distintas condiciones». Después les aplicó electrodos en varios puntos de

---

205. H. D. Critchley, C. J. Mathias y R. J. Dolan, «Neuroanatomical basis for first— and second-order representations of bodily states», *Nature Neuroscience, 4,* 2001, págs. 207-212. H. D. Critchley, C. J. Mathias y R. J. Dolan, «Fear conditioning in humans: The influence of awareness and autonomic arousal on functional neuronanatomy», *Neuron, 33,* 2002, págs. 653-663.

206. J. D. Laird, «Self-attribution of emotions: The effects of expressive behavior on the quality of emotional experience», *Journal of Personality and Social Psychology, 29,* 1974, págs. 475-486.

la cara y los conectó a una imponente máquina que en realidad no servía para nada.

Para conseguir que adoptaran una expresión de «enojo», tocaba ligeramente los electrodos aplicados entre las cejas y les decía: «Ahora me gustaría que contrajeras estos músculos». También tocaba los electrodos aplicados al borde de la mandíbula y les pedía que la contrajeran, tal vez apretando los dientes. Para que adoptaran una expresión «feliz» les pedía que contrajeran los músculos de la comisura de los labios.

Mientras los participantes adoptaban estas expresiones faciales les pedía que puntuaran sus emociones. Laird les dijo que necesitaba que lo hicieran para descartar cualquier error, porque a veces las emociones podían crear cambios no deseados en la actividad muscular facial. Otra mentira para despistarles.

Incluso tras descartar a los sujetos que sospechaban lo que tramaba, Laird descubrió que los participantes sentían enojo al adoptar expresiones de enojo y felicidad al poner cara de felicidad. Un participante incluso le dijo: «Cuando estaba con la mandíbula apretada y el ceño arrugado intenté no enojarme, pero era como si mi cara me lo estuviera pidiendo a gritos. No estaba enojado por ninguna razón, pero descubrí que me había puesto a pensar en cosas que me enojaban, lo cual supongo que es una estupidez. Sabía que estaba participando en un experimento y que no tenía ninguna razón para sentirme así, pero perdí el control».

En un famoso artículo de 1988, Fritz Strack, Leonard Martin y Sabine Stepper llegaron más lejos aún al describir los resultados de un estudio realizado para comprobar lo que en aquella época se conocía como la hipótesis de las reacciones faciales.[207] Sin explicarles por qué, les pidieron a los participantes que sostuvieran un lápiz en la boca de un modo que activaba los músculos de la sonrisa. A los participantes

207. F. Strack, L. L. Martin y S. Stepper, «Inhibiting and facilitating conditions of the human smile: A nonobstrusive test of the facial feedback hypothesis», *Journal of Personality and Social Psychology*, 54, 1988, págs. 768-777. En realidad, este estudio se parece mucho al experimento de puntuar historietas cómicas descrito en el artículo de Laird de 1974.

de otro grupo elegidos al azar les pidieron que sostuvieran el lápiz en la boca de un modo que inhibía los músculos de la sonrisa. A todos les dieron historietas cómicas para leer. A los que sonreían les pareció que las historietas eran mucho más divertidas que a los que no podían reír. Este hallazgo se reprodujo en Japón y Ghana[208] y se desarrolló por medio de distintos métodos y del análisis de diversos resultados. Por ejemplo, en otros experimentos los participantes a los que se les activó los músculos de la sonrisa mostraron menos prejuicios raciales.[209]

Como los investigadores descubrirían en las décadas siguientes, las reacciones faciales no se limitan a sonreír y a emociones positivas, sino que también generan emociones negativas. En un estudio dirigido por un equipo en Japón, cuando los experimentadores vertieron gotas de agua en las mejillas de los participantes cerca de los conductos lagrimales, estos se sintieron mucho más tristes que los sujetos que habían sido elegidos al azar para la prueba en la que no se fomentaba el llanto.[210] En otros estudios, los investigadores, al obligar a los participantes a fruncir el ceño —aplicándoles esparadrapo o simplemente pidiéndoles que «juntaran las cejas»—, indujeron un aumento de sentimientos de tristeza, cólera y repugnancia, según afirmaron los participantes.[211]

---

208. V. Dzokoto, D. S. Wallace, L. Peters y E. Bentsi-Enchill, «Attention to emotion and non-western faces: Revisiting the facial feedback hypothesis», *The Journal of General Psychology, 141*, 2014, págs. 151-168. K. Mori y H. Mori, «Another test of the passive facial feedback hypothesis: When your face smiles, you feel happy», *Perceptual and Motor Skills, 109*, 2009, págs. 76-78.

209. T. A. Ito, K. W. Chiao, P. G. Devine, T. S. Lorig y J. T. Cacioppo, «The influence of facial feedback on race bias», *Psychological Science, 17*, 2006, págs. 256-261.

210. H. Mori y K. Mori, «A test of passive facial feedback hypothesis: We feel sorry because we cry», *Perceptual and Motor Skills, 105*, 2007, págs. 1242-1244.

211. K. Mori y H. Mori, «Examination of the passive facial feedback hypothesis using an implicit measure: With a furrowed brow, neutral objects with pleasant primes look less appealing», *Perceptual and Motor Skills, 111*, 2010, págs. 785-789. R. J. Larsen, M. Kasimatis y K. Frey, «Facilitating the furrowed brow: An unobtrusive test of the facial feedback hypothesis applied to unpleasant affect», *Cognition & Emotion, 6*, 1992, págs. 321-338. S. E. Duclos y J. D. Laird, «The deliberate control of emotional experience through control of expressions», *Cognition & Emotion, 15*, 2001, págs. 27-56.

Del mismo modo que imitar ciertas expresiones faciales provoca las emociones correspondientes, *impedir* estas expresiones puede *bloquear* las emociones a las que están vinculadas, un descubrimiento que se ha estado aplicando en los tratamientos para la depresión al usar, de entre todos ellos, el del bótox. Cuando fruncimos el ceño, se activan ciertos músculos de la frente: lo que Darwin llamó los músculos del dolor. El bótox (toxina botulínica tipo A) paraliza temporalmente estos músculos, reduciendo las arrugas de la frente y del entrecejo. Esta parálisis temporal también reduce la reacción de los músculos inyectados ante los mensajes del cerebro.

Las primeras pruebas de que las inyecciones de bótox podían afectar a las emociones aparecieron en un estudio del año 2009 que comparaba los índices de depresión de las mujeres que habían recibido inyecciones de bótox en la frente con los de las que habían recurrido a otros tratamientos cosméticos, todos ellos habían tenido lugar de tres meses a siete días atrás.[212] Las receptoras de la toxina botulínica tipo A sacaron una puntuación mucho más baja que las mujeres de los otros grupos en cuanto a su grado de irritabilidad, depresión y ansiedad. (No existían puntuaciones anteriores al tratamiento.) Sin embargo, no se dio una diferencia importante entre ambos grupos en cuanto a si las mujeres se veían más o menos atractivas. El hallazgo es fascinante y un tanto difícil de interpretar, dado que los investigadores no habían asignado al azar el tratamiento cosmético recibido por las mujeres ni tampoco habían recopilado una evaluación de los sentimientos de irritabilidad, depresión y ansiedad que tenían antes de tratarse.

Otro grupo de investigadores dirigió un ensayo controlado aleatorio en hombres y mujeres con depresión resistente al tratamiento.[213] A la mitad de los sujetos se les inyectó bótox en la frente y a la otra mi-

212. M. B. Lewis y P. J. Bowler, «Botulinum toxin cosmetic therapy correlates with a more positive mood», *Journal of Cosmetic Dermatology, 8*, 2009, págs. 24-26.

213. M. A. Wollmer, C. de Boer, N. Kalak, J. Beck, T. Gôtz, T. Schmidt y T. H. Kruger, «Facing depression with botulinum toxin: A randomized controlled trial», *Journal of Psychiatric Research, 46*, 2012, págs. 574-581.

tad, un placebo. Al cabo de seis semanas, los que recibieron el bótox sacaron una puntuación un 50 por ciento más baja en la medición de la depresión de la que tenían antes. La puntuación de los sujetos del grupo de control solo bajó en un 10 por ciento.

¿Significa esto que el bótox cura la depresión? Antes de que corras a deshacerte de los bajones emocionales junto con tus arrugas, ten en cuenta otro estudio, dirigido por los psicólogos sociales David Neal y Tanya Chartrand.[214] Compararon las participantes femeninas que se habían inyectado bótox para eliminar las arrugas de la frente y las patas de gallo, con las que habían optado por las inyecciones de relleno dérmico, que no bloquean la comunicación entre los músculos y el cerebro. Una o dos semanas más tarde del tratamiento, Neal y Chartrand les pidieron que vieran en la pantalla de un ordenador, una por una, treinta y seis fotografías en blanco y negro de ojos humanos y de la zona circundante (aproximadamente el área del rostro que cubre un antifaz para dormir). Lo más llamativo de las fotografías era que cada una expresaba una distinta emoción sutil (por ejemplo, los sujetos se mostraban irritados, lujuriosos, turbados, pensativos, etcétera). La tarea de las mujeres consistía en identificar la emoción correcta en cada imagen eligiendo una de las cuatro posibles respuestas. A las mujeres tratadas con bótox les costó más identificar las emociones: fueron de promedio un 7 por ciento menos exactas que las otras a la hora de interpretar las sutiles pistas emocionales reflejadas en los ojos.

¿Por qué se da esta desconexión? Porque una de las principales formas con las que desciframos las emociones de los demás es imitando automáticamente sus expresiones faciales. En la vida cotidiana esta mímica es tan sutil y rápida (se da en una fracción de segundo)[215] que ni siquiera somos conscientes de ella. Sin embargo, gracias a la magia

---

214. D. T. Neal y T. L. Chartrand, «Embodied emotion perception amplifying and dampening facial feedback modulates emotion perception accuracy», *Social Psychological and Personality Science, 2,* 2011, págs. 673-678.

215. U. Dimberg, M. Thunberg y K. Elmehed, «Unconscious facial reactions to emotional facial expressions», *Psychological Science, 11,* 2000, págs. 86-89.

de las reacciones faciales, esta mímica nos permite sentir y comprender las emociones ajenas. Pero la toxina botulínica tipo A al bloquear los músculos faciales impide este proceso. David Neal explicó: «La mímica nos ofrece una ventana al mundo interior de los demás. Al impedir esta mímica, el bótox empaña un poco esta ventana».[216]

Y esta no es la única razón por la que aceptar nuestras arrugas. No hay que olvidar que el bótox a veces va dirigido a músculos y arrugas relacionados tanto con expresiones emocionales negativas *como* con expresiones positivas que tienen que ver no solo con fruncir el ceño, sino también con sonreír, ya que conllevan la contracción de los mismos músculos alrededor de los ojos que causan las patas de gallo. Cuesta sentirnos mal cuando no podemos arrugar el ceño. Pero también nos costará sentirnos bien cuando no podemos sonreír.

Es decir, al paralizar o relajar los músculos que nos permiten expresar emociones reales, estamos reduciendo tanto nuestras experiencias emocionales como nuestra capacidad de reconocer las de los demás. Nos volvemos como esos pacientes con FAP: somos menos capaces de conectar. Neal comentó: «Qué irónico, las personas se inyectan bótox para funcionar mejor en las situaciones sociales. Tal vez mejore su aspecto, pero también pueden sufrir al ser incapaces de interpretar las emociones de los demás».[217]

La lección que puedes extraer de ello es sé bueno con tus patas de gallo y ellas lo serán contigo, y además te ayudarán a ser bueno con los demás.

Desde que William James propuso su controvertida teoría de las emociones vinculada con la relación cuerpo-mente, se han llevado a cabo un sinnúmero de investigaciones experimentales para comprobarla. En un análisis reciente de estos estudios, el psicólogo James Laird, que dirigió el experimento original de las reacciones faciales, y Katherine Lacasse, concluyeron: «En literalmente cientos de experimentos al indu-

---

216. E. North-Hager, 22 de abril, 2011 «Botox impairs ability to understand emotions of others», procedente de https://pressroom.usc.edu/botox-impairs-ability-to-understand-emotions-of-others/.

217. Ibíd.

cir en los participantes expresiones faciales, conductas expresivas o respuestas viscerales, surgieron los correspondientes sentimientos. En cada tipo de manipulación conductual se indujeron o reforzaron una variedad de sentimientos... La prevención de expresiones redujo muchos de esos mismos sentimientos... En general, hemos llegado a la razonable conclusión de que James tenía razón: los sentimientos son las consecuencias... de conductas emocionales y de respuestas corporales».[218]

Hasta ahora he estado hablando de los efectos de los pequeños cambios en los músculos que controlan el rostro. Pero ¿qué hay de los músculos y los huesos que se ocupan de las expresiones que tienen lugar por debajo del cuello? ¿Las de hombros, brazos, manos, torso, piernas y pies? Estas partes del cuerpo también expresan sentimientos. ¿Existe semejante fenómeno como las reacciones corporales? ¿Puede nuestro cuerpo enseñarnos a sentirnos poderosos, seguros, serenos y sincronizados? ¿Puede llevarnos a un estado de presencia?

La presencia a través del cuerpo

Paseaba a la orilla del río Lee con las manos cogidas
a la espalda. Unos andares nuevos, amplios y públicos.
Ademanes de pensador. Ese porte suyo le gustaba, parecía
propicio a la idea que de sí mismo se había formado.
Colum McCann, *Transatlántico*, descripción
de Frederick Douglass.

La «idea que de sí mismo se había formado» es un concepto fascinante. El yo puede, supongo, ser cualquier cosa que queramos que

---

218.   J. D. Laird y K. Lacasse, «Bodily influences on emotional feelings: Accumulating evidence and extensions of William James's theory of emotion», *Emotion Review*, 6, 2014, págs. 27-34, 31-32. Para un análisis más completo de la investigación sobre la respuesta facial, véase J. D. Laird, *Feelings: The perception of self*, Oxford University Press, Oxford, 2006.

sea. Incluso lo podemos renovar sin que ello signifique que sea insincero o poco auténtico. Sugiere que podemos vernos de una determinada forma y dar los pasos para hacerla realidad. En el ejemplo anterior, sacado de una novela de 2013 de Colum Mc-Cann, significa «dar los pasos» en el sentido literal de la palabra: Frederick Douglass, el activista por los derechos civiles afroamericano del siglo xix, pasea por un lugar nuevo, adopta una postura nueva y esto le gusta, le parece afín a la idea de quien cree ahora ser.

Nuestro cuerpo, sugiere McCann, no solo nos lleva a donde queremos ir, sino que nos ayuda a llevarnos a quienes queremos ser. Y como estás a punto de descubrir, las pruebas también parecen confirmar este hecho: allí donde nos lleva el cuerpo, le siguen nuestra mente y nuestras emociones.

Para entender este fenómeno analizaré lo que ocurre cuando el cuerpo nos traiciona, y nos encierra en un estado defensivo y temeroso de hipervigilancia en lugar de llevarnos a un mayor poder personal. Me estoy refiriendo al estrés postraumático.

Imagínate todos los componentes de la falta de poder —ansiedad, estrés, miedo, intimidación, inseguridad, emociones negativas, actitud defensiva, función ejecutiva reducida, problemas de memoria, pensamientos molestos, evitación— y luego multiplícalos. Por una gran cantidad. Esto te dará una idea aproximada de cómo alguien con estrés postraumático, o TEPT,[219] experimenta la vida. Las experiencias traumáticas pueden arrebatarnos el poder personal.

Los traumas, como la falta de poder, producen una gran desarmonía entre el cuerpo y la mente. Bessel van der Kolk, psiquiatra y experto en TEPT durante muchos años, observó que el trauma «genera la

---

219. Hay quienes son partidarios de quitar la T de TEPT para eliminar el estigma de la palabra *trastorno*. Véase M. Thompson, 5 de junio de 2011, *The disappearing «disorder»: Why PTS is becoming PTS, procedente* de http://nation.time.com/2011/06/05/the-disappearing-disorder-why-PTS-is-becoming-pts/.

rotura de una sincronía física bien sintonizada». Escribió: «Cuando entramos en la sala de espera de una clínica especializada en TEPT, inmediatamente podemos distinguir a los pacientes de los trabajadores por sus rostros congelados y sus cuerpos colapsados (y al mismo tiempo agitados)».[220] El TEPT nos rompe por dentro, creando profundas fisuras y conflictos psicológicos mientras intentamos por un lado vivir la vida cotidiana —para estar presentes con nuestros hijos, padres, amigos y colegas—, y por el otro protegernos sin bajar nunca la guardia de las amenazas imaginadas y librarnos de los recuerdos que nos acosan. Estamos divididos.

Los tratamientos tradicionales de psicoterapia para el TEPT presuponen que el trauma vive en la mente y es allí donde intentan eliminarlo. La terapia cognitivo-conductual (TCC), basada en la idea de que los pensamientos dictan la conducta, intenta renovar los patrones mentales de la persona que padece TEPT. La terapia de exposición tiene como fin desensibilizar al paciente del trauma que le acosa obligándole a recordarlo, reproducirlo y revivirlo.

Pero otros expertos, como van der Kolk, han cuestionado estos enfoques. «Los traumas no tienen nada que ver con la cognición, sino con el cuerpo cuando se resetea para interpretar el mundo como un lugar peligroso»,[221] afirmó en *The New York Times*. La idea de que los traumas viven en el cuerpo —y que por tanto se deben buscar y curar allí— adquiere sentido intuitivamente. Como Jeneen Interlandi escribió en *The New York Times*:

En una gran cantidad de casos fueron los cuerpos de los pacientes los que habían sido salvajemente violados, y los que les habían fallado: las piernas no habían corrido con la suficiente

---

220. B. A. van der Kolk *The body keeps the score.* Viking, 213, Nueva York, 2014.

221. J. Interlandi, «A revolutionary approach to treating PTS, 22 de mayo de 2014, *The New York Times Magazine,* procedente de www.nytimes.com/2014/05/25/magazine/a-revolutionary-approach-to-treating-PTS.html.

rapidez, los brazos no habían empujado con la suficiente fuerza, la voz no había gritado con la suficiente potencia para evitar el desastre. Y eran sus cuerpos los que ahora se desmoronaban ante el menor estrés: los que se retraían cada vez que se alarmaban por la presencia de un coche o los que veían a cada desconocido como un agresor esperándoles. ¿Cómo podía su mente curarse si el cuerpo que la cobijaba le parecía a esta tan intolerable?

O, como el artista Frank Gelett Burgess lo expresó: «Nuestro cuerpo es idóneo para ser nuestra autobiografía».

Muchas personas con TEPT, junto con sus familias y amigos, me han preguntado si se están usando intervenciones del cuerpomente para aliviar los síntomas de este trastorno tan pertinaz. Al menos dos terceras partes de los correos electrónicos que he recibido sobre este tema proceden de militares veteranos o de sus familias. La pregunta me ha obsesionado: si los traumas son básicamente una cuestión de un caso extremo de falta de poder y se caracterizan por la desconexión entre el cuerpo y la mente, ¿pueden ciertas intervenciones físicas reducir la sensación de amenaza y devolverle al mismo tiempo al paciente la sensación de orgullo? Quizás el cuerpo puede sacar a la mente de los estados de estrés postraumático.

Al parecer, una serie de científicos han dirigido numerosas investigaciones sobre este tema.

Muchas investigaciones sobre el TEPT se han centrado en los veteranos de guerra. Los expertos estiman a la baja que uno de cada cinco veteranos padece TEPT y que esta cifra aumenta significativamente entre los que han estado en combate. Se ha demostrado que el TEPT en veteranos es especialmente difícil de tratar con medicación y con los métodos tradicionales de psicoterapia, como la TCC y la terapia de exposición. Además, los índices de abandono de los programas de tratamiento del TEPT son asombrosamente elevados, en especial entre veteranos, por una serie de razones, como las preocupaciones sobre el estigma, las grandes exigencias de la vida cotidiana y, sobre todo, el comprensible miedo de revivir la experiencia traumática que causó el TEPT. Mientras tanto, el trastorno está destruyéndoles la vida a innumerables veteranos y a sus familias.

En el año 2012, la psicóloga Emma Seppälä de la Universidad de Stanford decidió investigar la eficacia de los tratamientos cuerpo-mente para ayudar a los veteranos con TEPT.[222] Veintiún veteranos americanos que combatieron en Irak y Afganistán participaron en su estudio. A once de ellos les asignaron al azar el grupo de tratamiento de yoga; a los otros diez los pusieron en una lista de espera. Cada día durante una semana los once veteranos del grupo del tratamiento recibieron durante tres horas instrucciones sobre sudarshana kriya yoga, una técnica respiratoria que según han descubierto otros estudios es eficaz para reducir la ansiedad, la depresión, la conducta impulsiva e incluso el tabaquismo, aumentando al mismo tiempo el optimismo, el bienestar y la regulación emocional.[223]

Antes de proseguir me gustaría aclarar que no soy una amante del yoga. Hasta que no investigué a fondo en las obras científicas que se han publicado sobre esta disciplina era una escéptica. No me refiero a que creyera que el yoga era *malo* para la gente, sino que no podía aceptar la idea de que fuera tan *bueno* como sus practicantes afirmaban. Como si fuera en cierto modo una adolescente, suelo reaccionar contra cualquier moda que parezca de pronto estar en todas partes. Además, prácticamente cada día alguien me preguntaba, dado mi pasado como bailarina y los temas sobre los que me interesaba investi-

---

222. E. M. Seppälä, J. B. Nitschke, D. L. Tudorascu, A. Hayes, M. R. Goldstein, D. T. H. Nguyen, D. Perlman y R. J. Davidson, «Breathing-based meditation decreases posttraumatic stress disorder symptoms in U. S. military veterans: A randomized controlled longitudinal study», *Journal of Traumatic Stress*, 27, 2014, págs. 397-405.

223. Como se cita en ibíd.

gar: «Debes de practicar mucho yoga, ¿no?» Lo cual hacía que me resistiera a creer en él incluso más todavía.

Pero soy una científica y por eso ahora no me queda más remedio que tragarme mi resistencia, porque las pruebas sobre los resultados positivos a nivel psicológico y fisiológico del yoga son imposibles de rebatir. Desde que las intervenciones basadas en el yoga se han estado aplicando en la medicina convencional, se han realizado cientos —quizá miles— de estudios empíricos que describen sus numerosos beneficios para la salud, desde la reducción de la presión arterial y el colesterol hasta aliviar el dolor crónico, emocional y social.[224] ¿Es cada resultado válido? ¿Estuvo cada estudio bien hecho? Probablemente no, tal es la naturaleza de la bestia científica. Pero ya no veo el yoga como una moda a la que se le ha dado demasiado bombo publicitario. Cuando se hace bien es de una eficacia extraordinaria.

No obstante, sería absurdo intentar explicar en unas pocas páginas cada uno de los aspectos de cómo el yoga afecta al cuerpo y a la mente. Estoy hablando de una práctica antiquísima de tres mil años o más de antigüedad que comporta movimiento físico, el control de la respiración y meditación mindfulness, todo ello interactuando y fluyendo. Si deseas conocer más a fondo los posibles beneficios del yoga, te recomiendo que leas *Yoga for Pain Relief,* de Kelly McGonigal, una psicóloga de la Universidad de Stanford. Estoy haciendo una breve incursión en el yoga, la justa para examinar cómo y por qué esta disciplina milenaria reduce la ansiedad y el miedo en los que sufren TEPT —y también en el resto de las personas— al tiempo que aumenta la fuerza y la autoconfianza.

Como quería conocer más a fondo la labor de Emma Seppälä con los veteranos de guerra, le pregunté si estaría dispuesta a hablarme de su investigación. Accedió encantada. Sus intervenciones yóguicas dirigidas a veteranos, me explicó, empezaban simplemente

---

224. K. McGonigal, *Yoga for pain relief: Simple practices to calm your mind and heal your chronic pain,* New Harbinger Publications, Oakland, California, 2009.

con los participantes «sentados en una postura cómoda respirando hondo», una técnica que expande el pecho de manera natural. El grupo practicó lo que en yoga se conoce como la respiración victoriosa, «lo que hacemos cuando estamos en un profundo estado de quietud», lo cual es un ejemplo deliciosamente sencillo de la capacidad del cuerpo para cambiar el estado de la mente, activa la respuesta de relajación.

«La respiración es una manera maravillosa de calmar nuestra activación fisiológica», puntualizó Seppälä. «Ser conscientes de que podemos controlar la respiración es el primer paso para entender cómo controlar nuestra ansiedad y saber que tenemos las herramientas para conseguirlo. Cuando los pensamientos se agolpan en nuestra cabeza, cuando ocurre algo inesperado en una situación social, cuando no sabemos qué hacer, sabemos que podemos tranquilizarnos controlando la respiración.»

Para evaluar la efectividad del yoga en los veteranos de su estudio, Seppälä y sus colaboradores de la Universidad de Stanford les midieron, antes y después de las sesiones de yoga, la respuesta de parpadeos a los ruidos fuertes (por ejemplo, la respuesta de sobresalto, normalmente exagerada en los que padecen TEPT), el ritmo respiratorio (suele ser más rápido en los afectados de TEPT) y el grado de ansiedad experimentado (por ejemplo, la frecuencia de los recuerdos traumáticos y las pesadillas). Dada la bien documentada resistencia del TEPT al tratamiento, Seppälä se quedó sorprendida por los resultados: un mes después de realizar la intervención, los veteranos que participaron en el programa de yoga de una semana de duración mostraron una disminución en todas las mediciones del TEPT. Y Seppälä se quedó atónita al ver, un año más tarde, que todavía duraba la gran reducción de los síntomas de TEPT y de ansiedad en los veteranos.

Seppälä describió el estudio como «lo más gratificante que he hecho en mi vida». Un participante le escribió: «Me acuerdo de todo lo que ocurrió sobre la experiencia traumática, pero ya no me afecta». Otro le dijo simplemente: «Gracias por traerme de vuelta a la vida».

«Algunas de estas personas vivían parapetadas en el sótano de su casa y nunca salían a la calle», me contó. «Ahora van a trabajar, tienen citas, se relacionan con gente, salen. Los veo sonreír de nuevo. Uno de ellos me contó que había ido de vacaciones con su padre y que no se podía creer lo feliz que se sentía. Pero lo más importante para él fue lo que su padre le dijo: "Por fin vuelves a ser el de siempre, hijo". Y ahora ha decidido ser uno de los portavoces del programa.»

Ya tienes las herramientas
para estar presente

En 1997, mientras trabajaba con la Comisión de la Verdad y la Reconciliación en Sudáfrica, Bessel van der Kolk asistió a la reunión de un grupo de sobrevivientes a violaciones en Johannesburgo y reconoció, incluso en un ambiente totalmente desconocido para él, el lenguaje corporal universal del trauma. «Las mujeres estaban hundidas en las sillas (tristes y paralizadas) como tantos grupos terapéuticos para víctimas de violación que había visto en Boston», recordó en su libro *El cuerpo lleva la cuenta*. «Sentí una sensación familiar de impotencia y, rodeado por personas abatidas, me sentí yo también abatido mentalmente.»[225]

Lo que ocurrió después parece una representación de las palabras de William James: «No canto porque soy feliz, soy feliz porque canto».

Luego, una de las mujeres empezó a tararear, balanceándose suavemente hacia delante y hacia atrás. Poco a poco fue emergiendo un ritmo, y poco a poco las otras mujeres se unieron a la primera. Enseguida, todo el grupo estaba cantando, mo-

---

225. Van der Kolk, *The body keeps the score*, pág. 214. [Traducción en castellano: *El cuerpo lleva la cuenta: cerebro, mente y cuerpo en la superación del trauma*, Editorial Eleftheria S.L., Barcelona, 2015, pág. 241].

viéndose, levantándose para bailar. Fue una transformación sorprendente: personas que volvían a la vida, con la armonía reflejada en los rostros, con el cuerpo revitalizado. Me prometí que aplicaría lo que estaba viendo allí y que estudiaría cómo el ritmo, el canto y el movimiento pueden ayudar a sanar el trauma.[226]

Van der Kolk cumplió su promesa y ha estado estudiando los métodos corporales para superar el TEPT durante décadas, dirigiendo investigaciones, tratando a pacientes e impartiendo talleres. Sus últimos estudios se centran en mujeres con TEPT por maltrato doméstico, un grupo que ha demostrado ser resistente al tratamiento, como el de los veteranos.

En un estudio, van der Kolk reunió para un programa terapéutico a sesenta y cuatro mujeres con TEPT crónico resistente al tratamiento. La mitad de las participantes fueron asignadas al azar a un grupo de yoga y el resto formó parte de un grupo de apoyo a las mujeres que les ofrecía educación sanitaria, un método tradicional de terapia conversacional. Durante diez semanas, ambos grupos estuvieron asistiendo a una clase semanal de una hora de duración.

A las mujeres se las evaluó antes, durante y después del tratamiento según evaluaciones ampliamente usadas en el TEPT. Antes del tratamiento los grupos no se diferenciaban el uno del otro. En la mitad del tratamiento ambos grupos mostraron una mejoría importante, aunque los resultados fueron mucho más positivos en las mujeres del grupo de yoga: el 52 por ciento ya no reunían los criterios de pacientes con TEPT comparadas con el 21 por ciento de las del otro grupo. Sin embargo, las evaluaciones realizadas después del tratamiento revelaron que, a diferencia de las mujeres del grupo de yoga, las que recibieron el tratamiento tradicional sufrieron una recaída más tarde y mostraron los mismos

---

226. Ibíd, pág. 241. En este libro me estoy centrando solo en la respiración y el movimiento, pero el ritmo y el canto también nos ayudan a estar presentes. Para obtener más información, véase el libro de Kolk.

síntomas de TEPT que tenían antes del tratamiento. Pero en las mujeres del grupo de yoga perduraron los efectos del tratamiento.[227]

Los beneficios psicológicos y fisiológicos del yoga no se limitan sin duda a quienes padecen TEPT. Y aunque los beneficios de participar en programas terapéuticos duraderos sean evidentes, los científicos han descubierto que los participantes notan los beneficiosos efectos del yoga incluso después de una sola sesión de quince minutos realizada sentado en una silla. En un estudio, los participantes adoptaron una serie de posturas suaves (por ejemplo, extender los brazos por encima de la cabeza y doblar a continuación el tronco hacia atrás y hacia los lados, realizando cada movimiento de treinta a sesenta segundos, y luego repetían el ciclo). Se registró en los participantes una notable reducción del estrés y del ritmo respiratorio y un aumento de la variabilidad de la frecuencia cardíaca (VFC). Una baja VFC, que indica falta de fluctuación en la frecuencia cardíaca en respuesta a la respiración, está asociada con la ansiedad y la tensión emocional. Una alta VFC indica que la respiración y la frecuencia cardíaca están en sincronía. Es decir, tanto un aumento de la VFC como un descenso del ritmo respiratorio son, por lo general, buenos e indican un estado de bienestar básico.[228]

Todos coincidimos probablemente en que lo que hacemos con el cuerpo cuando practicamos yoga nos produce enormes efectos positivos. Pero lo más apasionante es que quienes no planeamos hacer yoga de forma inmediata podemos alcanzar resultados similares, porque todos podemos reproducir en la vida cotidiana los efectos que el yoga activa en el cuerpo-mente. Las herramientas que necesitamos para estar presentes se encuentran en nuestra propia biología. Una de ellas es un acto tan básico del que normalmente no somos conscientes: la respiración.

---

227. B. A. Van der Kolk, L. Stone, J. West, A. Rhodes, D. Emerson, M. Suvak y J. Spinazzola, «Yoga as an adjunctive treatment for posttraumatic stress disorder: A randomized controlled trial», *The Journal of Clinical Psychiatry, 75*, 2014, págs. 559-565.

228. G. W. Melville, D. Chang, B. Colagiuri, P. W. Marshall y B. S. Cheema, «Fifteen minutes of chair-based yoga postures or guided meditation performed in the office can elicit a relaxation response», *Evidence-Based Complementary and alternative Medicine*, 2012.

En las intervenciones basadas en el cuerpo, como la del yoga, participan mecanismos psicofisiológicos, pero la mayoría de las intervenciones de este tipo acaban centrándose en dos de ellos: el sistema nervioso simpático (SNS), que activa la respuesta de estrés, conocida también como la respuesta de lucha o huida, y el sistema nervioso parasimpático (SNP), que activa la respuesta de relajación, conocida también como la respuesta de descansa y digiere (se activa, por ejemplo, después de comer, en el sueño o durante la excitación sexual). Estos dos sistemas complementarios regulan la activación en el cuerpo. En términos básicos, el SNS es el acelerador y el SNP, el freno.

El agente esencial del SNP es el nervio vago, un nervio craneal por el que circula la información sensorial del bulbo raquídeo y otros muchos órganos vitales, como el corazón y los pulmones. Cuando el nervio vago funciona adecuadamente (por ejemplo, en un alto tono vagal), le indica al corazón que baje el ritmo y a los pulmones que respiren con más profundidad, lo cual fomenta un estado de relajación. (Los fondistas, los nadadores y los ciclistas suelen tener un alto tono vagal.) En situaciones en las que el cuerpo reacciona con energía al estrés y el sistema nervioso simpático toma el mando activando la respuesta de lucha o huida, el nervio vago se inhibe.

El nervio vago no tiene por qué estar activo a todas horas. En ciertas situaciones que exigen atención y adrenalina —como los retos mentales duros o las amenazas físicas—, el tono vagal disminuye de manera natural y provoca la respuesta de estrés. Pero con frecuencia nuestra respuesta de estrés se activa de manera innecesaria y esto puede salirnos muy caro. En estado de reposo, un alto tono vagal se asocia con una buena salud física y mental; en cambio, una inhibición excesiva y prolongada del tono vagal se vincula con altos grados de estrés, ansiedad y depresión.[229]

Pero la buena noticia es que en realidad tenemos un cierto control sobre los sistemas nerviosos simpático y parasimpático. Ten en cuenta

---

229. Para una visión de conjunto reciente, véase L. Muhtadie, K. Koslov, M. Akinola y W. B. Mendes, «Vagal flexibility: A physiological predictor of social sensitivity», *Journal of Personality and Social Psychology, 109*, 2015, págs. 106-120.

que por el nervio vago circula la información entre el bulbo raquídeo y los órganos, es una vía de doble sentido. Como van der Kolk explica: «Aproximadamente el 80 por ciento de las fibras del nervio vago (que conecta el cerebro con muchos órganos internos) son aferentes; es decir, discurren del cuerpo hacia el cerebro. Esto significa que podemos educar directamente nuestro sistema de activación según nuestra forma de respirar, cantar y movernos, un principio que se ha utilizado desde tiempos inmemoriales en lugares como China y la India».[230]

Dedica ahora un segundo a fijarte en tu respiración: inhala con rapidez y exhala con lentitud. Hazlo una vez más: inhala durante dos segundos y exhala durante cinco. ¿Notas algo? La exhalación lenta activa el sistema nervioso parasimpático, reduce la presión arterial y aumenta la VRC. Cientos de estudios han medido los efectos de la respiración centrada en la relajación y han revelado resultados parecidos. Algunos de los resultados psicológicos son una menor ansiedad y depresión y un mayor optimismo, control emocional y manejo del dolor. Algunos de los resultados conductuales que aporta son una menor agresividad y conducta impulsiva, una mejor gestión de las adicciones y un mayor rendimiento académico y laboral.[231]

---

230. Van der Kolk, *El cuerpo lleva la razón*, pág. 233.

231. Seppälä et al., «Breathing-based meditation». M. K. Bhasin, J. A. Dusek, B. H. Chang, M. G. Joseph, J. W. Denninger, G. L. Fricchione, H. Benson y T. A. Liberman, «Relaxation response induces temporal transcriptome changes in energy metabolism, insulin secretion and inflammatory pathways», PLoS ONE, 8, e62817-e62825, 2013. R. K. Peters, H. Benson y D. Porter, «Daily relaxation response breaks in a working population: I. Effects on self-reported measures of health, performance, and well-being», *American Journal of Public Health*, 67, 1977, págs. 946-953. H. Benson, M. Wilcher, B. Greenberg, E. Huggins, M. Ennis, P. C. Zuttermeister, P. Myers y R. Friedman, «Academic performance among middle school students after exposure to a relaxation response curriculum», *Journal of Research and Development in Education*, 33, 2000, págs. 156-165. P. D. Tyson, «Physiological arousal, reactive aggression, and the induction of an incompatible relaxation response», *Aggression and Violent Behavior*, 3, 1998, págs. 143-158. W. R. Marchand, «Mindfulness meditation practices as adjunctive treatments for psychiatric disorders», *Psychiatric Clinics of North America*, 36, 2013, págs. 141-152. W. R. Marchand, «Mindfulness-based stress reduction, mindfulness-based cognitive therapy, and Zen meditation for depression, anxiety, pain, and psychological distress», *Journal of Psychiatric Practice*, 18, 2012, págs. 233-252.

Es una de las razones por las que el yoga puede cambiar cómo te sientes, ya que te empuja de forma natural a respirar lenta y acompasadamente, al igual que otras prácticas como cantar, el taichí, el qigong y la meditación. Pero no hace falta que practiques ninguno de estos métodos, puedes cosechar los beneficios del control de la respiración prácticamente en cualquier parte y momento. Basta con que respires varias veces con lentitud para cambiar el estado de tu cuerpo y de tu mente. Como es algo que todos hacemos innumerables veces a lo largo del día, sin esfuerzo alguno, la respiración es asombrosa, solo en la actualidad se está empezando a entender las numerosas formas en las que nos influye.

El neurocientífico Pierre Philippot y sus colegas realizaron un ingenioso experimento en el que les pidieron a un grupo de sujetos que alteraran su respiración para sentir emociones como alegría, cólera y miedo (una emoción cada vez) y que les explicaran luego cómo lo habían hecho.[232] Este ejercicio parece muy raro, ¿no? ¿Cómo es posible generar una emoción cambiando la forma de respirar de uno? A los participantes les dijeron que no se preocuparan y que simplemente lo intentaran.

Al terminar la tarea les pidieron que describieran sus métodos respiratorios a un segundo grupo de sujetos a los que no les habían dicho nada sobre cómo la respiración activa distintas respuestas emocionales. A los sujetos del segundo grupo les pidieron que respiraran del modo que les enseñarían y después les preguntaron qué emociones estaban sintiendo.

¿Adivinas el resultado? Cuando el segundo grupo siguió las instrucciones de cómo uno respira cuando está alegre, se sintieron alegres. También funcionó en el caso de la cólera y del miedo.

Simplemente por el hecho de respirar más rápido o despacio, con mayor profundidad o por la nariz, o con temblores y suspiros, podemos cambiar nuestras emociones y estados mentales. Los investigado-

---

232. P. Philippot, G. Chapelle y S. Blairy, «Respiratory feedback in the generation of emotion», *Cognition & Emotion, 16*, 2002, págs. 605-627.

res señalaron que los efectos de respirar como otra persona eran al menos tan fuertes como los registrados en los estudios sobre las reacciones faciales.

A propósito, si quieres sentir ahora mismo un subidón de alegría aquí tienes las instrucciones respiratorias que los sujetos del segundo grupo recibieron relacionadas con la alegría: «Inhala y exhala de manera lenta y profunda por la nariz, respirando con gran regularidad con la caja torácica relajada». ¿Te sientes mejor?

La respuesta de relajación se puede medir indirectamente al observar indicadores fisiológicos como los de un aumento en la VFC y un descenso en el ritmo cardíaco, la presión arterial y los niveles de hormonas del estrés, como el cortisol. Todos estos factores se han asociado con la relajación emocional. La salud física también tiende a mejorar. Un menor nivel de hormonas del estrés, por ejemplo, prevé un menor riesgo de padecer enfermedades cardíacas, infecciones y cáncer.[233]

Genera la presencia con tu postura corporal

Este es el veredicto, y la ciencia afirma con rotundidad: «Williams James tenía razón». Nuestro cuerpo nos habla. Nos dice cómo y qué sentir e incluso qué pensar. Cambia lo que nos ocurre en el sistema

233. S. Terathongkum y R. H. Pickler, «Relationships among heart rate variability, hypertension, and relaxation techniques», *Journal of Vascular Nursing, 22,* 2004, págs. 78-82. Bhasin et al. «Relaxation response induces temporal transcriptome changes». J. West, C. Otte, K. Geher, J. Johnson y D. C. Mohr, «Effects of Hatha yoga and African dance on perceived stress, affect, and salivary cortisol», *Annuals of Behavioral Medicine, 28,* 2004, págs. 114-118. S. H. Kim, S. M. Schneider, M. Bevans, L. Kravitz, C. Mermier, C. Qualls y M. R. Burge, «PTSD symptom reduction with mindfulness-based stretching and deep breathing exercise: Randomized controlled clinical trial of efficacy», *The Journal of Clinical Endocrinology & Metabolism, 98,* 2013, págs. 2984-2992. U. M Nater y N. Rohleder, «Salivary alpha-amylase as a noninvasive biomarker for the sympathetic nervous system: Current state of research», *Psychoneuroendocrinology, 34,* 2009, págs. 486-496.

endocrino, el sistema nervioso autónomo, el cerebro y la mente sin que nos demos cuenta. Tu manera de comportarte —tus expresiones faciales, tus posturas, tu respiración— influye, sin duda, en tus pensamientos, sentimientos y conducta.

Eve Fairbanks, que aprendió a tomar decisiones en la sala de juntas manteniéndose en pie en la tabla de surf, tal vez no estuviera pensando en el yoga o en William James cuando lo hacía, pero sabía que había dado con algo importante. «¿Cuántas otras clases de acciones pueden transformar nuestra forma de pensar?», se preguntó.[234]

En este capítulo he intentado responder a esta pregunta. Has descubierto cómo sostener un lápiz entre los dientes hace que el mundo nos parezca más divertido, cómo las inyecciones de bótox nos enturbian los matices emocionales y cómo una respiración pausada nos relaja al instante.

¿Y si apuntando más lejos aún, vamos más allá de las expresiones faciales y de la respiración? ¿Podemos usar todo el cuerpo —mediante las posturas, los gestos y los movimientos e incluso los movimientos imaginarios— para aumentar nuestro poder personal de una manera adaptativa cuando más lo necesitemos? ¿Podemos generar un estado de presencia con la postura física adoptada?

¡Por qué no!

---

234. Fairbanks, «How surfing taught me to make choices».

8

El cuerpo influye en la mente (así que ¡ponte como una estrella de mar!)

Mantente derecho y sé consciente de quién eres, de que estás por encima de las circunstancias.
MAYA ANGELOU

De niña vivía en una casa diminuta de piedra en medio de un parque estatal al este del estado de Washington, colgada sobre un acantilado, a más de treinta metros por encima del colosal río Columbia de casi un kilómetro de ancho.[235]

En un pueblo con una población de apenas trescientos habitantes no había demasiados niños con los que jugar, por lo que pasaba mucho tiempo al aire libre, intentando entablar amistad con todos los bichitos del lugar. Me pasaba horas en los jardines que rodeaban la casa, cavando la tierra, dándole la vuelta cautelosamente a las piedras

---

235. Hasta que no fui al jardín de infancia y regresamos a Pensilvania, donde mis padres habían nacido y crecido, mi padre estuvo trabajando de guarda forestal en el estado de Washington. El parque que describo es el Parque Estatal Bosque Petrificado de Ginkgo en Vantage, Washington. En el año 2000, la población de Vantage había descendido a setenta habitantes, pero la diminuta casa de piedra sigue todavía en pie, justo en medio del parque.

para descubrir los insectos que vivían debajo. Siempre he tenido debilidad por las criaturas infravaloradas y en aquellos días mis favoritas eran los *pill bugs* (cochinillas de la humedad), unos insectos que parecían armadillos diminutos. No estoy segura de dónde les viene el nombre, quizá se deba a que cuando los tocas se enrollan enseguida y forman una bolita perfecta, más pequeña que una aspirina. Al menos eso es lo que siempre he creído. Cuando encontraba una la cogía con cuidado y me la ponía sobre la palma de la mano, sosteniéndola en perfecta inmovilidad, esperando que quizá confiara en mí lo bastante como para desenrollarse. Pero pocas veces lo hacían. Me sentía culpable. Sabía que el bichito estaba aterrado, en manos de un ser gigantesco y poderoso como yo intentando contactar profundamente con un ser tan diminuto e indefenso como él. Como es natural, se empequeñecía y protegía lo máximo posible. Pero yo lo único que quería era que correteara a sus anchas por la palma de mi mano, sabiendo de algún modo que podía confiar en mí, algo imposible de comunicar por más delicados que fueran mis movimientos para no asustarla.

La siguiente vez que me fijé en el lenguaje corporal fue después de mi accidente de coche. Como no era yo la que conducía cuando chocamos contra un árbol porque era una de las pasajeras, la experiencia de viajar en un coche me producía un terror visceral, algo en lo que nunca había reflexionado. Hoy día me sigue poniendo nerviosa, pero al principio me aterraba. Sentía que era incapaz de protegerme físicamente. Cuando me sentaba en el asiento del pasajero, me pegaba las rodillas al pecho, las rodeaba fuertemente con los brazos y metía la barbilla en medio. Me imaginaba siendo una pequeña cochinilla de la humedad. Tanto me daba que estuviera en manos de un conductor experimentado como si no. Enrollaba el cuerpo en forma de pelota, lo más pequeña posible. Y me cerraba mentalmente, incapaz de mantener una conversación, vigilando cada peligro vial imaginable, con la mente serpenteando por los cambios de marcha de la preocupación. Mi conducta a veces hería o irritaba a mis amigas y a los miembros de mi familia. ¿Por qué no confiaba en la persona que iba al volante? Pero no podía evitarlo. Era una reacción instintiva. Eran ellos los que tenían el poder y yo estaba indefensa. Por eso era mejor que me preparara para lo peor.

Cuanto más me pegaba las rodillas al pecho, más pequeña y menos perceptible me volvía. Y más deprisa me iban el corazón y la mente.

Pero ¿qué habría pasado si hubiera fingido ser valiente? ¿Si hubiera pretendido sentirme cómoda en el asiento del pasajero? ¿Si hubiera obligado a mi cuerpo a oponerse a todas las fuerzas psicológicas que se confabulaban para que se replegara? ¿Si no me hubiera protegido me habría sentido un poco más segura? ¿Un poco menos indefensa? ¿Un poco más presente?

Quince años más tarde seguía sin saber las respuestas.

Pero de pronto tuve una revelación gracias a dos experiencias combinadas que, casualmente, sucedieron en aquella época.

En primer lugar, me preocupaban los alumnos que no participaban en mis clases. En la Escuela de Negocios de Harvard se espera de cada estudiante que se implique a fondo con ingeniosidad: la participación determina la mitad de la nota final del alumno, y no es simplemente una cuestión de «hablar en clase», sino que se espera que contribuyan inteligentemente con comentarios que generen discusiones provechosas, lo cual es mucho pedir para cualquiera. Y como ya he mencionado antes, a algunos alumnos les aterra participar en clase. Para muchos es el mayor reto, la amenaza más sobrecogedora en la que serán evaluados socialmente.

Esos alumnos que no participaban me confundían. Parecían casi distantes en clase. Si no hubiera estado interactuando con ellos fuera del aula habría supuesto que estaban desinteresados, desmotivados e incluso poco preparados. Pero sabía que ese no era el caso. Había conocido a esos mismos jóvenes y hablado con ellos fuera del aula y leído sus trabajos. Sin duda, eran tan brillantes como los estudiantes que hablaban en clase con regularidad. Pero no podía darles notas respetables a no ser que descubrieran una forma de participar en clase. De estar presentes.

Al estudiar este problema empecé a advertir detalles en los que no había caído y cuanto más los observaba, más lo entendía. Momentos antes de empezar la clase, los que participaban se movían por ella, gesticulando, gravitando hacia el centro del aula; en cambio, los que no participaban estaban sentados en sus lugares asignados, con la espalda encorvada sobre sus libros o móviles.

Cuando los que participaban levantaban la mano, lo hacían con convicción, alzando con energía el brazo, no agresivamente, sino de una manera que anunciaba *creo que tengo algo importante que decir. Tengo algo con lo que contribuir.* En cambio, cuando los que no participaban levantaban la mano, en el caso de llegar a alzarla, lo hacían como si estuvieran disculpándose, sosteniéndose el codo doblado con la otra mano, alzando y bajando la mano titubeantes, con sentimientos encontrados por haberse convertido en el centro de atención.

Los que participaban en clase estaban sentados con la espalda erguida, sacando el pecho. En cambio, los que no participaban enlazaban sus miembros alrededor del cuerpo, se tocaban el cuello, jugueteaban con el pelo, la ropa o la bisutería, y cruzaban las piernas y los tobillos (una postura que yo llamo «piernas retorcidas»). Sus cuerpos comunicaban el deseo de encogerse, de esconderse con la capa mágica de la invisibilidad. Durante la clase apenas se movían o volvían la cabeza para establecer contacto visual con los compañeros, ni siquiera al responder al comentario de otro. *Parecían avergonzados.*

Cuando leí los trabajos de estos estudiantes descubrí que eran curiosos, apasionados y que tenían una vida intelectual muy intensa. Pero su lenguaje corporal transmitía una historia distinta sobre su vida emocional: en clase no tenían el poder para creer en sus pensamientos. No confiaban en que sus compañeros los fueran a tratar con respeto. Al hablar creían estar mintiendo, como si no creyeran en su propia historia.

Se encontraban en el aula, pero estaban al mismo tiempo ausentes.

Lo segundo que ocurrió no tenía ninguna relación con esto. El jefe de mi departamento, un economista llamado Brian Hall, estaba interesado en los libros de Joe Navarro (el exagente del FBI y experto en lenguaje corporal del que he hablado antes). Brian, que invitó a Joe Navarro a pasar un día en Harvard para participar en una lluvia de ideas sobre cómo su labor podía aplicarse en una clase de la Escuela de Negocios de Harvard, me pidió que me uniera a la conversación y que hiciera una breve presentación, y así lo hice, junto con la psicóloga social Dana Carney, que por aquel entonces era profesora en la Escuela de Negocios de Columbia.

Joe Navarro es un experto inusual. Sabe que está en la mejor posición para dar consejos y enseñar, dadas las pruebas científicas que respaldan su enorme experiencia profesional. Le importa mucho estar al día de las últimas investigaciones. En cambio, yo me encontraba en el extremo opuesto, ansiaba encontrar ejemplos en la vida real que respaldaran mis estudios.

Pero Joe me ponía nerviosa. Su lenguaje corporal indicaba dominación y me preocupaba cómo él interpretaría el mío. Me encontraba solo al principio de mi segundo año como profesora universitaria júnior y allí estaba yo entonces, haciendo una presentación ante un exagente del FBI, el jefe de mi departamento, mi colaboradora experta en lenguaje no verbal Dana Carney, a quien respetaba mucho, y otro estimado colega veterano, Andy Wasynczuk, que antes de llegar a la Escuela de Negocios de Harvard había sido jefe de operaciones de los Patriotas de Nueva Inglaterra (sí, el equipo de la Liga Nacional de Fútbol Americano).

Ansiaba causarles una buena impresión y hacer una excelente presentación en aquella ocasión. Pero estaba turbada, preocupada por lo que pensarían de mí e intentando adaptarme a lo que creía que esperaban. Mi peor pesadilla era que un experto en lenguaje corporal captara mi nerviosismo e, irónicamente, esta fijación me impedía estar presente. En efecto, como nos dedicamos a hablar del lenguaje corporal, Joe señaló varias cosas que yo había hecho durante mi presentación que indicaban falta de poder e inseguridad. Me había tocado el cuello, había jugueteado con mi pelo y me había rodeado el torso con los brazos, errores de principiante muy parecidos a los gestos que yo observaba en mi clase. En aquella situación estresante había actuado como alguien que no participara, aunque lo que yo más quisiera en el mundo fuera participar a fondo en el tema del que estábamos hablando.

Joe nos contó una historia sobre un interrogatorio memorable. El sospechoso, apuntó, exhibía un lenguaje corporal dominante. Joe no interpretó la chulería del tipo como un mensaje al interrogador, sino hacia sí mismo, como una forma de aguantar el tipo en una situación muy dura. Le pregunté a Joe si alguien había comprobado científicamente la hipótesis de que podemos sentirnos más poderosos al «fingir» un lenguaje corporal dominante. Me respondió: «Todavía no, pero tú serás la que lo hará».

Fue entonces cuando lo entendí todo. El miedo me estaba coartando a mí y también a mis alumnos, pero tal vez no tenía por qué ser así. Llevaríamos a cabo esta investigación, costara lo que costase, estudiaríamos cómo el cuerpo le habla a la mente.

Esta ciencia no tiene solo que ver con cómo los demás nos perciben a través de nuestro lenguaje corporal, y la historia no trata solo de si los estudiantes universitarios expresan sus opiniones o no en clase. La forma de comportarnos a cada momento marca el camino que nuestra vida tomará. Cuando encarnamos la vergüenza y la falta de poder, nos sometemos al statu quo, sea cual sea. Consentimos las emociones, las acciones y los resultados que más nos molestan. No compartimos quiénes somos de verdad. Y todo esto tiene consecuencias en la vida real.

Tu forma de comportarte es una fuente de poder personal, la clase de poder que es esencial para la presencia. Es la llave que te permite liberarte a ti, liberar tus capacidades, tu creatividad, tu valor e incluso tu generosidad. No te da nuevas habilidades o talentos, sino que te ayuda a compartir los que ya tienes. No te hace más listo o estar mejor informado, sino más fuerte y abierto. No cambia quién eres, sino que te permite *ser* quien eres.

Al expandir tu cuerpo tu mente se expande, lo cual te permite estar presente. Y los resultados de esta presencia son enormes.

Ser consciente de tu lenguaje corporal no consiste solo en adoptar una postura poderosa. También tiene que ver con que adoptamos posturas sin poder mucho más a menudo de lo que nos imaginamos y con que debemos cambiar este hábito.

Nuestros experimentos sobre las posturas poderosas

Como científicos, lo primero que necesitábamos era establecer una hipótesis de trabajo clara.

Esto era lo que pensábamos: si las expresiones de poder no verbales forman parte de nuestra naturaleza hasta tal punto que levantamos instintivamente los brazos en forma de V cuando ganamos una carrera —al margen del bagaje cultural, el sexo o de sea lo que sea lo que hayamos visto a alguien hacer—, y si William James tenía razón acerca de que nuestras emociones son tanto el resultado como la causa de nuestras expresiones físicas, ¿qué ocurriría en este caso si adoptáramos posturas expansivas cuando nos sintiésemos impotentes? Ya que expandimos el cuerpo espontáneamente cuando nos sentimos poderosos, ¿nos sentimos también poderosos de manera natural cuando expandimos el cuerpo?

Si nuestro experimento demostraba que la respuesta era afirmativa, podía ofrecerme la herramienta que había estado buscando para ayudar a mis alumnos (y a los demás) a estar presentes cuando más necesitaban estarlo, la herramienta que les ayudaría a sacar su lado más atrevido en los momentos más difíciles de la vida.

Deseosos de comprobar nuestra hipótesis sobre que las posturas expansivas nos hacen sentir más poderosos, decidimos observar dos factores fundamentales: los sentimientos de poder y de confianza, y el deseo de arriesgarse.

Pero antes de que mis colaboradores Dana Carney, Andy Yap y yo iniciásemos nuestro primer experimento, teníamos que ocuparnos de un trabajo preliminar crucial: identificar y comprobar las posturas adecuadas. Tras analizar la bibliografía existente sobre lenguaje corporal, elegimos cinco posturas de alto poder (véanse las figuras 1-5) y cinco posturas de bajo poder (véanse las figuras 6-10). Las posturas de alto poder eran expansivas (el cuerpo ocupaba un espacio considerable) y abiertas (los miembros estaban separados del cuerpo), y las de bajo poder eran contenidas y cerradas, como la mía cuando iba de pasajera en un coche después del accidente.

Posturas poderosas

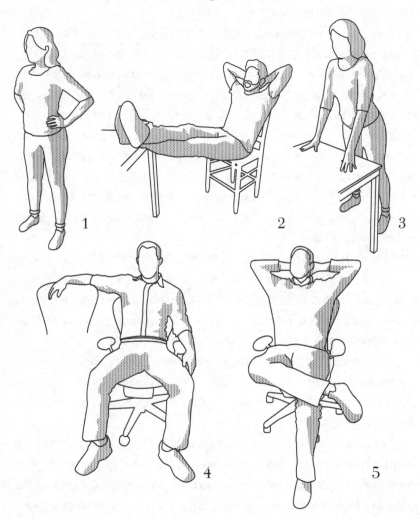

Posturas sin poder

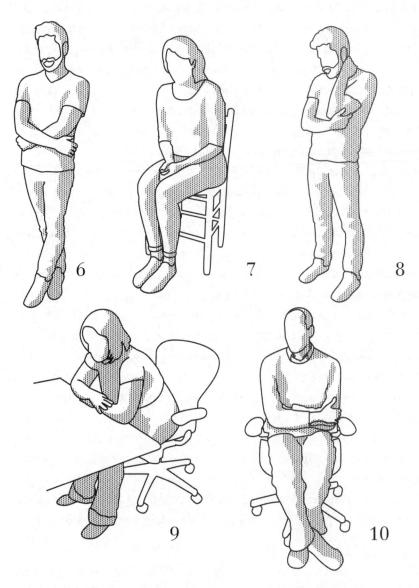

Para estar seguros al cien por cien de que la gente «común y corriente» (por ejemplo, los que no eran psicólogos) asociarían estas posturas con el poder, realizamos un estudio preliminar en el que les pedimos a los participantes que puntuaran cada postura del 1 (de muy poco poder) al 7 (poderosísimas). Como era de esperar, puntuaron las posturas expansivas y abiertas con una cifra más alta en la escala del poder (un promedio de 5,4) que las posturas contractivas y cerradas (un promedio de 2,4). También teníamos que asegurarnos de que las posturas no se diferenciaran en cuanto a su grado de comodidad, ya que mantener una postura incómoda haría que el estado de ánimo del participante bajara. De modo que reunimos otro grupo de sujetos y les pedimos que adoptaran las posturas y que las puntuaran según lo cómodas, dolorosas o difíciles que les resultaban. Las posturas recibieron una puntuación similar.

Tras realizar el trabajo preliminar, llevamos a cabo nuestro experimento inicial procurando que fuera lo más simple posible.[236] En primer lugar, reunimos a un grupo de sujetos. A ninguno se le dijo nada sobre la finalidad del estudio. Después de llegar al laboratorio, el experimentador les hacía pasar uno por uno a una pequeña habitación en la que había una mesa, una silla y un ordenador. Antes de irse, les explicaba que en la pantalla del ordenador verían una serie de fotografías de personas en cinco posturas distintas y que tenían que irlas adoptando con el cuerpo durante el tiempo que aparecieran en la pantalla, es decir, sesenta segundos. Los participantes no sabían que habían sido asignados al azar para ver e imitar posturas de alto poder o de bajo poder, una manipulación crucial.

Cada sujeto recibiría una cantidad de dinero establecida por participar en la investigación, pero después de haber adoptado las posturas, el experimentador les explicó que les darían dos dólares más y que se los podían quedar como una pequeña cantidad extra o arriesgarse a doblarla o a perderla en una apuesta. Si echaban un dado, podían

---

236. D. Carney, A. J. C. Cuddy y A. Yap, «Power posing: Brief nonverbal displays affect neuroendocrine levels and risk tolerance», *Psychological Science, 21,* 2010, págs. 1363-1368. Ten en cuenta que ambos experimentos se citan en el artículo. Sin embargo, en respuesta a la reacción de la editorial, tuvimos que omitir la mayoría de los detalles metodológicos sobre el primer experimento. Si deseas conocerlos, aparecen resumidos en un solo párrafo en la parte «General Discussion» del artículo original. Más adelante ofrezco más detalles sobre este tema.

ganar cuatro dólares o perder los dos recibidos. (Las probabilidades de ganar eran una entre seis, pero pasara lo que pasase el experimentador les aseguró que recibirían la cantidad de dinero establecida por su participación en el experimento.)

¿Adoptar una postura expansiva durante unos pocos minutos podría influir en la conducta de los participantes en esta situación? En este punto no te sorprenderá descubrir que así fue: los que adoptaron posturas de poder tendieron mucho más que los otros a echar el dado. Una tercera parte de los participantes, un 33 por ciento, se arriesgó comparada con el 8 por ciento de los sujetos que adoptaron posturas sin poder.

Al final, el experimentador les pidió que puntuaran lo «poderosos» y «al mando de la situación» que se habían sentido en una simple escala de cuatro puntos. Los que adoptaron posturas de alto poder se sintieron mucho más poderosos y al mando de la situación que los que adoptaron posturas de bajo poder.

Los resultados de nuestro primer experimento sugerían de manera categórica que el cuerpo influye en la mente. La naturaleza de las posturas influía en lo poderosos o impotentes que los participantes se sentían y hasta qué punto estaban dispuestos a correr riesgos.

Pero se nos ocurrió que quizás el efecto había sido causado por el mero hecho de ver las posturas en la pantalla del ordenador. Tal vez al ver una postura poderosa —en lugar de imitarla— se primaba el concepto de poder, haciendo que nuestros participantes se comportaran como lo hicieron. Esto habría indicado un efecto mente-mente, lo cual no era lo que estábamos investigando. Queríamos aislar y medir cómo el cuerpo influía a la mente.

Por esta razón cambiamos, para asegurarnos de ello, varios detalles del experimento. La segunda vez que lo realizamos los participantes no vieron imágenes, sino que el experimentador les describió verbalmente las posturas y se aseguró de que las adoptaran correctamente durante un minuto. Redujimos la cantidad de posturas de cinco a dos, de modo que en total solo debían mantenerlas dos minutos. Nos aseguramos de omitir cualquier referencia posible al poder, y les contamos una historia ficticia: les aplicamos tres electrodos falsos diciéndoles que íbamos a hacerles un electrocardiograma (ECG) para estudiar cómo la posición de los electrodos en el cuerpo afectaba al ritmo cardíaco. Y como en el primer experimento las probabilidades de ganar a los dados eran tan bajas, solo una entre seis, en el segundo las cambiamos por un 50 por ciento de probabilidades de ganar, por lo que el «riesgo» era más razonable.

También hicimos un cambio importante y decisivo: en esta ocasión no mediríamos solo los sentimientos y la disposición de los participantes a arriesgarse, sino además sus cambios hormonales. No olvides que en el capítulo 5 he señalado que la testosterona (la hormona de la asertividad) y el cortisol (la hormona del estrés) fluctúan en respuesta a los cambios del sentimiento de poder y del estatus de uno. A medida que la sensación de poder aumenta, el nivel de testosterona sube y el de cortisol baja en picado. Este perfil hormonal está asociado con un alto grado de asertividad y un bajo grado de ansiedad, la combinación ideal para fomentar un estado de presencia en los momentos difíciles.

Si las posturas poderosas les hacían sentir a los participantes de verdad más poderosos, si cambiaban realmente el estado fisiológico interno de los sujetos para que pudieran *ser* más (o menos) poderosos, en tal caso estas posturas también crearían cambios medibles en los niveles hormonales. Había llegado la hora de descubrirlo. Teníamos la hipótesis de que al adoptar posturas expansivas, los niveles de testosterona aumentarían y los de cortisol bajarían, y que al adoptar posturas contractivas los niveles de testosterona bajarían en picado y los de cortisol subirían.

Un pequeño estudio publicado en 2004 en la revista científica *Human Physiology* reveló las pruebas que respaldaban directamente nuestras predicciones. Los autores midieron los efectos físicos de adoptar «la cobra», una postura de hatha yoga muy expansiva, durante tres minutos aproximadamente.[237] Pruébala si lo deseas: tiéndete

---

237. R. S. Minvaleev, A. D. Nozdrachev, V. V. Kir'yanova y A. I. Ivanov, «Postural influences on the hormone level in healthy subjects: I. The cobra posture and steroid hormones», *Human Physiology, 20,* 2004, págs. 452-456.

bocabajo en el suelo con las piernas extendidas, la planta de los pies apuntando al techo, las manos apoyadas en el suelo, con las palmas debajo de los hombros, manteniendo los codos flexionados y pegados al torso. Estira luego los brazos, arqueando la parte superior del cuerpo —los hombros, el pecho y la barriga— al tiempo que la despegas del suelo y levantas la cabeza mirando ligeramente hacia arriba, como una cobra erguida. (En Internet encontrarás las imágenes de cómo adoptar la postura.) Se trata de una ligera flexión hacia atrás y no es una de las posturas más cómodas si no estás acostumbrado a hacerla.

Los investigadores deseaban descubrir los efectos de la postura de la cobra en los niveles hormonales existentes, como los que a nosotros nos interesaban, los de testosterona y cortisol.[238] De modo que les hicieron análisis de sangre a los participantes mientras adoptaban la postura y al cabo de poco de haberla estado manteniendo.

Y esto fue lo que descubrieron: todos los participantes del estudio mostraron un aumento de los niveles de testosterona y un descenso de los niveles de cortisol en el suero sanguíneo. De promedio, el nivel de testosterona subió un 16 por ciento y el de cortisol bajó un 11 por ciento, unos cambios estadísticamente importantes para ambas hormonas.

Estos fascinantes hallazgos revelaron que adoptar una sola postura expansiva produce importantes diferencias medibles en las hormonas relacionadas con la confianza y la ansiedad.[239] Pero ¿era posible que las posturas poderosas —adoptar simplemente posturas poderosas que no fueran de yoga— produjeran los mismos resultados que las yóguicas, posturas que, como has podido ver, se ha demostrado que

---

238. También observaron los índices de dehidroepiandrosterona (DHEA) y de aldosterona (que desempeñan un papel primordial en la regulación de la tensión arterial), pero los resultados no fueron claros, ya que algunos sujetos experimentaron cambios y otros no.

239. Incluso en las disciplinas más sencillas de yoga, la mayoría de las posturas son bastante complejas. Al adoptarlas se mueven muchas partes del cuerpo y todas tienen que alinearse adecuadamente. Las posturas se mantienen durante un determinado tiempo y también participan en ello los componentes de la respiración y el mindfulness. Aunque tal vez el yoga no sea, como estrategia práctica para obtener resultados rápidos, la opción más fácil para muchas personas en la mayoría de las situaciones.

son muy beneficiosas para la salud? ¿Y era posible que «las posturas sin poder» causaran el efecto contrario?

Para medir los cambios hormonales en nuestro experimento mis colegas y yo les hicimos análisis de saliva a los participantes antes y al cabo de quince o veinte minutos de manipularlos haciéndoles adoptar una postura poderosa.[240]

¿Qué fue lo que descubrimos? En nuestra muestra de mujeres y hombres, los que adoptaron posturas de alto poder mostraron un aumento de un 19 por ciento en los niveles de testosterona y un descenso de un 25 por ciento en los de cortisol. Los que adoptaron posturas de bajo poder mostraron el patrón contrario, el nivel de testosterona bajó un 10 por ciento y el de cortisol subió un 17 por ciento, el patrón exacto que habíamos previsto.

Además, como ocurrió en el primer experimento, el grado en el que las posturas afectaban a los sentimientos de poder o de falta de poder de los participantes era asombrosamente parecido. Lo mismo sucedió con la tolerancia al riesgo, cuando las probabilidades de ganar aumentaron el 50 por ciento. A pesar de haber aumentado la disposición de los participantes a apostar los dos dólares, la *diferencia* entre los que adoptaron posturas de alto poder y de bajo poder siguió siendo prácticamente la misma: el 86 por ciento de los que adoptaron posturas de alto poder frente al 60 por ciento de los que adoptaron posturas de bajo poder (una diferencia de 26 puntos en el porcentaje). Comparado con el 33 por ciento frente al 8 por ciento de participantes (una diferencia de 25 pun-

---

240. Los niveles hormonales se suelen medir en las muestras de sangre o de saliva. Si bien la primera alternativa es un análisis más prudente, los psicólogos sociales raras veces piden análisis de sangre, lo más habitual es que recurran a una muestra de saliva. Para medir adecuadamente los cambios en los niveles salivares de testosterona y cortisol en respuesta a estímulos, como las posturas poderosas, (1) el estudio se debe realizar por la tarde (debido a los cambios diurnos normales en estos niveles hormonales) y las muestras también deben tomarse a esa hora del día, (2) el experimentador deberá esperar al menos diez minutos después de que los participantes hayan llegado al laboratorio antes de tomarles la primera muestra de saliva, para que las hormonas vuelvan a sus niveles basales, y (3) dejar pasar de quince a veinte minutos después del estímulo para poder tomar la segunda muestra de saliva.

tos en el porcentaje) que estaban dispuestos a arriesgarse cuando las probabilidades eran una entre seis. Es decir, la disposición de los participantes a arriesgarse aumentó en la medida en que subieron las probabilidades de ganar, pero la diferencia absoluta entre los que adoptaron posturas de alto y de bajo poder siguió siendo la misma.

Nuestros primeros estudios nos proporcionaron pruebas sólidas de que adoptar posturas expansivas y abiertas —manifestaciones corporales de poder— no solo generaba cambios psicológicos y conductuales, sino que también alteraban el estado fisiológico de los sujetos. Todo esto coincide perfectamente con los conocidos efectos del poder.

No éramos los primeros psicólogos que investigábamos los efectos de adoptar posturas abiertas frente a posturas cerradas. A pesar de no haber relacionado las posturas con el poder o la presencia, el psicólogo John Riskind demostró en una serie de experimentos efectuados en la década de los ochenta, que mantener la espalda erguida en lugar de encorvarla tenía muchos beneficios. Al ponernos derechos nuestros sentimientos de confianza y autocontrol aumentan y nuestro estrés disminuye, somos más tenaces en la resolución de problemas e incluso reaccionamos con una actitud más constructiva a los comentarios sobre nuestra actuación.[241] A principios de los años noventa, Sabine Stepper y Fritz Strack (los investigadores que les hicieron sostener un lápiz en la boca a los participantes para que sonrieran) descubrieron que cuando nos felicitan por una tarea, la noticia nos produce más orgullo si la recibimos sentados con la espalda erguida en lugar de encorvada.[242]

---

241. J. H. Riskind y C. C. Gotay, «Physical posture: Could it have regulatory or feedback effects on motivation and emotion?», *Motivation and Emotion, 6,* 1982, págs. 273-298. J. H. Riskind, «They stoop to conquer: Guiding and self-regulatory functions of physical posture after success and failure», *Journal of Personality and Social Psychology, 47,* 1984, págs. 479-493.

242. S. Stepper y F. Strack, «Proprioceptive determinants of emotional and nonemotional feelings», *Journal of Personality and Social Psychology, 64,* 1993, págs. 211-220.

Y desde que se publicaron en 2010 nuestros primeros experimentos sobre las posturas poderosas hasta ahora, se han estado llevando a cabo numerosas investigaciones sobre este tema vinculadas con el fenómeno cuerpo-mente, y en su conjunto revelan los numerosos beneficios de las posturas expansivas y atrevidas y de una «buena» postura con la espalda erguida.

Las investigaciones de Riskind, como las que se han estado realizando desde entonces, revelan algo asombroso. No solo las posturas poderosas atrevidas producen un efecto, sino que incluso las expansivas de gran sutileza, como mantener una buena postura al sentarnos con la espalda derecha, producen también los mismos resultados. Es más, es evidente que los movimientos expansivos —e incluso la expansividad vocal, como hablar pausadamente— afectan a nuestra forma de pensar, sentir y comportarnos.

Al comportarte de manera poderosa, tus sentimientos, pensamientos, conductas y cuerpo transmiten una sensación de poder, lo cual te ayuda a estar presente (e incluso a rendir mejor) en situaciones tanto cotidianas como sumamente difíciles.

Te lo explicaré.

Los sentimientos

Los resultados de los experimentos que llevé a cabo con mis colegas para estudiar los efectos de las posturas poderosas en las hormonas son «pegadizos», como decimos en Psicología,[243] porque les fascinan a la gente. Yo también los encuentro fascinantes. Pero no son más que un elemento de algo mucho mayor. Tal vez el descubrimiento más importante y sólido sea que, como hemos demostrado en nuestros experimentos, al adoptar posturas expansivas y abiertas nos *sentimos*

---

243. El concepto de «idea pegadiza» es muy interesante, sobre todo en el contexto de la mercadotecnia. Para obtener más información sobre por qué algunas ideas son pegadizas y otras no, te aconsejo leer el libro de C. Heath y D. Heath, *Made to stick,* Random House, Nueva York, 2007.

mejor y más eficaces de diversas formas. Nos sentimos más poderosos, seguros y asertivos, menos estresados y ansiosos y más felices y optimistas.

En nuestros estudios, mis colegas y yo les pedimos a los participantes que nos cuenten lo que sienten después de haber adoptado posturas poderosas a través de una variedad de preguntas relacionadas con el poder personal. Con frecuencia, otros investigadores han usado métodos similares y se ha demostrado en muchas ocasiones los sentimientos conscientes de poder que suscitan esta clase de posturas.[244]

Pero los beneficios de las posturas poderosas se aprecian también a un nivel menos consciente. Por ejemplo, la psicóloga Li Huang y su equipo compararon los efectos de las posturas poderosas con los de las manipulaciones de poder tradicionales —la clase que describo en el capítulo 5— como la asignación de roles (el de jefe frente al de subordinado).[245] A cada participante se le asignó una situación con una postura de alto o de bajo poder, y una situación con un rol poderoso o sin poder. Para cambiar subrepticiamente la postura de los sujetos, Huang les contó que estaba realizando un estudio de mercadotecnia sobre sillas ergonómicas. En la situación de la postura expansiva (por ejemplo, de alto poder, asignada aleatoriamente), los sujetos se sentaban con un brazo apoyado en el reposabrazos y el otro sobre el respaldo de la silla de al lado. Huang también les indicó que cruzaran las piernas apoyando el tobillo sobre el muslo de la otra pierna, con la rodilla doblada apuntando hacia fuera. La postura se parecía a la de la figura 5 de nuestros experimentos. En la situación de la postura contractiva (por ejemplo, de bajo poder) los participantes se sentaban sobre las manos, con las piernas juntas y la espalda encorvada. Esta postura se parecía a la de la figura 7. A continuación,

244. Para un breve resumen de estos numerosos estudios, véase D. R. Carney, A. J. Cuddy y A. J. Yap, «Review and summary of research on the embodied effects of expansive (vs. contractive) nonverbal displays», *Psychological Science, 26,* 2015, págs. 657-663.

245. L. Huang, A. D. Galinsky, D. H. Gruenfeld y L. E. Guillory, «Powerful postures versus powerful roles: Which is the proximate correlate of thought and behavior?», *Psychological Science, 22,* 2011, págs. 95-102.

los investigadores les asignaron el papel de jefe (por ejemplo, de mucho poder) o de subordinado (por ejemplo, de poco poder). A los jefes les dijeron que dirigirían, evaluarían y recompensarían a los subordinados en una tarea compartida en la que resolverían un rompecabezas. A los subordinados les dijeron que serían dirigidos, evaluados y recompensados por los jefes en la tarea. (Ten en cuenta que la tarea nunca llegó a realizarse, el mero hecho de asignarles sus respectivos papeles bastó para manipular la sensación de poder.)

Después de la manipulación de los roles, se midió la sensación inconsciente de poder de los sujetos —el grado en que el concepto de poder se había «activado» o vuelto «accesible» cognitivamente—, haciéndoles completar series de palabras incompletas, todas se podían completar con una palabra relacionada con el poder o con otra que no tuviera nada que ver con él, como «di_ir» (la palabra *dirigir* está relacionada con el poder; la palabra *digerir* no lo está). Se les pidió que completaran las palabras incompletas con «la primera palabra que les viniera a la cabeza».

Si bien al adoptar tanto una postura poderosa como un rol poderoso aumenta la sensación consciente de poder, Huang descubrió que solo la postura —pero no el rol— afectaba a los sentimientos inconscientes de poder. Las posturas expansivas hacían que los participantes completaran más las palabras con términos relacionados con el poder, con lo que reflejaban la activación inconsciente de sentimientos poderosos. Como Huang escribe: «Nuestros experimentos demuestran que las posturas producen un mayor efecto que los roles poderosos en las manifestaciones de poder conductuales y psicológicas y... reafirman la idea de que el poder se expresa, o basa, en los estados corporales. Para pensar y actuar como una persona poderosa no es necesario ejercer un rol poderoso o recordar haber desempeñado uno». Es decir, una simple postura corporal, mantenida solo un par de minutos, produce una reacción con efectos más fuertes que recibir un rol poderoso... Lo cual es muy apasionante.

¿Los efectos de las posturas poderosas se producen también en otras culturas? Para descubrirlo la psicóloga Lora Park y sus colegas realizaron un estudio intercultural para comparar muestras de sujetos estadounidenses con otras de sujetos asiáticos. En muchas culturas del este de Asia no está bien visto exhibir un lenguaje corporal dominante en lugares públicos, lo cual sugiere que las posturas poderosas no funcionan en las personas de estas culturas. Por otro lado, dada la asociación universal entre posturas expansivas y la dominación —alrededor del mundo e incluso en el reino animal— sería de esperar que las posturas poderosas (sobre todo cuando se adoptan en privado) funcionen en todas partes.

Y en efecto, Park descubrió que tanto los participantes americanos como los asiáticos del Este experimentaban un subidón de confianza después de adoptar la postura expansiva de apoyar las manos separadas en un escritorio, que yo y mis colegas usamos en nuestros estudios, y la de sentarse con la espalda derecha que Huang usó en los suyos.

Sin embargo, dadas las diferencias culturales en los tipos de manifestaciones no verbales consideradas adecuadas, también se deben respetar ciertos matices, ya que algunas posturas funcionan mejor que otras para ciertas personas. Park descubrió que entre su muestra de asiáticos del Este, una postura en concreto, la de sentarse con los pies sobre el escritorio y las manos unidas en la nuca con los codos apuntando hacia los lados, no les hacía sentir a los participantes más poderosos ni inclinados a la acción.

¿Por qué no?

Podría deberse a que los asiáticos del Este expresan su expansividad física en un eje vertical, mientras que los occidentales la expresan en un eje horizontal. Las posturas poderosas de los asiáticos del Este se reflejan, por ejemplo, en sus decisiones de si sentarse o quedarse en pie, en lo bajo que se inclinan, en hasta qué punto levantan una copa durante un brindis y en otros factores parecidos. La psicóloga cultural Seinenu Thein descubrió que en algunas partes de Birmania se espera que los niños mantengan la cabeza por debajo de la de sus mayores. Un niño birmano permanece sentado en el suelo hasta que sus padres se levantan de la cama por la mañana. Cuando un monje entra en una casa y se sienta en una silla, se espera que los niños y los adultos se sienten en el suelo. El lugar que cada cual ocupa en la jerarquía social parece determinar el grado de verticalidad: una baja expansión vertical refleja una posición social baja.[246]

Si bien los occidentales se sienten a sus anchas con las posturas expansivas horizontalmente, como poner los pies sobre una mesa o hacer un amplio gesto separando los brazos de los costados, en las culturas asiáticas del Este las manifestaciones públicas que son expansivas horizontalmente se consideran socialmente inapropiadas o groseras. Si buscas en Google una simple imagen de un «director ejecutivo americano» y de un «director ejecutivo japonés» verás que esta observación es cierta. Los descubrimientos de Park tienen sentido: a alguien procedente de la cultura asiática del Este le parecerá molesta y desconcertante la postura de sentarse con los pies apoyados sobre un escritorio, en la que el cuerpo se encuentra casi por completo en una expansión horizontal. Como Park y sus coautores explicaron, esta postura «era percibida tanto por los americanos como por los asiáticos del Este como la menos compatible con las normas culturales de modestia, humildad y recato de la cultura asiática del Este... los efectos de la postura dependen tanto del tipo de postura como de su significado simbólico en una cultura».

Las posturas expansivas también reducen la ansiedad y nos ayudan a manejar el estrés. John Riskind descubrió en su investigación que los «individuos que encorvan la espalda ante una amenaza expresan verbalmente un mayor estrés que los que mantienen posturas relajadas». Cuando recibimos una opinión negativa mientras mantenemos una postura expansiva, las críticas tienden menos a socavar la idea de que somos nosotros —y no los demás— los que controlamos nuestro destino.[247] La situación no nos afecta tanto.

---

246. S. M. Thein, *Embodied foundations of the self: Food, grooming, and cultural pathways of human development in Burma-Myanmar and the United States* (UCLA: tesis de psicología 0780), 2013, procedente de https://escholarship.org/uc/item/6n09v64m.

247. Riskind, «They stoop to conquer».

Otro ejemplo procede de los investigadores de la Universidad de Auckland. En un experimento les dijeron a los participantes que estaban estudiando cómo las vendas deportivas afectaban la fisiología, el estado de ánimo y el rendimiento.[248] A continuación, se las aplicaron en la espalda de un modo que les ayudaban a mantenerla derecha o encorvada. Luego les pidieron que hicieran en estas posturas una versión del test de Trier para la evaluación del estrés social, una tarea que, como has visto, se ha usado en varios experimentos descritos en este libro. Consistía en prepararse una respuesta de cinco minutos sobre por qué eran los mejores candidatos para el trabajo de sus sueños con el fin de presentársela a un equipo de jueces de una impasibilidad desconcertante. Pero al contrario de los participantes de nuestros estudios sobre posturas poderosas, tenían que hacerlo manteniendo esas sutiles posturas —por ejemplo, posturas expansivas o contractivas, como sentarse con la espalda erguida o encorvada (véanse las figuras 11 y 12)—. Después tenían que puntuar su estado de ánimo, su autoestima y hasta qué punto les había intimidado la situación; es decir, lo asustados que creían haber estado en los distintos escenarios intimidantes. Comparados con los participantes sentados con la espalda encorvada, los de la espalda recta se sentían más entusiastas y fuertes y menos nerviosos. Dijeron haber sentido menos miedo y una mayor autoestima.

El contenido de su respuesta también fue distinto. Los de la espalda erguida usaron menos palabras negativas y más palabras positivas, lo cual coincide con otros descubrimientos que hemos visto, pero también usaron menos pronombres en primera persona, como *yo* y *mí*. Hablaron menos de ellos mismos, reflejaron estar menos preocupados por la imagen que darían y gozaron de una mayor libertad para implicarse en lo que estaba ocurriendo en ese difícil momento. En realidad, una serie de estudios dirigidos por los psicólogos sociales Ewa Kacewicz, James Pennebaker y sus colegas revelaron que cuanto más decimos «yo», me-

---

248. S. Nair, M. Sagar, J. Sollers III, N. Consedine y E. Broadbent, «Do slumped and upright postures affect stress responses? A randomized trial», *Health Psychology*, 34, 2015, págs. 632-641.

nos poderosos y seguros nos sentimos. Como Pennebaker explicó en una entrevista de *The Wall Street Journal,* «Circula la falsa idea de que las personas seguras, con poder y de alta posición social dicen "yo" más a menudo que las de una posición social baja... Pero no es así en absoluto. Las personas de una buena posición social tienen la mirada puesta en el mundo y las de baja posición en sí mismas».[249]

Posturas sedentes con la espalda erguida y encorvada

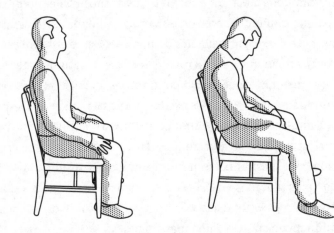

En el año 2014, el profesor de Psicología Johannes Michalak de la Universidad Witten/Herdecke en Alemania dirigió un estudio con treinta pacientes ingresados con depresión clínica a los que se les asignó al azar sentarse con la espalda recta o encorvada.[250] Luego les mos-

249. E. Kacewicz, J. W. Pennebaker, M. Davis, M. Jeon y A. C. Graesser, «Pronoun use reflects standings in social hierarchies», *Journal of Language and Social Psychology, 33* (2), 2014, págs. 125-143. E. Bernstein, «A tiny pronoun says a lot about you: How often you say "I" says a lot more than you realize», 7 de octubre de 2013, *Wall Street Journal,* procedente de www.wsj.com/articles/SB10001424052702304626104579121371885556 170.

250. J. Michalak, J. Mischnat y T. Teismann, «Sitting posture makes a difference — Embodiment effects on depressive memory bias», *Clinical Psychology & Psychotherapy, 21,* 2014, págs. 519-524.

traron en la pantalla de un ordenador treinta y dos palabras, la mitad eran positivas (por ejemplo, *belleza, placentero*) y la otra mitad estaban relacionadas con la depresión (por ejemplo, *agotamiento, abatido*). Más tarde realizaron un test memorístico sobre estas palabras. Los participantes que se habían sentado con la espalda encorvada recordaron muchas más palabras relacionadas con la depresión que las positivas. En cambio, los pacientes que se sentaron con la espalda recta no mostraron esta tendencia y recordaron la misma cantidad de palabras tanto positivas como negativas. Michalak sugiere que enseñar a los pacientes deprimidos «a cambiar la postura disfuncional o los patrones de movimientos habituales... podría reducir este procesamiento de la información con una tendencia negativa» y que «enseñarles a ser conscientes de su cuerpo podría ser útil, ya que favorece la comprensión intuitiva de la interacción entre los procesos corporales y los emocionales».

Michalak, que también ha estudiado el modo de andar de las personas deprimidas —no es extraño que manifiesten un menor balanceo de brazos y de movimiento de la cabeza, y una postura más encorvada—, se preguntaba si esto no sería el resultado y la causa al mismo tiempo del estado de ánimo. Para intentar resolver esta cuestión (que constituye todo un reto metodológicamente, ya que después de todo ¿cómo consigues que alguien camine de una forma deprimida o feliz?), decidió formar un equipo con nuestro colaborador Niko Troje, el biólogo que dirige el Laboratorio BioMotion de la Universidad de Queen (Ontario) (véase la página 178).[251] Te describiré paso a paso su estudio sobre el andar (el juego de palabras ha sido intencionado).

Después de que los participantes llegaran al laboratorio, les aplicaron unos sensores de movimiento en las áreas más móviles de su cuerpo, como las articulaciones, los pies y las manos. A continuación, les pidieron que caminaran sobre una cinta y tras haber estado haciéndo-

251. J. Michalak, K. Rohde y N. F. Troje, «How we walk affects what we remember: Gait modifications through biofeedback change negative affective memory bias», *Journal of Behavior Therapy and Experimental Psychoatry, 46*, 2015, págs. 121-125.

lo seis minutos, apareció en una pantalla que había frente a ellos una gran escala horizontal en la que un cursor señalaba el estado de *una determinada cualidad* del movimiento del sujeto... pero no les dijeron cuál era esa cualidad. A decir verdad, lo único que les contaron es que la finalidad del estudio era descubrir si la gente podía adaptar su forma de caminar a una reacción o «biorreacción» en tiempo real.

Los participantes no sabían lo que la escala registraba, pero el cursor se movía a la derecha o a la izquierda a medida que cambiaba su modo de andar. El experimentador les pidió luego que adaptaran su forma de andar para que el cursor se moviera lo máximo posible a la derecha o a la izquierda, sin explicarles cómo hacerlo. Pero lo que no sabían es que un extremo correspondía a la forma de andar característica de la felicidad (en una postura erguida y expansiva dinámicamente), y el otro a la forma de andar característica de la tristeza (en una postura encorvada y menos dinámica). Además, como algunas personas tienen asociaciones tendenciosas con los conceptos de derecha e izquierda, los extremos se equilibraron haciendo que para algunos participantes el andar feliz estuviera a la derecha y el deprimido a la izquierda, y en otros el feliz estuviera a la izquierda y el deprimido a la derecha.

Al cabo de un minuto, más o menos, la mayoría de los participantes ya habían aprendido a mover y mantener el cursor para que se mantuviera en el extremo derecho o izquierdo, como les habían indicado, a pesar de no saber todavía lo que la escala representaba. Unos minutos más tarde les pidieron que leyeran una serie de palabras positivas y negativas y que decidieran cuáles les describían mejor, y que luego volvieran a caminar en la cinta ocho minutos más. A continuación, les pidieron que recordaran las palabras. Y como te habrás imaginado, si a un participante le habían asignado (sin saberlo él explícitamente) caminar de manera feliz, tendía a recordar muchas de las palabras positivas y pocas de las negativas, demostrando con ello una tendencia memorística emocional. Por desgracia, también se dio lo contrario: a los sujetos que les asignaron caminar de un modo triste mostraron una tendencia memorística que favorecía las palabras negativas, inclinación que se ha demostrado en muchas ocasiones en pacientes con depresiones clínicas.

Los movimientos, como las posturas, le dicen al cerebro cómo se siente e incluso condicionan lo que recuerda. A medida que nuestro modo de andar se vuelve más abierto, erguido y optimista, a los recuerdos que tenemos de nosotros mismos también les ocurre lo mismo.

Como he mencionado en el capítulo 6, cuando nos sentimos poderosos hasta nuestra voz se expande y ocupa más espacio que cuando nos sentimos impotentes. Las psicólogas Lucia Guillory y Deborah Gruenfeld de la Universidad de Stanford se refieren a ello como «una manera de reclamar el espacio social». No hablamos precipitadamente. No tememos hacer pausas. Sentimos que nos merecemos el tiempo que empleamos en hablar. Incluso establecemos un contacto visual más directo con nuestro interlocutor. Guillory y Gruenfeld sugieren que hablar pausadamente demuestra una especie de apertura: «Cuando hablamos con lentitud nos arriesgamos a ser interrumpidos. Estamos reflejando que no tememos que nos interrumpan. Los que hablan pausadamente tienen más posibilidades de ser oídos con claridad y entendidos. También ocupan el tiempo de aquellos con los que se comunican».

Las dos científicas predijeron además que hablar con lentitud produciría los mismos efectos vinculados con la reacción cuerpo-mente que los de las posturas expansivas, y llevaron a cabo estudios para comprobar esta hipótesis. Los participantes leyeron en voz alta una serie de frases a distintas velocidades, controladas por la rapidez con la que iba apareciendo el texto en la pantalla de un ordenador, y a continuación les hicieron una serie de preguntas concebidas para descubrir lo poderosos, seguros y eficientes que se sentían.[252] Por ejemplo, les pidieron que

---

252. L. E. Guillory y D. H. Gruenfeld, «Fake it till you make it: How acting powerful leads to feeling empowered», 2010. Manuscrito en preparación.

puntuaran, en una escala del 1 al 7, hasta qué punto estaban de acuerdo con afirmaciones como: «Sé que, aunque diga lo que pienso, de nada me servirá». Al final resultó ser que la velocidad a la que hablaban era proporcionalmente inversa a lo poderosos que se sentían. Es decir, cuanto más despacio leían las oraciones, más poderosos, seguros y eficientes se sentían después. En cierto sentido, hablar sin prisas nos da el tiempo para comunicarnos con claridad, sin que la incontrolable ansiedad social nos impida presentarnos tal como somos.

Expandir tu lenguaje corporal —con las posturas, los movimientos y las palabras— te hace sentir más seguro y poderoso, menos ansioso y absorto en ti y, por lo general, más positivo.

Los pensamientos

Las posturas no solo condicionan cómo nos sentimos, sino también lo que pensamos sobre nosotros mismos: desde nuestras autodescripciones hasta la certeza y la soltura con las que las adquirimos. Y estas ideas sobre nosotros mismos pueden estimular o entorpecer nuestra capacidad para conectar con la gente, para desempeñar nuestro trabajo y, a un nivel más cotidiano, para estar presentes.

Jamini Kwon, una estudiante de doctorado de la Universidad Nacional de Seúl, se sintió interesada en estudiar la conexión cuerpo-mente después de estar varios meses postrada en cama luchando con una extraña parálisis parcial causada por los medicamentos; en aquella época estudiaba en la Universidad de Columbia y desarrolló una neuralgia del trigémino. El nervio trigémino transmite las sensaciones de la cara al cerebro. Cuando se daña puede causar un dolor insoportable, incluso en respuesta a los estímulos más ligeros, como cepillarse los dientes y maquillarse. «Me dolía tanto que apenas podía beber agua», dijo. «Perdí casi quince kilos.»

Se pasó mucho tiempo en cama. El dolor, combinado con el cambio repentino de pasar de una postura erguida y abierta a otra tendida y cerrada de autoprotección, hizo que le costara desprenderse de los pensamientos autodestructivos que aumentaban su sensación de desesperanza. «Cuando permanecía en la cama sin moverme, me sentía cansada y deprimida todo el tiempo».

Pero lentamente fue recuperando un poco la movilidad y empezó con mucha cautela a estar levantada y activa. Volvió a pintar —una pasión a la que había renunciado debido a su enfermedad—, lo cual la obligó a abandonar la postura contractiva que había estado manteniendo durante tanto tiempo. «Normalmente trabajo con lienzos enormes, por eso volver a pintar me exigía estar de pie y trazar amplios movimientos con los brazos», afirmó.

Volver a moverse no solo la ayudó a recuperarse física, sino también psicológicamente. «Esta "encarnación cognitiva" me dio vida. Creo firmemente que podemos cambiar nuestros procesos cognitivos por medio de nuestro cuerpo». Quiero dejar claro, sin embargo, que las discapacidades físicas no nos abocan a una vida de depresión, desesperanza e impotencia. La experiencia de la que Kwon habla se dio al poco tiempo de aparecer los síntomas, algo bastante común, y la tremenda ambigüedad que había en torno al diagnóstico y el pronóstico de su enfermedad probablemente exacerbaron esos sentimientos. Las personas con discapacidades físicas encuentran muchas formas de adaptarse y progresar, un tema que retomaré más adelante en este capítulo.

Al integrar lo que había aprendido en los cursos con su vivencia personal, se empezó a interesar sobre todo en cómo las posturas condicionan nuestros pensamientos sobre nosotros mismos y nuestras capacidades, y cómo esos pensamientos reducen o estimulan la creatividad. Realizó experimentos sobre los efectos de las posturas sin poder que tanto se había acostumbrado a mantener, comparándolas con las posturas neutras en lugar de con las poderosas. En sus estudios, las posturas carentes de poder reducían notablemente la tenacidad y la creatividad a la hora de intentar resolver problemas complejos debido al aumento de pensamientos autocríticos, tales como «Soy una nulidad» y «Pierdo la confianza fácilmente».[253]

---

253. J. Kwon y S. Y. Kim, «The effect of posture on stress and self-esteem: Comparing contractive and neutral postures», 2015. Manuscrito inédito.

Es decir, adoptar posturas sin poder temporalmente aumentaba los pensamientos negativos que uno tenía sobre sí mismo, frenando el empuje para encarar retos y entorpeciendo la creatividad. Las personas que adoptaban posturas neutras no estaban cavilando sobre sus malas cualidades, sino pensando en la tarea que tenían entre manos. Vivían el presente en lugar de estar atrapadas en su cabeza o en un futuro imaginado arruinado por las consecuencias de su fracaso inminente.

Otros investigadores han descubierto efectos similares de las posturas en la autoimagen. Erik Peper, profesor de salud holística en la Universidad Estatal de San Francisco, ha estado estudiando la relación cuerpo-mente durante más de treinta años. En un estudio que dirigió con la psicóloga deportiva Vietta Wilson, los participantes adoptaron dos posturas —una con la espalda encorvada y otra con la espalda erguida— durante un minuto cada una mientras rememoraban recuerdos o episodios positivos del pasado. A la gran mayoría de los sujetos —el 92 por ciento— les resultó más fácil recordar pensamientos dichosos y optimistas mientras estaban sentados con la espalda recta.[254]

Riskind se refirió a ello como «congruencia»: es más fácil evocar recuerdos positivos cuando mantenemos posturas positivas que cuando adoptamos posturas negativas, como Michalak demostró en el experimento sobre el caminar. Los recuerdos positivos y las posturas positivas coinciden. Son —para citar la palabra que he usado en el primer capítulo— sincrónicos. Y cuando nos es más fácil recuperar recuerdos positivos sobre nosotros mismos, también nos es más fácil cobijar esas ideas en el presente y el futuro. Nos sentimos optimistas sobre nosotros mismos.

Pablo Briñol, profesor de psicología en la Universidad Autónoma de Madrid, llevó a cabo, junto con su equipo de investigadores, un estudio similar.[255] Les pidieron a los participantes que se sentaran con la espalda

---

254. V. E. Wilson y E. Peper, «The effects of upright and slumped postures on the recall of positive and negative thoughts», *Applied Psychophysiology and Biofeedback, 29,* 2004, págs. 189-195.

255. P. Briñol, R. E. Petty y B. Wagner, «Body posture effects on self-evaluation: A self-validation approach», *European Journal of Social Psychology, 39,* 2009, págs. 1053-1064.

erguida y sacando pecho, o con la espalda encorvada y mirando a las rodillas. (¡Inténtalo!) Mientras mantenían estas posturas varios minutos, les pidieron que se describieran a sí mismos con tres rasgos positivos o tres rasgos negativos que les ayudaran o perjudicaran en su futura vida profesional. Al final del estudio, después de indicarles que podían relajarse y volver a adoptar sus posturas habituales, rellenaron un cuestionario en el que puntuaron su potencial para desempeñar adecuadamente su profesión en el futuro.

Los investigadores descubrieron que la forma en que los estudiantes se puntuaban a sí mismos dependía de las posturas que habían adoptado al describirse con tres rasgos. A los que mantuvieron la espalda derecha no solo les resultó más fácil tener pensamientos positivos y fortalecedores sobre ellos mismos, sino que además creían con mayor firmeza en los rasgos enumerados. En cambio, los de la espalda encorvada no estaban convencidos de sus rasgos positivos ni negativos, e incluso se esforzaban en saber cuáles eran.

Como he señalado en el capítulo 5, a las personas poderosas también les resulta más fácil pensar en abstracto: extraer lo esencial de un mensaje, integrar la información y ver los patrones y las relaciones existentes en las ideas. Lo mismo les ocurre a los que adoptan durante un par de minutos una postura poderosa. Li Huang, que realizó estudios sobre las posturas frente a los roles, midió también los efectos que tenían sobre el pensamiento abstracto usando la tarea perceptiva de combinar imágenes fragmentadas y ambiguas de objetos para componer una imagen formada de distintas piezas. Los participantes que adoptaron las posturas poderosas no solo sobrepasaron a los de las posturas y los roles sin poder, sino también a los de los roles poderosos, fueron los que revelaron una mayor agilidad para el pensamiento abstracto.

El concepto del pensamiento abstracto es abstracto de por sí y tal vez no se aprecien con claridad los beneficios de ser un buen pensador abstracto. Pero te lo ilustraré en un contexto social evaluativo para que lo entiendas mejor: en una negociación estresante tienes que escuchar una profusión de ideas y opiniones e integrarlas, y algunas las oirás por primera vez, y además deberás responder eficientemente a ellas. Asimilar diversos fragmentos divergentes de información, extraer su esencia e integrarlos de forma que tengan sentido —rápidamente— es, sin duda, un elemento fundamental de la presencia en situaciones estresantes, desde dar clases en una facultad hasta participar en la reunión de una sala de juntas y en cualquier otra coyuntura que se encuentre entre ambos extremos.

Al expandir el cuerpo piensas en ti con una actitud positiva y crees en la idea que tienes de ti. Tu cabeza también se despeja, lo cual favorece la creatividad, la tenacidad cognitiva y el pensamiento abstracto.

Las acciones

Las posturas poderosas activan el sistema conductual del emprendimiento (véase la página 130), el sistema que hace que seamos más proclives a hacernos valer, actuar y aprovechar las oportunidades, a arriesgarnos y persistir. Y esta inclinación a actuar va más allá de echar los dados en un laboratorio.

En un estudio sobre los efectos del lenguaje corporal en la capacidad de liderazgo dirigido por psicólogos de la Universidad Coastal Carolina, les pidieron a los participantes que se sentaran solamente durante un minuto en una postura abierta y erguida o con la espalda encorvada. A continuación, les preguntaron en qué lugar de la mesa les gustaría sentarse para realizar una tarea conjunta. Los de la espalda recta decidieron ocupar sistemáticamente la cabecera de la mesa; en cambio, los de la espalda encorvada lo evitaron. Como los autores concluyeron: «Adoptar una postura erguida momentos antes de participar en entrevistas importantes, reuniones laborales, tareas y decisiones, refuerza la percepción individual de liderazgo».[256] A veces sus efectos son incluso más sutiles: investigadores japoneses

---

256. S. L. Arnette y T. F. Pettijohn II, «The effects of posture on self-perceived leadership», *International Journal of Business and Social Science, 3,* 2012, págs. 8-13.

descubrieron que los escolares que se sentaban en una buena postura rendían más en las tareas de escritura que sus otros compañeros de clase.[257] Una buena postura aumenta la sensación de «estar lleno de energía», por lo que nos es más fácil mantenernos activos en general.[258]

La psicóloga Jill Allen y sus colegas se preguntaron si las posturas expansivas ayudarían a los pacientes con trastornos alimenticios, una afección en la que se reduce destructivamente el consumo necesario de calorías debido a las preocupaciones negativas sobre la propia imagen. En su estudio, las mujeres con síntomas de trastornos alimenticios adoptaron posturas poderosas, neutras o contractivas durante varios minutos. Las que adoptaron posturas poderosas se liberaron de sus preocupaciones sobre su cuerpo y demostraron ser capaces de comer de una forma menos limitada y consumir una cantidad más sana de calorías. De hecho, incluso descubrieron que las posturas expansivas adoptadas de manera *natural* estaban asociadas con comer con una menor contención en las mujeres y que las posturas contractivas adoptadas de manera espontánea estaban vinculadas con comer con una mayor contención. Titularon su artículo «Sentarse bien para comer bien».[259]

Las acciones prosociales —las que benefician a los demás— exigen el valor de tener una actitud mental emprendedora. Por ejemplo, después de adoptar una postura poderosa o sin poder, al preguntarles a los participantes hasta qué punto estaban dispuestos a actuar en varios escenarios prosociales, como por ejemplo abandonar el lugar donde se había estrellado un avión para ir en busca de ayuda o unirse

---

257. W. Noda y J. Tanaka-Matsumi, «Effect of a classroom-based behavioral intervention package on the improvement of children's sitting posture in Japan», *Behavior Modification, 33*, 2009, págs. 263-273.

258. E. Peper y I. M. Lin, «Increase or decrease depression: How body postures influence your energy level», *Biofeedback, 40*, 2012, págs. 125-130.

259. J. Allen, S. J. Gervais y J. Smith, «Sit big to eat big: The interaction of body posture and body concern on restrained eating», *Psychology of Women Quarterly, 37*, 2013, págs. 325-336.

a un movimiento para la liberación de una persona encarcelada injustamente. Los que adoptaron posturas poderosas fueron mucho más proclives que el resto a desear ayudar en estos escenarios hipotéticos.[260]

Como Jamini Kwon —la estudiante que empezó a pintar después de luchar con su parálisis temporal— reveló en su investigación, las posturas contractivas nos impiden afrontar los retos con tenacidad. En realidad, las posturas sin poder y cerradas además de socavar la tenacidad, aumentan la indefensión aprendida, el proceso en el que evitamos los retos del pasado suponiendo que seremos incapaces de superarlos. Es posible que en tiempos primitivos las posturas carentes de poder nos ayudaran a escondernos de los depredadores o a mostrarnos sumisos ante alfas peligrosos y volubles, pero no es fácil encontrar pruebas de que nos sigan beneficiando en la actualidad, en el siglo XXI.

Expandir el cuerpo te permite ser emprendedor, activo y persistente.

El cuerpo

El cuerpo influye en la mente y la mente influye en la conducta. Pero el cuerpo también se dirige a sí mismo.

La presencia suele surgir con lo físico, manifestándose y perdurando. Cuando nos sentimos amenazados o angustiados, tendemos más a desear luchar o huir, y ambas cosas, de distinta manera, nos impiden estar presentes. Huir no nos permite vivir el momento porque nos hemos ido de allí en todos los sentidos, y luchar tampoco nos permite estar presentes, ya que nos sentimos demasiado amenazados o enfurecidos como para asimilar lo que está ocurriendo realmente en el presente y responder a ello.

---

260. L. E. Park, L. Streamer, L. Huang y A. D. Galinsky, «Stand tall, but don't put your feet up: Universal and culturally-specific effects of expansive postures on power», *Journal of Experimental Social Psychology, 48,* 2013, págs. 965-971.

Las posturas no verbales nos preparan el cuerpo para estar presentes. Las hormonas son uno de los mecanismos a través de los cuales se da este proceso. Además, como ya he mencionado en el capítulo 7, el simple acto de cambiar nuestra forma de respirar puede alterar notablemente la actividad del sistema nervioso, lo cual reduce la respuesta hiperactiva de lucha o huida o bien aumenta la sensación de fuerza. Pero estas no son las únicas formas en que las posturas poderosas preparan el cuerpo para ser fuerte y vivir el presente.

Las psicólogas Eun Hee Lee y Simone Schnall de la Universidad de Cambridge dirigieron un experimento en el que les pidieron a los participantes que sostuvieran unas cajas que pesaban varios kilos cada una, antes y después de adoptar posturas de alto o de bajo poder. Las cajas les parecieron mucho más livianas a los participantes después de adoptar una postura expansiva, probablemente porque se acostumbraron al peso de la caja (es decir, cuando no adoptaban una postura de alto ni de bajo poder, también percibían las cajas más livianas la segunda vez). En cambio, mantener una postura contenida eliminaba este efecto de la habituación y las cajas les pesaban a los participantes lo mismo tanto antes como después de adoptar la postura.[261]

No te sorprenderá descubrir que los psicólogos deportivos están interesados en especial en cómo los atletas pueden usar el lenguaje corporal para mejorar su rendimiento. En un estudio de 2008 sobre el lenguaje corporal y el éxito en el lanzamiento de penaltis, las psicólogas deportivas Geir Jordet y Esther Hartman visionaron todos los penaltis lanzados en la Copa Mundial, los campeonatos europeos y la liga de campeones de la UEFA, un total de treinta y seis penaltis. Los futbolistas que mostraban un lenguaje corporal apresurado y de evitación momentos antes de lanzar un penalti (por ejemplo, el futbolista no mantenía contacto visual con el portero), tenían muchas menos posibilidades de marcar el penalti. Las autoras concluyeron que esta

261. E. H. Lee y S. Schnall, «The influence of social power on weight perception», *Journal of Experimental Psychology: General»*, *143*, 2014, págs. 1719-1725.

conducta no verbal de evitación hacía que los atletas se achicaran y bloquearan bajo presión.[262]

El lenguaje corporal expansivo aumenta nuestra sensación de fuerza física y de destreza; el lenguaje corporal contractivo la reduce.

Expandir tu cuerpo fisiológicamente te prepara para estar presente, hace que no te dejes llevar por tu instinto de luchar o huir, y permite que te mantengas centrado, abierto e involucrado.

El dolor

Las posturas poderosas nos hacen sentir más fuertes. ¿Pueden aumentar nuestra sensación de bienestar físico de otras maneras? Dado que el dolor es tanto una experiencia física como psicológica (hecho que se ha demostrado en muchas disciplinas científicas), ¿existe una conexión entre la postura y el dolor?

Para averiguarlo, los psicólogos Vanessa Bohns y Scott Wiltermuth registraron los cambios en el umbral del dolor experimentados por los sujetos antes y después de adoptar posturas dominantes, sumisas o neutras. Valiéndose de una técnica conocida como «prueba del torniquete», monitorizaron el umbral del dolor de los participantes en cuanto llegaron al laboratorio: les colocaban un manguito de presión arterial alrededor del brazo y lo hinchaban a un ritmo determinado hasta que el participante indicaba que dejaran de hincharlo cuando le empezaba a apretar demasiado. Inmediatamente después de esta primera lectura, les pedían que adoptaran la postura asignada al azar durante veinte segundos, y a continuación volvían a medirles el umbral del dolor.[263] Como los investigadores habían previsto, los

262. G. Jordet y E. Hartman, «Avoidance motivation and choking under pressure in soccer penalty shootouts», *Journal of Sport and Exercise Psychology, 30* (4), 2008, págs. 450-457.

263. V. K. Bohns y S. S. Wiltermuth, «It hurts when I do this (or you do that): Posture and pain tolerance», *Journal of Experimental Social Psychology, 48,* 2012, págs. 341-345.

que adoptaron la postura dominante (pies separados y brazos en cruz) fueron más resistentes al dolor que los de la postura sumisa (arrodillados con las nalgas apoyadas sobre los tobillos y las manos en el regazo) y los de la postura neutra (simplemente de pie con los brazos colgando a los lados).

Expandir el cuerpo te hace más resistente al dolor físico.

El rendimiento y la presencia

Todos estos efectos del lenguaje corporal expansivo —aumento de la sensación de poder, confianza y optimismo, disminución de la sensación de estrés, fomento de una actitud positiva en cuanto a la autoimagen, favorecimiento de la asertividad, la acción y la tenacidad ante los retos, y fortalecimiento del cuerpo, lo que le ayuda a mantenerse centrado—, también nos permiten estar presentes en las situaciones más difíciles.

Pero ¿perciben nuestro estado de presencia aquellos con los que interactuamos? ¿Y mejora realmente nuestro rendimiento de un modo evaluable? Mis colaboradores y yo —Caroline Wilmuth, Dana Carney y Andy Yap— previmos que así era. Sobre todo teníamos la hipótesis de que adoptar posturas preparatorias *antes* de las entrevistas de trabajo estresantes mejoraría el estado de presencia de uno, por lo que las valoraciones sobre la actuación del candidato serían más favorables y este tendría más probabilidades de que lo contrataran.[264] ¿Por qué las posturas se adoptaban antes? Porque como ya he explicado, mantener posturas poderosas de forma evidente *durante* las interacciones sociales suele ser contraproducente, ya que además de resultar extraño, incomoda a los demás. Imagínate que te reúnes con alguien mientras esa persona está con los brazos alzados en la postura de la victoria o sentada con los

---

264. A. C. Cuddy, C. A. Wilmuth, A. J. Yap y D. R. Carney, «Preparatory power posing affects nonverbal presence and job interview performance», *Journal of Applied Psychology, 100*, 2015, págs. 1286-1295.

pies sobre el escritorio y las manos unidas en la nuca con los codos apuntando a los lados. Ahora imagínate a una candidata adoptando esta postura mientras le haces la entrevista de trabajo...

Después de llegar al laboratorio, les comunicábamos a los sujetos que participarían en una intensa entrevista simulada para obtener el trabajo con el que soñaban. ¿Recuerdas el estudio del capítulo 1? Aquí también usamos un paradigma similar. Los sujetos tenían tan solo cinco minutos para prepararse la respuesta a la pregunta: «¿Por qué deberíamos contratarte?» Les dijimos que presentaran sus respuestas a modo de argumentación a dos entrevistadores formados para ello que los valorarían. También les dijimos que grabaríamos la entrevista para que otro equipo de expertos la juzgara más tarde. Y les advertimos que no dieran una imagen falsa de sí mismos y que tenían que hablar durante cinco minutos.

A los dos investigadores que harían de jueces —llevaban una bata blanca y una tablilla con sujetapapeles en la mano—, les habían indicado que no mostraran ningún tipo de reacción, simplemente debían mantener una expresión neutra. Como se sabe de otros estudios, no recibir ninguna reacción de la persona que escucha es más perturbador que recibir una respuesta negativa.

Mientras los participantes preparaban su respuesta, les pedimos que adoptaran una postura de alto o de bajo poder como las que habíamos usado en estudios anteriores. Hicieron la postura asignada antes de la entrevista y no durante esta, una característica fundamental de este estudio. Cada entrevista se grabó en vídeo y las grabaciones fueron evaluadas por tres pares de expertos que no tenían idea de cuál era nuestra hipótesis ni de ningún otro detalle sobre el experimento. Lo cual era importante.

Dos expertos evaluaron la actuación de los entrevistados («¿Hasta qué punto ha sido buena la entrevista en general?») y si les contratarían («¿Debería ser este candidato contratado para el puesto de trabajo?»), otros dos expertos evaluaron la calidad del contenido verbal de las respuestas de los entrevistados a las preguntas (inteligente, cualificado, estructurado y sincero), y los dos restantes evaluaron a los candidatos desde la variable que a mí más me interesaba: la presencia no verbal de los candidatos (segura, entusiasta, cautivadora y cómoda).

Como esperábamos, los sujetos que se prepararon para la entrevista de trabajo adoptando una postura de alto poder (frente a la de bajo poder) destacaron de manera notable en su actuación y tuvieron más probabilidades de ser «contratados» para el trabajo simulado. Las posturas poderosas no produjeron ningún efecto en el contenido de su respuesta, pero aumentaron en gran medida la puntuación de la presencia no verbal, y esta tuvo mucho peso en la decisión de contratarlos. Es decir, los expertos quisieron contratar a los candidatos que habían adoptado las posturas poderosas por la presencia no verbal que emanaban.

iPostura

La próxima vez que estés en una sala de espera, o en el metro, o en cualquier espacio público, echa una mirada a tu alrededor. ¿Cuántas personas están con la espalda encorvada consultando un aparato electrónico? En la mayoría de los casos la respuesta será «muchas».

Ser conscientes de nuestra postura para intentar mantenerla ya cuesta lo suyo por sí solo. Pero no hay que olvidar que nuestro lenguaje corporal está influido además por los muebles sobre los que nos sentamos, los espacios donde vivimos y la tecnología que usamos, y todos estos factores cuestan incluso más aún de controlar.

El psicoterapeuta neozelandés Steve August ha estado estudiando y desarrollando soluciones para lo que él llama la «iJoroba». También he oído llamar a esta postura «cuello de mensaje de texto», y mis colegas y yo nos referimos a ella en nuestra investigación como «iPostura». Steve August dijo cuando hablamos de este tema: «En alguien que mantenga una postura perfecta, el lóbulo de la oreja se encuentra justo encima del punto donde empieza el hombro. Cuando comencé a tratar a pacientes hace más de treinta años, veíamos sin duda jorobas de viuda: una corvadura exagerada en la parte superior de la espalda en abuelas y bisabuelas. Pero ahora estoy viendo la misma convexidad anormal torácica en adolescentes. Solo tienes que observar a la gente de perfil, no es algo sutil. Es una corvadura cuando pueden enderezar la espalda, y es una joroba cuando ya no pueden enderezarla, y esto ocurre muy deprisa. El problema ha tomado unas proporciones descomunales y ya está haciendo estragos».[265]

La cabeza pesa de promedio cerca de 5,4 kilos y este es el peso que el cuello sostiene cuando está equilibrada justo por encima de los hombros. Pero cuando doblamos el cuello hacia delante unos sesenta grados para usar el móvil, el peso de la cabeza aumenta a 27,2 kilos. Steve August lo demuestra con el palo de una escoba: «Mantén equilibrada una escoba verticalmente sobre la palma de la mano. No te costará demasiado hacerlo. Ahora agárrala por el mango y sostenla inclinándola sesenta grados». Mantenerla inclinada te exigirá mucho esfuerzo. Explicó que cuando la gente lo ve esforzándose por sostener una escoba inclinada, lo entiende. «Lo mismo les ocurre a los músculos del cuello cuando nos encorvamos sobre un portátil, una tableta o un teléfono inteligente. ¡Cómo no nos va a doler la espalda si lo hacemos durante ocho horas!»[266]

Steve August contactó conmigo después de haber visto mi charla TED porque se había empezado a plantear lo mismo que a mí me preocupaba: ¿es posible que pasar horas seguidas con el móvil, la tableta y el portátil nos esté produciendo el mismo efecto que las posturas sin poder? La tecnología no nos ayuda a estar presentes, al contrario. En lugar de relacionarnos con la persona sentada a nuestro lado, estamos ensimismados en nuestros aparatos electrónicos, respondiendo a antiguos correos electrónicos y actualizando nuestro estado, alejándonos del momento, desconectándonos del mundo que nos rodea. ¿Es que nuestros aparatos, además de robarnos cognitivamente nuestra atención del momento, nos están obligando a adoptar posturas físicas que nos quitan el poder y la capacidad de estar presentes?

Steve August me comentó que antes de ponerse en contacto conmigo se había estado centrando en las consecuencias musculoesquelé-

---

265. Para obtener más información sobre ello, véase R. Fejer, K. O. Kyvik y J. Hartvigsen, «The prevalence of neck pain in the world population: A systematic critical review of the literature», *European Spine Journal, 15,* 2006, págs. 834-848.

266. S. August, comunicación personal.

ticas de encorvar la espalda: «Dolor agudo en la parte superior de la espalda y el cuello, dolores de cabeza y otros numerosos problemas de salud relacionados con la postura», en lugar de fijarse en las consecuencias psicológicas. «No había considerado los efectos que tiene una postura encorvada/encogida en la autoconfianza y en la actitud sumisa que proyectamos a los demás», afirmó, pero estos resultados coinciden con la experiencia clínica. «A medida que los aparatos se vuelven más pequeños, no solo disminuye la asertividad [en pacientes], sino que aumenta el peso que el cuello sostiene (causando al instante, o a la larga, dolor y cefaleas) en exactamente las mismas proporciones. Es una relación perfecta (y lógica): cuanto más pequeño es el aparato y más se encorva uno para usarlo, más disminuye la asertividad, se incrementa el peso que sostiene el cuello y aumenta el dolor y las cefaleas.»[267]

---

267. En un correo que me envió, Steve August prosigue:

En resumen, esto es lo que ocurre:

(1) La espalda se encorva de manera notable. Al final las vértebras de la parte superior de la columna, que permiten este movimiento, se traban en esta postura arqueada y el colágeno duro que rodea la columna se contrae alrededor de las vértebras bloqueadas. Cuando se endurecen lo bastante nadie puede volver a enderezarlas, es necesario usar una fuerza externa lo suficientemente fuerte. Es una cuestión de palanca.

(2) Los músculos de la parte inferior de la nuca tienen que esforzarse mucho más en mantener la cabeza erguida simplemente para poder mirar al frente o en una pantalla pequeña. Estos músculos al sobrecargarse, forman una cicatriz (fibrosis adhesiva) en un intento de curarse y acaban acortándose debido al tejido cicatricial.

(3) Los músculos alrededor de la parte frontal del cuello trabajan menos y se debilitan, por lo que la barbilla sobresale.

(4) Esta postura encorvada con la barbilla asomando comprime las vértebras del cuello y tarde o temprano algunas se acaban trabando fuertemente, causando dolor cervical, dolor reflejo y dolores de cabeza.

Según una estimación a la baja, en este momento, mientras lees esto, uno de cada seis adultos que usan un ordenador sufre de dolor agudo en la parte superior de la espalda o en el cuello, o tiene un dolor de cabeza que le sube del cuello. La proporción equivale a sesenta millones de europeos, cuarenta y cinco millones de estadounidenses y 3,3 millones de australianos. Aunque lo más probable es que estas cifras estén en la actualidad desfasadas. Para obtener una buena visión de conjunto del tema, véase el artículo de René Fejer, Kirsten Ohm Kyvik y Jan Hartvigsen, «The prevalence of neck pain in the world population: A systematic critical review of the literature», publicado en el *Eureopean Spine Journal* de junio de 2006 (15 [6]), págs. 834-848.

¡Vaya!

Por lo visto valía la pena estudiar esta conexión. El psicólogo social Maarten Bos y yo creamos un experimento que nos permitiría comprobar la hipótesis sobre que la iJoroba reduce la asertividad.[268] Les asignamos al azar a los participantes uno de los cuatro aparatos electrónicos de distintos tamaños: un iPod Touch, un iPad, un portátil MacBook Pro o un ordenador iMac.

Cada sujeto estuvo cinco minutos interactuando con el aparato asignado a solas en una habitación (los grabamos en video con su consentimiento para asegurarnos de que siguieran las reglas). Todos respondieron los mismos cuestionarios «de relleno», tareas que servían para distraerles durante el tiempo establecido.

Pero ocultamos la medida conductual fundamental. Después de que los sujetos interactuaran con el aparato electrónico cinco minutos mientras se dedicaban a algunas tareas «de relleno» (les asignamos las mismas a todos), el experimentador regresaba, recuperaba el aparato y señalando un reloj les decía: «Volveré dentro de cinco minutos para hacerle unas preguntas y pagarle lo estipulado y luego podrá irse. Si no he vuelto en ese espacio de tiempo, vaya a buscarme a recepción». ¿Cuánto tiempo esperarían para hacerse valer? Era una forma de medir la asertividad de los participantes, quizás el principal componente psicoconductual del poder. No olvides que les habíamos quitado su propio móvil al llegar al laboratorio y que no podían hacer más que mirar el reloj mientras esperaban a que volviera el investigador.

Como era de esperar, el tamaño del aparato electrónico condicionó notablemente que los sujetos se sintieran o no cómodos al ir a buscar al experimentador. Solo el 50 por ciento de los que usaron el teléfono inteligente fueron a buscar al experimentador antes de haber transcurrido diez minutos para decirle que se querían ir.

---

268. M. W. Bos y A. J. Cuddy, «iPosture: The size of electronic consumer devices affects our behavior», 2013. Documento de trabajo de la Escuela de Negocios de Harvard. En otro estudio realizado con cien participantes demostramos que cuanto más pequeño era el aparato electrónico, más contractiva era la postura: cuanto más cerca estaban las manos, más se encorvaba la espalda y menos expansiva era la postura en general.

Frente al 94 por ciento de los que usaron el ordenador de mesa. Los otros resultados aparecen en la figura que se muestra más adelante: cuanto mayor era el aparato electrónico, más tendieron los participantes a hacerse valer. De hecho, los que usaron los aparatos de mayores dimensiones además de ser más proclives que el resto a ir a buscar al experimentador, lo hicieron antes. Concluimos que cuanto más pequeños son los aparatos electrónicos, más contraemos el cuerpo para usarlos, y cuanto más tiempo pasamos en esas posturas encogidas e introvertidas, más sin poder nos sentimos.

Nuestros descubrimientos revelaron una cruel ironía: aunque muchas personas se pasen horas usando a diario pequeños aparatos móviles, a menudo con el objetivo de *aumentar* su productividad y eficiencia, interactuar con esos diminutos objetos, incluso durante cortos espacios de tiempo, puede reducir su asertividad y *minar* en potencia su productividad y eficiencia.

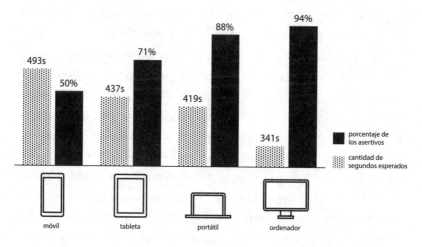

iPostura y asertividad

Si te ves obligado a pasar largos ratos ante la pantalla de un ordenador, algo que les ocurre a muchas personas, asegúrate de elegir el aparato con cuidado y configura tu espacio para que te permita mantener la postura más erguida y expansiva posible.

Visualiza posturas poderosas
(tu cuerpo está en tu cabeza)

Christine, que trabaja para una organización sin ánimo de lucro que ayuda a personas con discapacidades a abandonar la clase de ideas que les limitan, me escribió al poco tiempo de aparecer mi charla TED en Internet. Me dijo:

En realidad no adopto las posturas de poder físicamente. Nadie las ve. Solo yo sé que las hago, me las imagino. Mi cuerpo es totalmente no físico: conservo la sensibilidad, pero no puedo usar más que un dedo de una mano, y con todo sigo imaginándome haciendo los gestos y moviendo las manos. Cuando me preparo para dar una presentación en clase, me imagino que adopto una postura poderosa, porque tienes que hacerla tuya de verdad.

Creo que cuando la gente me mira, suele pensar: *es una mujer,* un juicio que ya es discriminatorio de por sí, y por si esto fuera poco piensa además: *y está discapacitada y va en silla de ruedas.* Me ven como un ser sin ningún poder. Pero en realidad soy poderosa. No importa lo que haga mi cuerpo, en ese momento me imagino que me muevo y que el aula entera me pertenece. Soy asertiva y competente, y a veces audaz (quizás hasta un poco temeraria, pero no pasa nada). Creo que todo esto se debe al poder que he creado. Puedo expresar todos mis gestos y posturas, incluso a través de mis ojos.

Me pregunto si podemos animar a las personas con discapacidades físicas a sentirse más asertivas usando su propia imaginación.

Christine no es la única que se lo pregunta. Se lo he oído decir a muchas personas con discapacidades que limitan en gran medida la movilidad o la postura de su cuerpo. Y muchas me han dicho lo mismo: *me imagino adoptando una postura poderosa y me siento poderoso. ¿Has hecho alguna investigación al respecto?*

En aquella época no había llevado a cabo ninguna. Pero tengo razones para creer que nuestra autoconfianza aumenta simplemente al imaginarnos en una postura poderosa. Las investigaciones realizadas a lo largo de muchos años han revelado que en lo que se refiere a la actividad cerebral y los efectos conductuales, las visualizaciones de movimientos físicos se parecen mucho a los movimientos físicos reales. Los estudios han demostrado que al repasar mentalmente una secuencia de movimientos, aumenta nuestra capacidad de hacerlos físicamente en el mundo real. Las investigaciones también revelan que cuando nos imaginamos efectuando esas acciones, se activan las mismas áreas del cerebro —las de la corteza motora y las de su alrededor— que se activarían si las realizáramos físicamente. Unas pruebas menos directas sobre esta similitud entre la conducta simulada y la real proceden también del hecho que nos lleva aproximadamente el mismo tiempo visualizar una acción que realizarla, y que los pacientes con párkinson, que se mueven más despacio, también visualizan mentalmente los movimientos físicos con mayor lentitud.[269]

Algunas investigaciones recientes han demostrado que las imágenes de resonancia magnética para registrar la actividad cerebral de pacientes carentes de movilidad durante los ejercicios de visualizaciones, captan en qué están pensando y qué quieren que hagan sus miembros. Un estudio reveló que en los escaneos de las imágenes por resonancia magnética funcional (IRMf) se aprecia si una persona se imagina estar andando por una casa o jugando a tenis.[270] (Esta investigación se ha usado para detectar si los pacientes «atrapados» en su propio cuerpo, los que

269. N. Sharma y J. C. Baron, «Does motor imagery share neural networks with executed movement: A multivariate fMRI analysis», *Frontiers in Human Neuroscience, 7,* 2013, pág. 564. L. Nyberg, J. Eriksson, A. Larsson y P. Marklund, «Learning by doing versus learning by thinking: An fMRI study of motor and mental training», *Neuropsychologia, 44,* 2006, págs. 711-717. M. Jeannerod y V. Frak, «Mental imaging of motor activity in humans», *Current Opinion in Neurobiology, 9,* 1999, págs. 735-739.

270. M. Boly, M. R. Coleman, M. H. Davis, A. Hampshire, D. Bor, G. Moonen, P. A. Maquet, J. D. Pickard, S. Laureys y A. M. Owen, «When thoughts become action: An fMRI paradigm to study volitional brain activity in non-communicative brain injured patients», *NeuroImage, 36,* 2007, págs. 979-992.

son mentalmente conscientes, pero incapaces de moverse o comunicar-se debido a una parálisis absoluta, son conscientes al pedirles que se imaginen que juegan a tenis mientras les escanean el cerebro.)[271] En otro estudio, los investigadores pidieron a un paciente tetrapléjico que se imaginara que alargaba la mano y agarraba un objeto mientras le escaneaban el cerebro. Luego le aplicaron en las áreas de la corteza parietal posterior, las que se activan cuando planeamos realizar estos movimientos, una serie de microelectrodos y el paciente usó los sensores para controlar un brazo robótico como si fuera el suyo.[272] Por supuesto, cuando te imaginas que haces una acción el cuerpo no te transmite ninguna reacción sensorial, pero el simple hecho de imaginarte en una postura poderosa basta para empujarte a actuar de forma poderosa.

Motivada por los correos electrónicos que recibí de personas con discapacidades físicas, empezamos a realizar experimentos en mi laboratorio para comprobar la hipótesis sobre que imaginarnos simplemente en una postura poderosa basta para crear una sensación de poder. En nuestro primer experimento, reunimos cerca de doscientos sujetos a través de Internet y les animamos a imaginarse, con una vívida descripción, que se encontraban en una habitación manteniendo una postura de alto o de bajo poder durante dos minutos. Para evitar que se aburrieran también les dijimos que se imaginaran a varios desconocidos entrando y saliendo de la habitación mientras mantenían la postura y que observaran las impresiones que les causaban.[273]

Después de imaginarse en las posturas, les pedimos que nos describieran cómo se habían sentido durante el ejercicio. No les sugerimos ninguna palabra, ni siquiera las que podrían habernos interesa-

---

271. D. Cyranoski, «Neuroscience: The mind reader», *Nature,* 13 de junio de 2012, procedente de www.nature.com/news/neuroscience-the-mind-reader-1.10816.

272. T. Aflalo, S. Kellis, C. Klaes, B. Lee, Y. Shi, K. Pejsa, K. Shanfield, S. Hayes-Jackson, M. Aisen, C. Heck, C. Liu y R. A. Andersen, «Decoding motor imagery from the posterior parietal cortex of a tetraplegic human», *Science, 348,* 2015, págs. 906-910.

273. A. J. C. Cuddy y N. Thornley, «The body in the brain: Imagining oneself in a powerful posture increases confidence and decreases social threat». Manuscrito en proceso de elaboración.

do, como *poderoso, impotente, presente, intimidado* y otras similares. Ten en cuenta, además, que se trataba de una muestra muy variada de sujetos de todas partes del país, de una gran variedad de razas, edades, religiones y ambientes culturales.

Entre los participantes que se imaginaron adoptar una postura poderosa, el 70 por ciento usó palabras que interpretamos como «se sienten cómodamente seguros». Lo que nos sorprendió no fue el gran porcentaje de participantes que afirmaron sentirse de esta forma, sino la coherencia con la que decidieron describir esta sensación, muchos usaron casi exactamente las mismas palabras. Completaron la afirmación: «Me siento…» con frases que reflejaban la imagen mental que tenían de sí mismos.

Abierto y fuerte
Centrado y seguro
Cómodo y sereno
Centrado, seguro y firme

Las experiencias de los sujetos que se habían imaginado en una postura de bajo poder fueron mucho menos placenteras: el 72 por ciento usó palabras que interpretamos como «se sienten amenazados socialmente». También reflejaban la imagen mental que tenían de sí mismos.

Incómodo y tenso
Asustado y solitario
Estúpido y avergonzado
Cerrado
Amenazado y vulnerable
Incomodísimo

Las descripciones de algunos incluso llegaron a ser extremas, como «sentí como si me ahogara» y «me sentí horrorizado, como si me torturaran».

También les pedimos que nos contaran lo que había ocurrido en sus escenarios imaginados. Dejamos que nos respondieran lo que quisieran, sin sugerirles ninguna palabra ni darles pista alguna. Ten en cuenta que para que la tarea les resultara más estimulante les pedimos que se imaginaran a varios desconocidos entrando y saliendo de la habitación mientras mantenían la postura expansiva o contractiva. Pero no les dimos ningún detalle sobre quiénes eran esas personas. Si al adoptar posturas contractivas y de bajo poder nos sentimos amenazados y vulnerables, ¿cómo crees que les afectó esto en cuanto a lo que recordaron sobre los desconocidos elegidos al azar caminando a su alrededor?

Si has supuesto que los sujetos de las posturas de bajo poder se mostrarían más vigilantes en cuanto a los desconocidos, tienes razón. De hecho, al preguntarles qué era lo que se habían imaginado mientras mantenían la postura, el 82 por ciento de los que adoptaron mentalmente posturas sin poder nos dieron descripciones detalladas de aquellos desconocidos caminando a su alrededor. Sus relatos fueron bastante amenos, como muestran estos ejemplos.

«Un ciclista, una doctora y un hippie entraron en la habitación.»

«Había un vaquero con sombrero, botas y una camisa a cuadros azul. También vi a una chica rubia con una coleta y una camiseta que ponía I LOVE NY con un oso marrón a sus espaldas con un sombrero de Papá Noel pidiendo limosna. Y a un tipo corpulento sosteniendo una bolsa grande llena de hamburguesas que pude oler desde el otro extremo de la habitación.»

«Varios tipos altos entraron y se quedaron mirándome. Me preguntaron qué estaba haciendo y les respondí que practicaba yoga. Se echaron a reír y cuando intentaron empujarme, me caí al suelo. Les dije que si intentaban adoptarla dejarían de reírse porque verían que la postura funcionaba.»

«Entró un hombre parecido a Jack Sparrow, con los ojos pintados y pantalones pirata, una niña pequeña con trenzas y un vestido azul, y un hombre mayor con barba blanca y corta. Se parecía al tipo del anuncio del tequila José Cuervo.»

Los participantes en los experimentos no me suelen dar tantos detalles en sus respuestas, ni siquiera cuando *intento* conseguirlos. Obtenerlos sin buscarlos siquiera… y de tantos sujetos… es algo muy inusual. ¿Nos estaban tomando el pelo? Al parecer, no, porque los que adoptaron posturas de alto poder no estaban tan preocupados por los desconocidos, solo el 16 por ciento los describieron con algún detalle. En su lugar, cuando les pedimos que nos contaran lo que habían visto mientras adoptaban la postura en su mente, afirmaron haber estado concentrados serenamente en la postura y en el entorno, y simplemente nos dieron descripciones sin alterarlas con sus juicios de valor. Estuvieron *presentes* sin más.

> «Me quedé con los brazos en jarras en una habitación con parqué y paredes blancas, mirando a los desconocidos entrar en la habitación, formándome una idea de ellos.»
>
> «Permanecí en una habitación con los brazos en jarras y los pies separados a una distancia de cincuenta centímetros. Me tenía que imaginar la impresión que me daban los desconocidos entrando en la habitación.»
>
> «Estaba ante un escritorio y unos desconocidos entraban y vagaban a mi alrededor.»
>
> «Estoy plantado en una habitación pequeña y blanca con el suelo de parqué. Tengo los brazos en jarras y los pies separados a una distancia de cincuenta centímetros. En la habitación entra gente.»
>
> «Estoy en una habitación con los brazos en jarras. Tengo los pies separados a una distancia de cincuenta centímetros. La pieza es espaciosa y el suelo es de madera.»

Las personas que están presentes se fijan menos en cómo los demás pueden estar juzgándoles o amenazándoles. Debemos ser capaces de ocuparnos de la gente y de responderle, pero prestarle demasiada atención no solo es contraproducente, sino además destructivo, ya que mina nuestra confianza y reduce nuestra capacidad de advertir el intercambio que se da en el momento. Incluso en la condición de la postura poderosa imaginada, los participantes fueron capaces de vivir plenamente el momento, advirtiendo el entorno sin juzgarlo, sin sentirse amenazados por los desconocidos entrando y saliendo de la habitación o sin desear dominarlos.

Tal vez te preguntes si estos descubrimientos coinciden con los del estudio de la Universidad de Auckland en el que los participantes que adoptaron posturas sin poder usaron más pronombres en primera persona en sus discursos. La diferencia fundamental radica en que un experimento implicaba una interacción hablada y el otro una reflexión escrita. En el estudio de la imaginación, los participantes no estaban interactuando con nadie ni siendo evaluados por otros; en cambio, en el estudio de la entrevista de trabajo ficticia sí que les ocurría y además en tiempo real, mientras le respondían al entrevistador. Lo más probable es que el uso de pronombres en primera persona de los adoptantes de posturas sin poder refleje el deseo de protegerse de una evaluación negativa al intentar presionar verbalmente a los jueces para que los vieran de una determinada manera en lugar de implicarse totalmente y dejar que los jueces sacasen sus propias conclusiones. Al reflexionar por escrito en un momento en el que no nos están evaluando socialmente, como hicieron los sujetos que se imaginaron en una determinada postura, el estado de presencia surge como una conciencia de sí mismo —al advertir el propio estado físico y psicológico—, algo que requiere un mayor uso, en lugar de uno menor, de pronombres en primera persona.

Como Christine explicó en su correo y como nuestra investigación y la de otros científicos demuestran, no es necesario tener un cuerpo que funcione a la perfección para gozar de los beneficios de las posturas poderosas. En realidad, muchas personas —con o sin discapacidades— nos encontramos en situaciones en las que no tenemos el espacio o la privacidad necesaria para adoptar una postura poderosa antes de lidiar con un gran reto. Pero siempre podemos imaginarnos como Wonder Woman o Superman en nuestra pequeña burbuja mental.

Las posturas virtuales

Los beneficios de las posturas poderosas no solo se dan en el espacio físico y mental, también pueden aparecer en un espacio virtual. Incluso las características físicas de un avatar —en un videojuego o una realidad virtual— pueden cambiar nuestra forma de comportarnos en la vida real. Las investigaciones han demostrado que cuando la gente vive perceptivamente en representaciones virtuales de sí misma, tiende a asumir las características de sus avatares. Este sólido fenómeno se conoce como la ilusión de la transferencia corpórea e incluso se da con relación al sexo (por ejemplo, un participante masculino encarnando un avatar femenino).[274]

Los investigadores Nick Yee y Jeremy Bailenson de la Universidad de Stanford investigaron cómo la estatura del avatar de una persona influía en su conducta en una negociación que tenía lugar en un entorno virtual.[275] En el mundo físico, las personas que ocupan un mayor espacio vertical que las de su alrededor, por lo general tienden más a adquirir poder social y estatus. Yee y Bailenson asignaron a los participantes un avatar alto, de estatura media, o bajo, y da la casualidad, por desgracia, de que incluso en el reino virtual la estatura cuenta. Los participantes que recibieron avatares altos negociaron mejor los tratos que los que recibieron avatares de estatura media o bajos. En realidad, los que recibieron avatares bajos tendieron dos veces más a aceptar tratos injustos que los de las otras condiciones. Yee y Bailenson se refieren al fenómeno de encarnar las características de nuestros avatares como el efecto Proteo, que lleva el nombre del dios griego capaz de transfigurarse.

---

274. J. Lanier, «Virtually there», *Scientific American, 284,* 2001, págs. 66-75. M. Slater, B. Spanlang, M. V. Sanchez-Vives, O. Blanke, «First person experience of body transfer in virtual reality», *PLosONE, 5,* el0564, 2010. K. Kilteni, J. M. Normand, M. V. Sanchez-Vives, M. Slater, «Extending body space in immersive virtual reality: A very long arm illusion», *PLoS ONE 7,* e40867, 2012.

275. N. Yee y J. Bailenson, «The Proteus effect: The effect of transformed self-representation on behavior», *Human Communication Research, 33,* 2007, págs. 271-290.

En uno de mis experimentos preferidos, pensado para comprobar los efectos conductuales de la realidad virtual inmersiva, se les asignó al azar a los participantes una de las dos experiencias virtuales de un videojuego. En una recibían la capacidad de volar como un superhéroe (se registraban los movimientos de sus brazos para controlar su vuelo), y en otra viajaban en un helicóptero como pasajeros.[276] Además, a la mitad de los sujetos de cada grupo se les asignó una tarea de ayuda en el videojuego (conseguir insulina para un niño diabético), y a la otra mitad una tarea en la que no tenían que ayudar a nadie (les enseñaban en un *tour* turístico la ciudad desde lo alto). Había, por lo tanto, cuatro condiciones: el que ayudaba dotado de superpoderes, el pasajero del helicóptero que ayudaba, el turista con superpoderes y el turista en el helicóptero. Cuando se suponía que el experimento había terminado, el experimentador «volcaba sin querer» un recipiente lleno con quince bolígrafos, haciéndolos rodar por el suelo. Los investigadores querían saber quiénes tenderían más a ayudarles a recogerlos.

Al final la clase de tarea que los sujetos realizaban —turismo o ayuda— no afectó en absoluto a su tendencia a recoger los bolígrafos del suelo. Pero la condición en la que volaban sí que influyó: comparados con los participantes que volaron de pasajeros en el helicóptero, los que habían recibido poderes de superhéroes para volar fueron mucho más proclives a ayudar al experimentador a recoger los bolígrafos del suelo y lo hicieron con más rapidez que el resto. Los superhéroes voladores afirmaron, además, haber tenido una mayor sensación de «presencia» en el videojuego, se sintieron más «reales» e implicados durante la tarea virtual.

---

276. R. S. Rosenberg, S. L. Baughman y J. N. Bailenson, «Virtual superheroes: Using superpowers in virtual reality to encourage prosocial behavior», *PLoS ONE, 8*, e55003, 2013.

En posición de firmes

A los soldados se les ordena que se pongan «firmes», una postura consistente en alzar la barbilla, sacar pecho, erguir la espalda y esconder la barriga. En estar parado con atención, erguido, centrado e inmóvil. No solo indica respeto, sino que además fomenta un estado de alerta y de fuerza. A los soldados los entrenan para adoptar esta postura por una simple razón: cuando un oficial les comunica una información que puede influir a la hora de tomar decisiones de vida o muerte, los soldados deben estar psicológicamente presentes al cien por cien. La postura de «firmes» los lleva a este estado.

Cuando dejamos de prestar atención somos más vulnerables a los posibles resultados destructivos de *tanto* las posturas expansivas *como* las contractivas. Ya has visto que la falta de atención puede ser contraproducente al encorvar la espalda sobre el teléfono inteligente o sentarnos con la espalda doblada. Cuando dejamos de ser conscientes de nuestra postura, estamos abandonándonos.

Además, en algunas situaciones llenas de tentaciones no advertir nuestra postura puede hacernos cometer errores. Como el poder es desinhibidor, es importante mantenernos en guardia. Cuando de pronto nos sentimos llenos de poder y no prestamos atención, podemos olvidarnos de nuestras normas de conducta y tomar atajos inadecuados para salirnos con la nuestra. Por ejemplo, en un estudio dirigido por Andy Yap, mis colegas y yo les pedimos a los participantes que jugaran a un videojuego realista de conducción equipado con un volante y pedales. El objetivo del juego era ganar una carrera automovilística. Después de una primera ronda para practicar, les dijimos que les daríamos diez dólares extras si terminaban la carrera en menos de cinco minutos, pero había una pega, tenían que hacerlo sin saltarse las normas de tráfico.[277]

---

277. A. J. Yap, A. S. Wazlawek, B. J. Lucas, A. C. Cuddy y D. R. Carney, «The ergonomics of dishonesty: The effect of incidental posture on stealing, cheating, and traffic violations», *Psychological Science, 24,* 2013, págs. 2281-2289.

Lo que los sujetos no sabían es que habíamos diseñado dos lugares distintos en los que se sentarían los conductores. Uno les permitía una máxima expansión: un espacio con una silla alta con una gran visibilidad que les posibilitaba conducir con los brazos y las piernas estirados. El otro les obligaba a sentarse en una silla baja con menos visibilidad y a conducir con los brazos y las piernas doblados. Descubrimos que los conductores de la silla que les permitía mantener una postura expansiva circularon con más imprudencia en el videojuego, chocando contra más objetos y deteniéndose menos después de un accidente, cuando según las normas tenían que hacerlo siempre.

Estos resultados sugieren que ser conscientes de nuestro poder personal y saber controlarlo son elementos importantísimos de la presencia, y que los civiles también debemos a nuestra manera procurar estar de pie (y sentados) con atención.

¡Ponte como una estrella de mar!

En una ocasión, mientras me lavaba las manos en el servicio de un aeropuerto, la mujer que estaba junto a mí me preguntó volviéndose: «Discúlpame, pero ¿eres...?» Hizo una pausa y en lugar de terminar la frase, alzó los brazos en cruz. «Creo que sí», le repuse. (Estoy más acostumbrada a que me digan: «¿Eres...?» y a que luego pongan los brazos en jarras.) Me dijo que se llamaba Shannon y que no solo había incorporado las posturas poderosas a su vida, sino que seguía compartiéndolas con los compañeros de trabajo, los amigos y la familia. En realidad, ella, su marido y sus cuatro hijos las habían apodado: «¡Ponte como una estrella de mar!» Cuando sus hijos están nerviosos, les recuerda: «¡Ponte como una estrella de mar!»

Lo que me encantó fue que Shannon y su familia las habían incorporado a su vida a su propia manera. Y les funcionaban. Para convencerme de hasta qué punto le habían marcado, me mostró su joya preferida, un delicado anillo en forma de estrella de mar incrustado de diamantes que su marido le había regalado el día de su aniversario para recordarle el poder personal del que siempre podía disponer.

La activista Maggie Kuhn dijo (y creo que la mayoría de las personas coincidirán con ella): «El poder no debería estar en manos de tan pocos y la falta de poder en manos de tantos». Esta afirmación es aplicable tanto al poder personal como al poder social. Demasiadas personas sufren de un sentimiento de falta de poder personal que no les abandona nunca. Han adquirido la terrible costumbre de obstaculizar su propio camino, sobre todo en los peores momentos posibles de su vida. Con demasiada frecuencia se conforman con esa sensación de impotencia. Y al consentirla la refuerzan y se alejan de la realidad de su vida.

Pero podemos usar el cuerpo para adquirir poder personal. Innumerables pruebas demuestran que nuestro cuerpo motiva, condiciona e incluso dicta nuestros pensamientos, sentimientos y conducta.[278]

---

278. Como ocurre con cualquier fenómeno psicológico, hay variables que aumentan o reducen los efectos de las posturas expansivas. Pero lo que sobre todo importa es el contexto. Por ejemplo, un estudio reveló que adoptar posturas expansivas no aumentaba la tolerancia al riesgo cuando se les pedía a los participantes que se imaginaran que un policía los estaba cacheando. Por lo visto, al participar en tareas sociales —como mirar fotografías de rostros— manteniendo una postura, aumentan los efectos de esta, quizá porque el poder se suele considerar una construcción social. Otro factor importante es el espacio de tiempo durante el que se adopta la postura. Como ya he indicado en el primer estudio, en el que los participantes mantenían dos posturas durante dos minutos en total, en mi charla TED «dos minutos» adquirió una especie de cualidad mágica como novedad de la charla y la investigación se propagó en la cultura popular. Sí, dos minutos funcionó en el estudio, pero en los cincuenta estudios o más realizados sobre los efectos de adoptar posturas expansivas, los sujetos las habían mantenido en todas partes de treinta segundos a más de cinco minutos. Y en las clases de yoga se adoptan una serie de distintas posturas durante una hora o más. Dos minutos no es una receta rigurosa. A decir verdad, mantener una postura más de uno o dos minutos (salvo en una sesión de yoga), resulta molesto y extraño, hace que la gente se sienta incómoda y reduce quizás algunos de los efectos de las posturas poderosas. En algunos estudios piloto que hemos llevado a cabo con niños, les resultaba incómodo mantener una postura más de veinte segundos. Para obtener más información sobre algunos de los posibles moderadores, véase D. R. Carney, A. J. Cuddy y A. J. Yap, «Review and summary of research on the embodied effects of expansive (vs. contractive) nonverbal displays», *Psychological Science, 26* (5), 2015, págs. 657-663.

Que el cuerpo influye en la mente es, desde luego, incuestionable. Y lo hace de un modo que favorece o entorpece nuestra capacidad de sacar lo mejor de nosotros en los momentos más difíciles de la vida.

¿Significa esto que «¡Ponte como una estrella de mar!» o en la postura de Wonder Woman le servirá a cualquiera en cualquier circunstancia? Claro que no, seguro que ya sabes que no existe un remedio que le funcione a todo el mundo en cualquier situación. Lo que quiero que entiendas, por encima de todo, es que tu cuerpo le está enviando mensajes a tu cerebro de manera continua y convincente y que *puedes* controlar el contenido de esos mensajes. Cientos (quizá miles) de estudios han examinado la conexión cuerpo-mente utilizando una profusión de métodos distintos: desde la respiración y el yoga, hasta bajar el tono de la voz, imaginarse estar adoptando una postura expansiva o simplemente sentarse con la espalda erguida. Hay innumerables formas de expandir el cuerpo. Y tanto si el efecto cuerpo-mente funciona por medio del tono vagal, la presión sanguínea, las hormonas o algún otro mecanismo que aún no se ha descubierto, el resultado es evidente: al expandir el cuerpo nos sentimos mejor y creamos un círculo positivo. Por esta razón lo que a mí me importa es que encuentres las técnicas que mejor te vayan. De lo contrario, estarás desaprovechando una gran oportunidad.

Expandir el cuerpo nos lleva al presente y mejora nuestro rendimiento. Si bien el lenguaje corporal condiciona cómo nos perciben los demás, al mismo tiempo también condiciona cómo nos percibimos a nosotros mismos y cómo esas percepciones se refuerzan a través de nuestra conducta, nuestras interacciones e incluso nuestra fisiología.

¿Por qué no actuar con orgullo y poder personal? Al hacerlo somos capaces de estar presentes en los momentos más difíciles. La forma de actuar de nuestro cuerpo condiciona cómo actuamos en nuestra vida.

Tu cuerpo condiciona tu mente. Tu mente condiciona tu conducta. Y tu conducta condiciona tu futuro. Cuando dejas que tu cuerpo te diga lo poderoso y valioso que eres, te vuelves más presente, entusiasta y auténtico. Y para descubrirlo ¡ponte como una estrella de mar!

9

Mantente presente con tu postura

Siéntate derecho.
TU ABUELA

¿Cuándo debemos adoptar posturas poderosas? A la mayoría nos dará un subidón de poder si las adoptamos antes de una entrevista de trabajo, de una reunión con una figura de autoridad, de una discusión en clase, de una conversación difícil, de una negociación, una audición, un evento deportivo o una presentación ante un grupo. La gente también me ha escrito para decirme lo útiles que son las posturas poderosas:

- antes de abordar situaciones nuevas, de conocer a gente nueva o de hablar una lengua no nativa en el extranjero.
- al decir lo que piensas o al defender a otro.
- al pedir ayuda.
- al terminar una relación: profesional o personal.
- al dejar un trabajo.
- antes de recibir —o de dar— una opinión crucial.

No todos nos enfrentamos a los mismos retos ni nos sentimos intimidados por las mismas experiencias. Por eso es importante advertir las situaciones (y los individuos) que activan en nosotros un lenguaje corporal sin poder para saber cuándo prepararnos con una postura poderosa. También es muy útil adquirir el hábito de ser conscientes de nuestra postura tanto durante las situaciones retadoras como en general a lo largo del día.

Prepárate con posturas de poder

Usa las posturas poderosas para hablarte a ti mismo antes de enfrentarte a un gran reto. Al tomar tanto espacio como desees momentos antes del reto, te estarás diciendo que eres poderoso —que tienes todo cuanto necesitas—, lo cual te permitirá sacar tu lado más atrevido y auténtico *durante* el reto. Estarás optimizando tu cerebro para que esté presente al cien por cien cuando lo encares. Considéralo como un calentamiento previo.

- En cierto modo, cada día es un reto. En cuanto te despiertes, prepárate adoptando una postura poderosa. Levántate de la cama y practica un par de tus posturas preferidas durante solo dos minutos.
- En tu hogar, el despacho y en otros espacios personales, no estás limitado por las normas culturales, los estereotipos ni las escalas jerárquicas. Es decir, puedes parecer tan dominante como te plazca. Cuando estés en este tipo de espacios, aprovecha la ocasión para adoptar posturas poderosas.
- Si es posible, aprovecha en público los espacios privados para adoptar esta clase de posturas, como en el ascensor, el lavabo o el rellano de una escalera.
- No te *sientes* en las salas de espera, encorvado sobre el móvil. En su lugar, levántate o camina un poco por ellas.
- Si no puedes adoptar una postura físicamente, visualízala mentalmente: imagínate en la postura más poderosa y expansiva que se te ocurra. Sé un superhéroe en tu burbuja mental.
- Si estás a punto de enfrentarte a una situación difícil y no tienes más remedio que estar sentado, rodea con los brazos el respaldo

de la silla y agárrate las manos por detrás. Esta postura te obliga a enderezar la espalda y abrir el pecho.

- Si te es posible y supone una ventaja para ti, llega antes que el público al lugar en el que has de actuar. Siéntete cómodo ocupando el espacio en el que harás la presentación y expandiéndote en él. Haz tuyo el espacio para que los asistentes vengan a tu «hogar» en lugar de ser tú quien vayas al suyo.[279]

Mantente presente con una buena postura

Si bien es importante adoptar posturas atrevidas *antes* de enfrentarte a una situación difícil, *durante* esta clase de momentos también es igualmente importante adoptar una menos osada que siga siendo fuerte, erguida y abierta. Las posturas poderosas van de maravilla cuando te preparas para una reunión difícil, pero no es una buena idea mantenerlas en medio de la reunión. Adoptar posturas poderosas en las interacciones es contraproducente porque te saltas las normas, haces que los demás se sientan amenguados e incómodos, como he explicado antes. No es fácil mantener una postura mientras trabajas frente al ordenador todo el día. Por suerte puedes adoptar algunos recursos posturales sutiles cuando convertirte en un espalda plateada no te funciona.

- Mientras haces la presentación o interactúas con el público, siéntate o mantente de pie con la espalda erguida.
- Mantén la espalda derecha y saca pecho.
- Respira con lentitud y profundidad, recuerda que respirar adecuadamente te tranquiliza. (Te resultará difícil respirar hondo con la espalda encorvada y el pecho hundido.)

---

279. E. J. Finkel y P. W. Eastwick, «Arbitrary social norms influence sex differences in romantic selectivity», *Psychological Science, 29,* 2009, págs. 1290-1295.

- Alza un poco la barbilla, pero no hasta el punto de parecer que miras a los demás con aire de suficiencia.
- Cuando estés parado en un lugar, adopta una postura estable (sin cruzar los tobillos). Tienes que sentirte afianzado en lugar de como si fueras a perder el equilibrio si alguien te diera un ligero empujón o topara contigo.
- Cuando te sea posible, da algunos pasos mientras te diriges a la audiencia. Una de las mayores modas de las últimas dos décadas es alejarse un poco del atril al hablar en público. ¿Por qué? Porque a los asistentes les resulta más estimulante si el orador se mueve. Y también es más vigorizante y poderoso para el que habla. Le permite ocupar más espacio y hacerse más suya la sala.
- Si el espacio te lo permite, da varios pasos y luego detente mientras sigues hablando. (No estés caminando de arriba para abajo todo el tiempo. Esta clase de movimiento transmite nerviosismo y exaspera a la audiencia.) No te muevas de forma imprevisible o continua. Tus movimientos tienen que ser claros y definidos.[280]
- Recurre a ayudas. Si tu cuerpo tiende a adoptar posturas sin poder cuando hablas, intenta usar ayudas que te obliguen a enderezarte. Si estás de pie, apoya una mano en una mesa, en el respaldo de una silla o en una pizarra. Si estás sentado, inclínate hacia delante y apoya las manos en una mesa, o asegúrate de que tus brazos descansen en los apoyabrazos de la silla en lugar de enlazar las manos en el regazo. Si no dispones de un gran apoyo, usa uno pequeño: sostén un vaso de agua, un puntero láser o un control remoto, cualquier cosa que te impida quedarte con los brazos colgando y unir o retorcer las manos.

---

280. Para conocer otros consejos excelentes sobre el lenguaje corporal eficaz durante las presentaciones, te aconsejo leer el libro de J. Neffinger y M. Kohut, *Compelling People*, Plume, Nueva York, 2014.

- Haz gestos abiertos, ya que son fuertes *y* cálidos al mismo tiempo. Por ejemplo, extender los brazos con las palmas de las manos hacia arriba es un gesto acogedor que indica confianza.
- Evita los «brazos de pingüino». Cuando nos sentimos nerviosos y desvalidos pegamos la parte superior de los brazos a los costados —desde las axilas hasta el codo— y gesticulamos solamente con la parte inferior de los brazos. (Inténtalo.) No es más que otra manera de contraernos, pero esta postura nos hace sentir incómodos y nerviosos y también le damos esta impresión a los demás.[281] (Aprendí este valioso consejo de unos buenos amigos, de los autores y expertos en lenguaje corporal John Neffinger y Matt Kohut.)
- No ocupes solo espacio físico, ocupa también espacio temporal. Este consejo sirve en cualquier situación en la que hables (a no ser que participes en un concurso televisivo donde tengas que hablar muy rápido), tanto si se trata de una presentación como de una charla, una entrevista, una conversación difícil, una discusión con el médico o una respuesta a una opinión decisiva en el trabajo. Cuando nos sentimos inseguros y distraídos, hablamos apresuradamente, temiendo estar quitándole demasiado tiempo a nuestro interlocutor y damos la impresión de estar deseando escabullirnos cuanto antes de la situación.
- ¡Haz una pausa! Como los silencios nos aterran, desaprovechamos el inmenso poder de las pausas.
- Intenta relajar los músculos de la garganta para que tu voz baje a su tono natural.
- Si cometes un error —algo inevitable que nos pasa a todos— evita que tu cuerpo se encoja. Si notas que empiezas a encorvarte, ¡no lo permitas! Endereza la espalda, saca pecho y llénate de poder.

---

281. Ibíd.

Advierte tu postura a lo largo del día

Es importante que no nos dejemos llevar por la costumbre de adoptar posturas carentes de poder sin darnos cuenta. Pero ¿cómo podemos conseguirlo?

- Advierte al instante cuándo empiezas a achicarte, hundirte y evaporarte. ¿Cuáles son las situaciones y los estímulos que te hacen encoger? ¿Cuáles son los factores idiosincrásicos que te hacen sentir sin poder alguno? Saberlo te ayudará a no dejarte llevar por el imperioso deseo de hacerlo la próxima vez que te encuentres en esta clase de aprietos.
- Usa recordatorios que te ayuden a mantener una buena postura:
  - Convierte el móvil en un aliado en vez de un enemigo.
    - Prográmalo para que te recuerde prestar atención a tu postura a cada hora.
    - No adoptes una iJoroba al consultar el móvil.
  - Pega pósits en las puertas, en el despacho, en tu casa y en la parte superior de la pantalla del ordenador.
  - Recurre a la ayuda de amigos, familiares y compañeros de trabajo de confianza. Diles que te avisen cuando encorves la espalda (y pregúntales si quieren que tú hagas lo mismo con ellos).
- Organiza los espacios donde más tiempo pasas para que te ayuden a mantener una buena postura:
  - Mi colaborador Nico Thornley coloca el ratón lo bastante lejos de su cuerpo para que tenga que estirarse para usarlo.
  - Cuelga en las paredes fotografías de personas y detalles que te den un subidón de alegría y te hagan desear estirarte y alzar la cabeza.
- Si sueles dormir hecho un ovillo, estírate en la cama antes de dormirte. Si te despiertas hecho un ovillo, estírate antes de levantarte de la cama.

- Combina las posturas poderosas con las rutinas cotidianas. Por ejemplo, Anna, mi ayudante de investigación, se cepilla los dientes apoyando una mano en la cadera.
- Si pasas mucho tiempo al teléfono usa un manos libres y estírate mientras hablas (o escuchas) en lugar de estar agarrando el auricular para mantenerlo pegado al oído.
- Cada vez vamos aprendiendo más y más cosas sobre los numerosos beneficios psicológicos y físicos que tiene para la salud trabajar de pie en lugar de sentado, ante el ordenador, etcétera. Si te es posible, pruébalo.[282]
- Tómate descansos para ir a dar un paseo a lo largo del día. En realidad, plantearte tener estas «citas» con tus garbeos no solo mejorará tu estado de ánimo, sino que te permitirá comunicarte mejor, implicarte en el trabajo y resolver los problemas con creatividad.[283]
- Adquiere si lo deseas un aparato electrónico portátil que te monitorice y recuerde cuándo debes corregir una mala postura, aunque el precio supone una limitación para muchos bolsillos. Como esta tecnología está avanzando a pasos agigantados, no te recomiendo ninguno en especial, pero en el mercado encontrarás muchas opciones.
- ¿Tienes siempre frío en el despacho por el aire acondicionado? Deja de enroscarte en una bola fetal dentro de ese chal, pañuelo, manta, chaqueta de punto descomunal o sea lo que sea lo que uses para protegerte del frío. Siento parecer tu madre, pero ¡ponte capas de ropa!

---

282. N. Merchant, «Sitting is the new smoking of our generation», *Harvard Business Review,* 14 de enero de 2013, procedente de https://hbr.org/2013/01/sitting-is-the-smoking-of-our-generation/.

283. Para obtener más información sobre las citas con los paseos, véase la charla TED de Nilofer Merchant, «Got a meeting? Take a walk», en www.ted.com/talks/nilofer_merchant_got_a_meeting_take_a_walk. Véase también el siguiente artículo que describe algunos de los descubrimientos científicos sobre los beneficios de las citas con los paseos: P. Economy, «7 powerful reasons to take your next meeting for a walk», *Inc.,* 6 de abril de 2015, procedente de www.inc.com/peter-economy/7-powerful-reasons-to-take-your-next-meeting-for-a-walk-html.

- Aprovecha las oportunidades sociales para estirarte, como ir al gimnasio, correr, hacer una clase de yoga y bailar. ¡No pierdas ninguna oportunidad de expandirte!

10

Un pequeño empujón: el impulso que acaba creando grandes cambios

Cualquiera puede llevar su carga, por pesada que sea, hasta el anochecer. Cualquiera puede hacer su trabajo, por duro que sea, durante el día. Cualquiera puede llevar una vida dulce, paciente, amorosa y pura hasta la puesta del sol. Y esto es todo cuanto la vida significa realmente.

ROBERT LOUIS STEVENSON

En el pasado me entraba el pánico en ciertas clases de situaciones estresantes. Por ejemplo, si el artículo que mandaba a una revista científica era objeto de una crítica negativa o del rechazo del editor, caía en un estado frenético de: «¡Mejóralo haciendo algo, *lo que sea!*» Sin respirar siquiera, me apresuraba a diseccionar hasta la saciedad los comentarios del editor y de los correctores, intentándolos revisar a la «perfección» uno por uno, redactando como respuesta la carta más inteligente y concienzuda, y enviándole de vuelta el paquete al editor. Ipso facto. Y además lo hacía angustiada e intimidada.

En muchas ocasiones mi amiga Holly, mi firme voz de la razón, me recordaba: «Déjalo para mañana». Y la mayoría de las veces tenía razón: no hacía falta que ese día hiciera nada. Al menos, podía consultarlo con la almohada (los psicólogos han demostrado que esta actitud mejora la calidad de nuestras decisiones, un tema sobre el que he escrito en el pasado.[284]

En los últimos años me he dado cuenta de dos cosas. Una es que bajar el ritmo es un paso poderoso. Al igual que hablar con lentitud, hacer pausas y ocupar espacio vital está relacionado con el poder, también lo está tomarte tu tiempo para reaccionar adecuadamente y meditar más a fondo las decisiones que tomas en los momentos estresantes. («El perfeccionismo es la voz del opresor, el enemigo del pueblo. Te tendrá toda tu vida agarrotado y loco», escribió Anne Lamott.)[285] Desacelerar es otra clase de expansión. Holly me estaba diciendo que me tomara *mi* tiempo, que reclamara el tiempo que *me pertenecía*.

Porque la cuestión es que mi temeroso hábito de responder precipitadamente a una situación estresante era como si yo me achicara, porque estaba expresando un sentimiento de impotencia y esa actitud siempre era contraproducente. ¿Por qué apresurarme a tomar lo que probablemente sería una mala decisión cuando el estrés ya me estaba impidiendo funcionar al cien por cien? Esa reacción no era audacia, sino reactividad.

Un tren sin frenos no se detendrá hasta que una fuerza le impida seguir avanzando, al menos según Isaac Newton. Para desacelerarlo —para detener el tren fuera de control en mi mente— necesitaba poder. Para bajar el ritmo debía sentir que tenía el derecho a hacerlo. En esos momentos de tanta presión, mi experiencia de impotencia me hacía tomar a lo loco decisiones precipitadas y encogerme para ocupar mucho menos espacio del que me correspondía,

284. M. Bos y A. Cuddy, «A counter-intuitive approach to making complex decisions», *Harvard Business Review*, 6 de mayo de 2011, procedente de https://hbr.org/2011/05/a-counter-intuitive-approach-t/.

285. A. Lamott, *Bird by bird: Some instructions on writing and life*, Anchor, Nueva York, pág. 28. [Edición en castellano: *Pájaro a pájaro*, Ediciones Kantolla, Madrid, 2009, pág. 23].

algo que no era bueno para nadie. Debía dejar de entregarme a la sensación de impotencia y empezar a acceder a mi poder personal, lo cual no era fácil.

En segundo lugar, y aunque pueda sonar un poco raro, no hacer nada ya era hacer algo. Mitigaba mi sensación de encontrarme ante una amenaza. No hacer nada me recordaba que *tenía* hasta cierto punto el poder para desacelerar el tren fuera de control. Y me permitía ver y responder a la situación con mi maquinaria cognitiva funcionando a tope: con una mejor memoria, una mayor claridad y la capacidad de ver la situación desde distintos ángulos. No hacer nada, además de significar estar haciendo ya algo, era mucho *mejor* que hacer alguna cosa, al menos la clase de cosas que yo había estado haciendo.

Cuando intentaba con apresuramiento y nerviosismo «resolver» al instante lo que a mí me parecía un problema o una amenaza, nunca me sentía satisfecha con lo que hacía. Y el resultado jamás era el deseado. Como he explicado en el capítulo 1, la presencia no consiste en ganar. No está motivada por el deseo de obtener algo, aunque el resultado sea mejor cuando estamos presentes en la vida, sino en afrontar nuestros mayores retos sin miedo, en vivirlos sin ansiedad y en dejarlos atrás sin remordimientos.

No lo conseguiremos decidiendo cambiar *ahora mismo,* sino avanzando poco a poco, con suavidad, a base de pequeños empujones. En mi caso, cada vez que me enfrentaba a una situación muy estresante tenía que hacer un esfuerzo para bajar el ritmo y no fijarme tanto en los resultados. No podía cambiar de la noche a la mañana decidiendo simplemente cambiar. Pero cada vez que intentaba avanzar un poco más a base de pequeños empujones, creaba un recuerdo que podría recuperar la próxima vez que me sintiera presa del pánico. Me podía decir a mí misma: «Si ya lo he hecho antes, ¿por qué no iba a conseguirlo ahora?» Bajar el ritmo se fue volviendo un hábito. Y como era capaz de sosegarme y de responder a la situación con la cabeza clara, sin verla como una amenaza, los demás me respondían reforzando esta conducta.

Y así fue también cómo me «recuperé» del traumatismo cerebral, de manera progresiva, paulatina y exasperadamente lenta.[286] Cuando me preguntan «¿Cómo te recuperaste?» la única respuesta que tengo es «A empujones». Fui avanzando poco a poco a lo largo de innumerables y espesos días. Cada experiencia personal de mejoría, por pequeña que fuera, se convirtió en una fuente de inspiración y de información al mismo tiempo, me recordaba que podía seguir intentándolo. Cada vez que conseguía dar una charla sin ser presa del pánico cuando intentaba procesar cognitivamente lo que estaba escuchando, era una pequeña victoria. Y a medida que me fue resultando cada vez más fácil darlas, los demás me respondían como si en realidad *fuera* una mujer competente y fuerte, aunque yo no creyera en mí misma.

Ni en un millón de años me habría imaginado que acabaría siendo profesora en la Escuela de Negocios de Harvard. En 1992 lo único que quería era pasar una semana más sin perder la esperanza. Asistir a una clase más sin pensar en dejar los estudios (y los dejé, en más de una ocasión, porque mi cerebro todavía no estaba preparado para retomar las clases). En mi mente no tenía ninguna meta en especial. Tan solo quería ser un poco más yo misma, un poco más aguda, dejar de sentirme como si lo viera todo desde una burbuja de cristal y notar que participaba más en lo que estaba ocurriendo. Ni siquiera puedo decir que fuera completamente consciente de los cambios a medida que los fui experimentando.

Así es como funciona. En cada situación difícil, avanzamos a empujones, animándonos a nosotros mismos a sentirnos un poco más valientes, a actuar con un poco más de audacia, para salir de las cuatro paredes de nuestro miedo, ansiedad e impotencia que nos aprisionan. Para estar un poco más presentes. Y poco a poco, con el paso del tiem-

---

286. No creo conocer a nadie que se haya recuperado por completo de un traumatismo cerebral, todo el mundo cambia inevitablemente tras sufrirlo. Ahora proceso la información de distinta manera y sigo teniendo problemas vinculados con esta clase de traumatismo que, pese a no ser letales en potencia, resultan molestos, como problemas de visión.

po, llegamos al lugar donde queríamos llegar... aunque al empezar no supiéramos exactamente cuál era.

A base de pequeños empujones

Alrededor de 2005, un grupo de economistas y psicólogos empezaron a estudiar la idea, basada en los resultados de muchos estudios, sobre que la mejor táctica para cambiar la conducta de la gente y mejorarla tal vez no fuera pedirles o exigirles grandes cambios en cuanto a las actitudes y preferencias, sino empujarles de manera sutil, casi imperceptible, hacia una dirección sana. La táctica de este método no es ni radical ni audaz, y los cambios producidos son, al principio, prudentes. Pero con el paso del tiempo se van propagando y fortaleciendo. Aumentan progresivamente por sí solos, hasta que al final no solo cambia la conducta, sino también las actitudes e incluso las normas sociales, lo cual refuerza y difunde los cambios conductuales a lo largo y ancho de comunidades. Se convierten en el nuevo statu quo.

En 2008, el economista Richard Thaler, de la Universidad de Chicago, y el profesor Cass Sunstein de la Facultad de Derecho de Harvard, publicaron el superventas *Un pequeño empujón (nudge): el impulso que necesitas para tomar las mejores decisiones en salud, dinero y felicidad,* que inspiró a los políticos de todo el mundo a reexaminar sus suposiciones sobre la conducta humana. En 2010, David Cameron, el primer ministro británico, encargó a un Equipo Conductual, conocido también como Unidad Nudge, que comprobara y aplicara esta nueva ciencia en el campo de los servicios sociales: la meta era mejorar el acceso a los servicios sociales y también su uso, y desarrollar políticas más eficaces. En una intervención, al recordarles simplemente a los contribuyentes del Reino Unido que muchos ciudadanos británicos pagaban con puntualidad sus impuestos, la Unidad Nudge aumentó espectacularmente el pago de impuestos en el plazo fijado, consiguiendo recaudar cerca de 210 millones de libras en contribuciones fiscales. No está nada mal, para ser una intervención a precio de ganga.[287] En 2013, el gobierno estadounidense empezó a organizar su propio equipo de científicos conductuales, conocido como la Brigada Nudge, para tratar problemas sociales como las dietas poco saludables, el absentismo escolar y otros asuntos similares.

La siguiente historia te dará una idea de cómo funciona esta clase de pequeños empujones llamados «nudge» en inglés. Los enfoques habituales para reducir el consumo de energía en los hogares habían estado animando a los consumidores a hacer grandes cambios, como aislar bien sus casas y comprar electrodomésticos nuevos que ahorraran energía. ¿Qué tiene de malo esta táctica? Que es demasiado pedir. Solo lo hizo un pequeño porcentaje de consumidores, y tendían a ser aquellos cuyas actitudes y circunstancias coincidían con la conducta fomentada. Por ejemplo, un propietario de una casa (en lugar de un inquilino) que se identificara con el ecologismo, deseara renovar su cocina y dispusiera del dinero para hacerlo, tal vez se planteara comprar un nuevo lavavajillas. Aunque aquellas medidas redujeran el consumo energético de manera espectacular en los pocos consumidores que las habían seguido, la mayoría de la gente no estaba dispuesta a gastarse mil dólares por la sugerencia genérica impresa en el dorso de la última factura de la luz. Estas grandes peticiones no lograban cambiar las actitudes de aquellos a los que tanto les daba reducir el consumo energético.

En 2006, dos jóvenes, Daniel Yates y Alex Laskey, decidieron probar un enfoque totalmente distinto. Fundaron Opower, una compañía concebida para fomentar el ahorro energético. En lugar de rogarles explícitamente a los consumidores que hicieran cambios importantes y costosos, les *empujaban* sutilmente a hacer pe-

---

287. J. M. Jachimowicz y S. McNerney, «Should governments nudge us to make good choices?», *Scientific American*, 13 de agosto de 2015, procedente de www.scientificamerican.com/article/should-governments-nudge-us-to-make-good-choices/.

queños cambios paulatinos indicándoles simplemente su consumo energético en comparación con el de sus vecinos a través de imágenes de caritas sonrientes. Cuantas más caritas sonrientes recibían, más energía habían ahorrado comparados con sus vecinos. Esta pequeñísima intervención causó un ahorro energético de entre un 1,5 por ciento y un 3,5 por ciento en el 75 por ciento de los hogares con los que contactaron. No solo se aplicó en una ciudad o dos, sino en todas partes de Estados Unidos y en su gran variedad demográfica. Compara este enfoque con otros anteriores tan costosos que solo consiguieron cambios en un diminuto porcentaje de hogares.[288]

Los investigadores *nudge* del pasado, como el psicólogo Daniel Kahneman, definieron estos empujoncitos como «inversiones infinitesimales» que conducen a unos «beneficios medianos».[289] Los costes son bajos y los mecanismos actúan por medio de lo que los economistas conductuales denominan «arquitectura de las decisiones», unos contextos diseñados únicamente para la toma de buenas decisiones.[290]

---

288. Para obtener más información sobre Opower, véase A. J. C. Cuddy, K. Doherty y M. W. Bos, «OPOWER: Increasing energy efficiency through normative influence», (A) Harvard Business School Case, 2010, revisado en 2011, págs. 911-1016. M. W. Bos, A. J. C. Cuddy y K. Doherty, «OPOWER: Increasing energy efficiency through normative influence», (B) Harvard Business School Case, 2011, págs. 911-1061. «Navigant Consulting. Evaluation Report: OPOWER SMUD pilot year2», 20 de febrero de 2001, procedente de http://opower.com/company/library/verification-reports?year=2011. H. Allcott, «Social norms and energy conservation», *Journal of Public Economics, 95,* 2011, págs. 1082-1095. I. Ayres, S. Raseman y I. Shih, «Evidence from two large field experiments that peer comparison feedback can reduce residential energy usage», 16 de julio de 2009. Fifth Annual Conference on Empirical Legal Studies Paper, procedente de http://papers.ssrn.com/sol3/papers.cfm?abstract_id=1434950.

289. J. Singal, «Daniel Kahneman's gripe with behavioral economics», *The Daily Beast,* 26 de abril de 2013, procedente de www.thedailybeast.com/articles/2013/04/26/daniel-kahneman-s-gripe-with-behavioral-economics.html.

290. R. H. Thaler, C. R. Sunstein y J. P. Balz, «Choice architecture», en E. Shafir (ed.), *The behavioral foundations of public policy,* Princeton University Press, Princeton, Nueva Jersey, 2012, págs. 245-263.

Los empujoncitos son eficaces por varias razones. En primer lugar, *son pequeños y requieren el mínimo compromiso psicológico y físico*. Opower aprendió que incluso los consumidores que no se tenían por ecologistas estaban dispuestos a reducir un poco su consumo energético al enterarse de que el vecino también lo hacía.

En segundo lugar, *actúan por medio de atajos psicológicos*. Como ya he mencionado en varias ocasiones, tenemos unos recursos cognitivos limitados, por lo que no podemos prestar atención a toda la información recibida sobre cada decisión que tomamos. Un atajo consiste simplemente en hacer lo que nos producirá menos turbación o bochorno, basándonos en lo que los demás hacen. En el caso de Opower, esta compañía animaba a la gente a actuar de una determinada manera a través de la *influencia normativa* (decidir cómo actuaremos basándonos en lo que es adecuado socialmente), lo opuesto a la *influencia informativa* (decidir cómo actuaremos basándonos en la valoración de una realidad objetiva). La conducta humana suele regirse con más frecuencia por lo primero que por lo segundo. Solemos mirar lo que los demás hacen e inferir cuáles de esas acciones son las adecuadas, sobre todo si nos identificamos con las personas observadas. Cuanto más se parecen a nosotros, más nos dejamos influir por su conducta. Aunque a muchos les resulte inquietante, el hecho es que, por más que nos guste vernos como individuos únicos, nos preocupa mucho encajar en la sociedad. No me estoy refiriendo a que la gente se vaya a arrojar al vacío al ver a su amigo saltar de un acantilado, sino a que cuando una conducta le resulta cómoda, prefiere encajar en la sociedad que invertir una gran cantidad de tiempo y de energía cognitiva intentando averiguar con exactitud lo más «correcto» o «mejor» que puede hacer.

En tercer lugar, al contrario de la idea popular más extendida sobre que nuestra conducta viene de nuestras actitudes (por ejemplo, compramos un cierto producto porque lo vemos con una actitud positiva), la causalidad entre actitudes y conductas tiende a darse a la inversa —*nuestras actitudes vienen de nuestras conductas* (por ejemplo, vemos un producto con una actitud positiva porque ya lo hemos comprado— y quizá lo compramos porque un amigo lo usa, o por estar de oferta, o simplemente porque nos queda a mano en el estante del supermercado).

La mayoría de los estudios se han centrado sobre todo en la facilidad con la que nos dejamos influir por los demás. Pero ¿y qué hay de cómo nos influimos a nosotros mismos?

En 2013, empecé a pensar cómo estos tres principios —*unos mínimos compromisos psicológicos y físicos, el uso de atajos psicológicos y las actitudes viniendo de las conductas*— podían aplicarse para motivar a la gente a cambiar en su interior. Al igual que las compañías «empujan» a grandes grupos de gente a actuar de una determinada forma, uno también se puede empujar a sí mismo a adquirir hábitos más sanos y productivos.[291]

La idea era que los cambios paulatinos, a base de pequeños empujones, no solo llevaban al éxito profesional, sino también a la confianza, la comodidad y a un mayor grado de autoeficiencia, salud y bienestar, y a unas relaciones más positivas. Como la gente no espera gran cosa de los pequeños empujones, al ver los efectos, al advertir los cambios que generan, suele sorprenderse. «¡Vaya, ha funcionado, quién lo iba a decir!»

Los autoempujoncitos que nos damos, como yo empecé a llamarlos, son cambios mínimos en nuestro lenguaje corporal o en nuestro modo de pensar, o ambas cosas a la vez, para crear pequeños progresos psicológicos y conductuales en el momento presente. Son pequeños toques que pueden producir grandes cambios con el paso del tiempo. A diferencia de los cambios más ambiciosos y programáticos, de las metas vitales a largo plazo, y de las autoafirmaciones forzadas sobre cosas en las que en realidad no creemos, esta clase de pequeños empujones nos

---

291. Empecé a advertir que muchas de las pequeñas intervenciones concebidas por la gente, como las posturas poderosas, se basaban en al menos dos o tres principios de los típicos pequeños empujones. Acuñé el término *self-nudge* y después coorganicé un simposio sobre el tema para el encuentro anual de la Sociedad para la Personalidad y la Psicología Social (SPSP).

resultan agradables por naturaleza. Cuando progresamos a base de empujoncitos, la distancia entre la realidad y la meta se acorta, no es desalentadora, por lo que tendemos menos a rendirnos. Por eso nuestro cambio de conducta es más auténtico, duradero y fortalecedor.

Cambios paulatinos: pasos de bebé

En lo que se refiere a los cambios interiores, nadie ha hecho unas investigaciones psicológicas tan importantes como las de Carol Dweck y sus colaboradores. En un experimento tras otro, realizado con miles y miles de estudiantes, Dweck ha demostrado que los niños progresan en el colegio cuando adoptan lo que ella llama una mentalidad de progreso —la creencia de que pueden progresar en cualquier área—, lo opuesto a una mentalidad fija, la creencia de que sus capacidades son las que son y que no van a mejorar. Cuando los niños (y los adultos) se centran en el proceso en lugar de en los resultados, su rendimiento mejora de manera asombrosa y espectacular. En una charla TED,[292] Dweck dijo:

> He oído hablar de un instituto de Chicago donde los alumnos tienen que aprobar una serie de cursos para terminar los estudios, y si no aprueban uno, reciben un «Todavía no». Y a mí esto me pareció fantástico, porque si recibes un suspenso, piensas, «soy una nulidad, no estoy yendo a ninguna parte». Pero si recibes un «Todavía no» ves que te encuentras en una curva de aprendizaje. Que lo mejor está aún por llegar.

Dweck demuestra que la mayoría de las escuelas estadounidenses están estructuradas sin proponérselo para crearles a los alumnos una mentalidad fija, haciendo que se centren en las notas, las pruebas y las

---

292. C. Dweck, «The power of believing that you can improve», *TED*, diciembre de 2014, procedente de www.ted.com/talks/carol_dweck_the_power_of_believing_that_you_can_improve/transcript.

demostraciones, y elogiándoles por su inteligencia y talento. Sostiene que las escuelas deberían en su lugar estar estructuradas para fomentar una mentalidad de progreso, elogiando el esfuerzo, las estrategias, la concentración, la perseverancia, el entusiasmo y los progresos de los alumnos. «Estos elogios al proceso en sí crean niños fuertes y resistentes», explica Dweck. Hace que se centren en el proceso y no en los resultados y cultiva la creencia de que las tareas difíciles son un reto estimulante en vez de una oportunidad para demostrar el fracaso.

Este principio no se limita al éxito académico. David Scott Yeager, de la Universidad de Texas (Austin), quería descubrir la forma de evitar la aparición de depresiones en los adolescentes, algo común en los primeros años que van al instituto. Uno de los problemas, a su modo de ver, era que los jóvenes creían que la personalidad era fija en lugar de mutable, una idea bastante desmoralizadora en un tramo de la vida en el que muchos jóvenes, además de no sentirse demasiado bien consigo mismos, se sienten socialmente catalogados y estratificados. David Scott dirigió un estudio en el que participaron seiscientos alumnos de noveno de tres institutos. Los jóvenes del grupo del tratamiento se limitaron a leer un pasaje sobre el hecho de que la personalidad no es algo inmutable, advirtiendo que ni acosar ni ser acosado son unos rasgos fijos de personalidad. También leyeron un artículo sobre la plasticidad del cerebro. A continuación, describieron con sus propias palabras cómo la personalidad puede cambiar. Al cabo de nueve meses en los jóvenes que habían leído aquel pasaje no se dio, como promedio, ningún aumento de los signos de depresión. Sin embargo, en los jóvenes del grupo de control (los que habían leído un pasaje sobre la maleabilidad de la capacidad atlética en lugar de sobre la de la personalidad) se dio un aumento de un 39 por ciento en los signos de depresión, resultados que coincidían con una investigación anterior sobre los índices de depresión entre los adolescentes.[293]

---

293. A. S. Miu y D. S. Yeager, «Preventing symptoms of depression by teaching adolescents that people can change: Effects of a brief incremental theory of personality intervention at 9-month follow-up», *Clinical Psychological Science*, 2015. DOI: 10.1177/2167702614548317.

Los pequeños empujones tratan, en parte, de la arquitectura de las decisiones, consisten en crear un entorno donde puedas tomar buenas decisiones. Te permiten ser el arquitecto *y* el edificio al mismo tiempo, levantar una poderosa construcción. Y además estás creando un espacio para actuar de manera sana en tu vida.

Cómo los pequeños empujones crean grandes cambios

En cierto modo, ajustar simplemente nuestra postura es el empujoncito decisivo. Pero ¿cómo nos podemos asegurar de que sus efectos duren? Me suelen hacer esta pregunta. La respuesta es un poco complicada, porque estoy segura de que si mantuviéramos a los participantes solos en nuestros laboratorios sin nada que hacer y nadie con quien interactuar, desaparecería rápidamente cualquier efecto positivo de una postura poderosa. Para que los efectos sean duraderos ha de darse la oportunidad para que arraiguen, crezcan y se fortalezcan. Hay que reforzarlos. Así es como lo podemos conseguir:

En primer lugar, *nuestra conducta se refuerza a sí misma* de numerosas formas.

Como ya he señalado antes, nuestras actitudes suelen proceder de nuestra conducta en lugar de actuar basándonos en nuestras actitudes. Esta idea coincide con la bien fundamentada hipótesis de William James acerca de que nuestros sentimientos surgen de nuestras expresiones.

Cuando nos vemos haciendo algo con valor o pericia, recordaremos esa experiencia la próxima vez que nos enfrentemos a un reto similar, por lo que nos resultará más fácil superarlo la segunda vez, la tercera y todas las restantes. Nuestra sensación de estar al mando y ser eficientes se fortalece, nuestro sentido de propia valía aumenta y nuestra capacidad de vivir el momento en lugar de estar preocupados por él mejora. Dejamos de atribuir los buenos resultados a causas externas (por ejemplo, a la buena suerte, a la ayuda de los demás) y las atribuimos a causas internas (por ejemplo, a la tenacidad, a la inteligencia).

Al usar intervenciones no verbales, como la respiración profunda, sonreír, sentarnos con la espalda erguida y las posturas poderosas, no estamos absortos en nuestras desconcertantes autoevaluaciones sobre hasta qué punto lo estamos haciendo bien o no, «la caldera en ebullición de pensamientos calculadores y autoevaluadores, de predicciones, angustias, juicios de valor y de incesantes metaexperiencias sobre la propia experiencia», como Maria Popova lo describió (véase el capítulo 1). En su lugar, estamos presentes y sacamos todo nuestro potencial en ese momento. Advertimos la distinta manera con la que nos hemos enfrentado a la situación al haber adoptado momentos antes una postura poderosa, al reflexionar de manera sana en ello (lo opuesto a las cavilaciones poco sanas). Las posturas poderosas van cambiando paulatinamente tu punto establecido, por lo que con el paso del tiempo crean grandes cambios de conducta. También pueden generar, en un efecto cascada, otros cambios surgidos del cambio inicial que lo refuerzan a su vez.

Y los cambios fisiológicos —como los cambios hormonales ligados a las posturas poderosas— refuerzan las conductas vinculadas con ellos. Por ejemplo, al dispararse el nivel de cortisol cuando estás ansioso, lo cual te hace actuar en un estado de intimidación, aumentará la ansiedad que sentirás la próxima vez que te topes con un reto parecido. Pero cuando se dan unos niveles elevados de testosterona, tendrás más posibilidades de salir airoso de la situación, por lo que tus niveles de testosterona aumentarán más todavía.

Los pequeños empujones cuerpo-mente nos ahorran los principales obstáculos psicológicos de las intervenciones mente-mente, como las afirmaciones positivas poderosas (por ejemplo, decirte a ti mismo «¡Estoy lleno de confianza!»). ¿Por qué estos métodos suelen fallar? Porque requieren que te digas algo en lo que no crees, al menos en ese momento. Cuando estás dudando de ti totalmente, no confiarás sin duda en tu voz diciéndote que es un error no creer en ti (aunque te estés equivocando al dudar de ti mismo). Las afirmaciones positivas se pueden acabar convirtiendo en autovaloraciones, sobre todo cuando estás estresado e hipersensible a los juicios sociales, por lo que al final acabas dudando aún más de ti. En cambio, los métodos cuerpo-mente, como las posturas poderosas, dependen del cuerpo, y el vínculo más directo y primitivo que mantienen con la mente les permite mejor decirte que estás lleno de confianza, evitando que tropieces con los obstáculos psicológicos de los métodos mente-mente.

Los efectos duraderos de los pequeños empujones proceden, en segundo lugar, *de los demás fortaleciendo nuestra conducta.*

Las expresiones no verbales no son una mera cuestión de una persona «que habla» y otra que escucha. Es una conversación de doble sentido, ya que las expresiones de una persona producen una respuesta afín en la otra. Estas interacciones refuerzan las impresiones que nos hacemos unos de otros, y también de nosotros mismos, lo cual afecta a cómo actuaremos no solo en el intercambio inmediato que está teniendo lugar, sino además la próxima vez que nos encontremos en una situación parecida.

En uno de los experimentos psicológicos más famosos que se han realizado, les dijeron a los profesores de una escuela de primaria de California al inicio del curso escolar que, basándose en los resultados de un test que les habían hecho a los alumnos, los expertos habían determinado que aquel año se dispararía el rendimiento escolar de varios alumnos.[294] Les dieron a los profesores los nombres de esos alumnos. Pero lo que los docentes no sabían es que aquella información era falsa: todos los alumnos habían realizado el test, pero algunos habían sido elegidos al azar para ser los que «despuntarían» en los estudios, aunque en realidad no se diferenciaran de los alumnos a los que les habían asignado al azar formar parte del grupo de control. (Hay que tener en cuen-

---

294. R. Rosenthal y L. Jacobson, «Pygmalion in the classroom», *The Urban Review, 3,* 1968, págs. 16-20.

ta que este experimento se llevó a cabo en la década de 1960 y, pese a cumplir con las normas de aquella época, en la actualidad no cumpliría las normativas éticas vigentes. Así que no te preocupes, a tus hijos no les harán participar en esta clase de estudios.)

¿Qué crees que ocurrió? Si te dijeran que uno de tus hijos iba a despuntar de golpe intelectualmente, ¿lo tratarías de distinto modo? ¿Y si fuera un empleado? ¿Un amigo?

Lo que ocurrió es que los profesores se comportaron con los alumnos que iban a «despuntar» de una manera que estimulaba enormemente su progreso intelectual. Les prestaban más atención en clase, les respondían con una actitud más alentadora y afirmativa, les daban más oportunidades de aprender... Por esta razón al final del año escolar los alumnos que iban a «despuntar» en clase sacaron una puntuación más alta que los del grupo de control en el mismo test en el que no se habían diferenciado del resto al comienzo del curso escolar. Así es como funcionan las profecías destinadas a cumplirse: tenemos una expectativa sobre quién es alguien y sobre cómo actuará, y le tratamos de un modo que lo más probable es que favorezca que actúe como nos imaginábamos, confirmando nuestras expectativas iniciales... y así sucesivamente.

En un famoso artículo de 1974, unos psicólogos de Princeton presentaron un par de experimentos sobre el poder del lenguaje corporal que está destinado a cumplirse.[295] Los investigadores querían saber si los miembros de raza blanca de la comisión encargada de aceptar el ingreso de alumnos en la universidad adoptaban inconscientemente posturas corporales frías, indiferentes y descorazonadoras (por ejemplo, al no dirigir su cuerpo hacia el de los solicitantes, cruzar los brazos, no asentir con la cabeza) cuando entrevistaban a estudiantes de color y, si era así, cómo estas posturas afectaban a los resultados de la entrevista. En el primer experimento se les asignó al azar a los entre-

---

295. C. O. Word, M. P. Zanna y J. Cooper, «The nonverbal mediation of self-fulfilling prophecies in interracial interaction», *Journal of Experimental Social Psychology, 10,* 1974, págs. 109-120.

vistadores blancos entrevistar a estudiantes blancos o de color. Cuando entrevistaban a los estudiantes de color, los entrevistadores blancos usaban un lenguaje corporal frío e indiferente, y los resultados de la entrevista de los solicitantes negros fueron, al parecer, inferiores a los de los blancos. En el segundo experimento dividieron en dos grupos a los entrevistadores blancos formados para ello y se les indicó que usaran un lenguaje corporal frío e indiferente o uno cálido y participativo. A continuación les asignaron al azar entrevistar a estudiantes de color o blancos. Los estudiantes de color sacaron los mismos resultados que los blancos cuando los entrevistadores exhibieron un lenguaje corporal cálido y participativo. Y el resultado de los estudiantes de ambas razas fueron bajos cuando los entrevistadores mostraron una actitud fría e indiferente.

Además, en ambos casos el lenguaje corporal de los solicitantes coincidió con el de los entrevistadores. Sin saberlo, imitaron lo que los entrevistadores hacían, que es lo que todos hacemos en los escenarios sociales. Es decir, nuestro lenguaje corporal, que suele basarse en prejuicios, condiciona el lenguaje corporal de aquellos con los que interactuamos. Si esperamos que alguien rinda poco, adoptamos un lenguaje corporal desagradable y desalentador. Como es natural, esa persona captará la insinuación y responderá como esperábamos: mal. ¡¿Cómo iba cualquiera a lucirse en una entrevista en esas circunstancias?!

Cuando nuestro lenguaje corporal es desenvuelto y abierto, los demás responden de una forma parecida, por lo que se refuerza inconscientemente no solo la imagen que tienen de nosotros, sino la que tenemos de nosotros mismos.

Por qué muchos métodos populares de autoayuda fracasan e incluso son contraproducentes

¿Por qué progresar a base de pequeños empujones? ¿Acaso no es mejor proponernos cambiar nuestra forma de actuar y cumplir esta promesa? Al igual que los intentos del pasado para animar a los consumidores a ahorrar energía haciendo grandes cambios —como aislar sus hogares—, la gente también se propone hacer grandes cambios en su vida para mejorar. Pero en ambos casos, la táctica fracasa estrepitosamente. Uno de los mayores culpables, al menos en Estados Unidos, son los siempre desalentadores propósitos de Año Nuevo, repletos de trampas psicológicas que están en nuestra contra.

Para empezar, los propósitos de Año Nuevo son demasiado ambiciosos. Fijarse grandes metas, como sacar sobresalientes en la universidad o hacer ejercicio tres días a la semana, es un paso positivo en teoría, pero estas metas no están concebidas de una forma que nos permitan ir alcanzándolas poco a poco. Dependen de cientos de otros cambios más pequeños y además no llevan consigo las instrucciones para saber cómo realizarlos paso a paso.

Los resultados que nos imaginamos al proponernos grandes metas también son demasiado lejanos. Al no poder relacionarnos con ellos ni imaginárnoslos, todavía nos cuesta más hacerlos realidad en nuestra vida. Y la lejana meta nos da muchas oportunidades para fracasar a lo largo del camino, y esto significa más oportunidades para rendirnos. Nos decimos que no tiene sentido seguir intentándolo porque ya lo hemos echado a perder. Si decidimos de pronto ir al gimnasio tres veces a la semana, lo más probable es que no lo hagamos la mayoría de las semanas, lo cual debilita nuestra eficacia, confianza, ánimo y tenacidad.

Como las investigaciones de Carol Dweck han demostrado claramente, centrarnos en el proceso nos anima a seguir trabajando, a seguir avanzando y a ver los retos como oportunidades para progresar y no como amenazas de fracasar. Los propósitos de Año Nuevo se centran en los resultados y no los vemos como una oportunidad para progresar, sino como una amenaza. Los pequeños empujones, en cambio, son eficaces porque se centran en el cómo y no en el qué.

Los grandes propósitos se centran además en lo negativo —en las cosas malas de las que queremos librarnos— en lugar de en lo positivo, las cosas buenas que podemos mejorar. Sin duda, no es una buena idea pensar cada día en lo que detestamos de nosotros mismos. Es desagradable y desmotivador, pero pensar en las cosas buenas que podemos hacer incluso mejor, nos estimula y anima a seguir adelante.

Y, en último lugar, los propósitos de Año Nuevo pueden destruir nuestra motivación intrínseca —el deseo interior personal de hacer algo— y sustituirla por motivadores extrínsecos. Y décadas de investigaciones han revelado que esto es contraproducente, ya que los motivadores extrínsecos (por ejemplo, el dinero y evitar ser castigado) no siempre estarán presentes. En realidad, cuando una meta implica algo que ya nos apasiona hacer, los motivadores extrínsecos pueden acabar destruyéndonos la motivación intrínseca.[296]

Por ejemplo, yo siempre he querido correr para hacer ejercicio. Me gusta la elegancia del correr: la repetición de un único movimiento airoso, un equipo deportivo mínimo, sin necesidad de ir al gimnasio, y además se puede hacer al aire libre prácticamente en cualquier lugar... me atraía. En el pasado, casi cada Año Nuevo me proponía «ser una corredora». En mi mente, un corredor era alguien disciplinado, veloz y capaz de participar en maratones. Pero como empezaba de cero, me iba a costar lo mío conseguir todas estas cosas y no podía aceptarlo. Al centrarme en el resultado —en ser una corredora como yo lo definía— estaba ignorando la realidad del largo proceso que había entre medio. Cada vez que salía a correr, el resultado era corto, lento y doloroso. Cada vez que lo hacía lo vivía como un fracaso. Y al principio no disfrutaba con el proceso. A decir verdad, cada vez que me proponía ser una corredora al poco tiempo acababa detestando correr. Este era el verdadero problema. Perdí rápidamente cualquier motivación intrínseca que tuviera, porque los motivadores extrínsecos eran demasiado escasos y lejanos. Al centrarme en los inalcanzables incentivos extrínsecos, estaba olvidándome de la oportunidad de

---

296. Véase, por ejemplo, M. P. Lepper, D. Greene y R. E. Nisbett, «Undermining children's intrinsic interest with extrinsic reward: A test of the "overjustification" hypothesis», *Journal of Personality and Social Psychology, 28,* 1973, págs. 129-137.

identificarme con algunos incentivos intrínsecos y de desarrollarlos. Cada año dejaba de correr a finales de enero.

Al final probé algo diferente: me propuse correr solo una vez. Y si me gustaba, lo repetiría. Además correría solo tan deprisa y lo lejos que me apeteciera. No intentaría correr hasta tener agujetas o seguir a mis amigos corredores veteranos a toda costa. Dejé de fijarme metas lejanas por ser demasiado ambiciosas y distantes. Y descubrí un modo de transformar el correr en una experiencia positiva, en algo que esperar con ilusión. Encontré mi motivación intrínseca vinculando el correr con algo que me apasiona: viajar. Me encanta viajar, pero cuando viajo por cuestiones laborales siempre llego y me voy del lugar a todo correr, sin tomarme el tiempo de aprender nada sobre el lugar que estoy visitando. Al salir a correr un poco, podía experimentar y ver el lugar a golpe de zapatilla. También aprendí que me fascinaba el *trail running*, que consiste en correr por senderos naturales. Cuando lo practico no corro a toda velocidad, pero disfruto pasando un tiempo en medio de la naturaleza, de modo que ahora ya no me propongo «ser una corredora». En lugar de centrarme en lo que no podía hacer en ese momento (por ejemplo, correr rápido, bien y competitivamente), me centré en lo que podía hacer (enriquecer mis experiencias de los viajes laborales y conectar con la naturaleza). Le di la vuelta a cada aspecto de cómo había estado intentando mantener mis propósitos de Año Nuevo. ¿He participado en un maratón? Ni por asomo. Y tal vez nunca llegue a hacerlo, ¡qué más da! Pero lo que realmente importa es que no he dejado de correr. ¡Y eso ya es algo!

Los pequeños autoempujones

Una intervención cuerpo-mente es una forma poderosa de darte un pequeño empujón, pero no es la única. Investigadores de todas partes del mundo están identificando otros pequeños gestos que podemos hacer para aumentar nuestro bienestar psicológico, cambiar de conducta y seguir progresando.

En 2014 mi colega Alison Wood Brooks y yo organizamos el simposio «*Self-Nudges*: cómo los gestos intrapersonales cambian la cognición, los sentimientos y la conducta» durante el encuentro anual de la Sociedad para la Personalidad y la Psicología Social.[297]

A Brooks, que también es profesora en la Escuela de Negocios de Harvard, le interesan en especial las barreras psicológicas que nos impiden rendir en la vida. Este interés le viene, en parte, de su pasado como cantante talentosa que ha actuado ante el público cientos de horas. No solo es envidiable su postura en el escenario, sino que también valora cómo esta clase de posturas nos ayudan a ser un buen líder y se da cuenta de que a la mayoría de personas les cuesta adoptarlas cuando están actuando. Por eso se propuso descubrir métodos sencillos para superar el miedo escénico.[298]

Advertencia: si eres un fan del meme superviral «¡Calma!» probablemente te sorprenderá lo que descubrió.

Como la mayoría de las personas saben, el miedo escénico puede vivirse como una sobredosis paralizadora de ansiedad. ¿Y qué es lo que nos dicen que hagamos cuando estamos ansiosos? Nos dicen, con la mejor intención, que nos calmemos. Por lo visto esto es lo peor que nos podrían decir. Al parecer la ansiedad es lo que los psicólogos describen como una emoción de altos niveles de activación. Como ya he explicado, cuando estamos ansiosos entramos en un gran estado de vigilancia fisiológica. Estamos hiperalertas. El corazón nos martillea en el pecho, empezamos a sudar, el cortisol se dispara... todas estas reacciones las controla de manera automática el sistema nervioso. Y para la mayoría de la gente es prácticamente imposible desactivar esta clase de activación automática, frenarla de pronto. No solo *no* nos calmamos, sino que cuando alguien nos *dice* que nos calmemos también

---

297. A. J. C. Cuddy y A. W. Brooks, (presidentas), «Self-nudges: How intrapersonal tweaks change cognition, feelings, and behavior», 2014. Simposio realizado en el 15.° encuentro anual de la Sociedad para la Personalidad y la Psicología Social, Austin (Texas).

298. A. W. Brooks, «Get excited: Reappraising pre-performance anxiety as excitement», *Journal of Experimental Psychology: General, 143*, 2014, págs. 1144-1158.

nos está recordando hasta qué punto *no* estamos calmados, por lo que nos sentimos incluso más ansiosos.

Pero también hay otra emoción de altos niveles de activación que no es tan negativa. De hecho, es bastante positiva: el entusiasmo. Brooks previó que tal vez no seamos capaces de desactivar esa gran activación, pero podemos cambiar nuestra forma de interpretarla. Así que, en lugar de intentar en vano bajar el nivel de activación de nuestros estados emocionales, ¿por qué no intentar cambiar lo negativo en positivo? ¿La ansiedad en entusiasmo?

Para comprobar su predicción, Brooks realizó una serie de experimentos haciéndoles vivir a los participantes distintas situaciones que provocan miedo escénico: un concurso de canto (en el que cantaron «Don't Stop Believin», de Journey), un concurso de hablar en público y un difícil examen de matemáticas. En cada experimento, les pidieron al azar que se dijeran una de estas tres cosas antes de su «actuación»: (1) ¡cálmate!, (2) entusiásmate, o (3) nada.

En los tres contextos —cantar, hablar en público y el examen de matemáticas—, los sujetos que dedicaron un momento a ver su ansiedad como entusiasmo superaron al resto. Cuando estás entusiasmado, explicó Brooks «ves la situación sobre todo como una oportunidad, piensas en todo lo bueno que te puede pasar. Eres más proclive a tomar decisiones y a emprender acciones que tenderán a realizarse con buenos resultados».[299]

Como soy lo bastante afortunada como para trabajar en un despacho que queda a unos dieciocho metros del pasillo donde está el de Alison Wood Brooks, hemos mantenido una buena serie de conversaciones sobre estas investigaciones. «Aunque no hayamos estudiado este fenómeno durante largo tiempo», me explicó, «sospecho que decirte "estoy entusiasmado" o intentar al máximo "sentirte entusiasmado" antes de cualquier actuación que te cause ansiedad no genera unos

---

299. D. Baer, «Feeling anxious? Why trying to "keep calm" is a terrible idea», *Fast Company,* noviembre de 2013, procedente de www.fastcompany.com/3022177/leadership-now/feeling-anxious-why-trying-to-keep-calm-is-a-terrible-idea.

rendimientos marginales decrecientes, es decir, no tiene por qué volverse menos eficaz con el tiempo. Al contrario, lo más probable es que los efectos positivos aumenten con el paso de los días. Cuanto más reinterpretes tu ansiedad como entusiasmo, más feliz te sentirás y más éxito tendrás». Por eso es como si te dieras un pequeño empujón: al centrarte en cada nuevo momento del día en lugar de hacerlo en el resultado de la actuación, te vas volviendo, a base de pequeños empujones, cada vez más audaz, auténtico y eficaz.

«Ver la ansiedad como entusiasmo me ha ayudado a cantar y tocar delante de multitudes, presentar mis investigaciones, exponer mis ideas empresariales, enseñar a estudiantes universitarios, doctorandos y estudiantes de posgrado, y a interactuar a diario con mis colegas de la Escuela de Negocios de Harvard». Cuando una psicóloga es capaz de aplicar sus investigaciones a su propia vida, es evidente que ha dado con algo muy valioso.

Al reinterpretar el significado de la emoción que sentimos —al «empujarnos» a pasar de la ansiedad al entusiasmo— cambiamos nuestra orientación psicológica, accediendo a los recursos cognitivos y fisiológicos necesarios para triunfar bajo presión. Transformamos con eficacia nuestro miedo escénico en presencia escénica.

¿De qué otra forma podemos usar estos pequeños empujones para mejorar nuestra vida? El profesor Hal Hershfield de la UCLA ha identificado un pequeño empujón de increíble sencillez que nos ayudará a tomar mejores decisiones sobre la cantidad de dinero que ahorraremos para el día de mañana o para dentro de cincuenta años.

Al parecer, en el año 2014 Hershfield preguntó a miles de personas de todas partes de Estados Unidos: «¿Cuál es tu peor enemigo?»[300] Quinientas dieron la misma respuesta: «Yo mismo».

Parece ser que no somos tan compasivos con nuestra propia persona como lo seríamos con un desconocido. Y esto es un gran problema cuando se trata de ahorrar dinero, porque si no nos podemos

300. H. Hershfield, «How can we help our future selves?» (TEDxEast talk), *YouTube*, 9 de setiembre, 2014, procedente de www.youtube.com/watch?v=tJotBbd7MwQ.

identificar con la persona para la que estamos ahorrando, ¿por qué íbamos a ahorrar prudentemente una buena cantidad de dinero para ella? ¿Por qué no gastarla ahora, en el presente?

Para tomar buenas decisiones que nos permitan ahorrar para el futuro —en especial, para la jubilación— tenemos que sentirnos bien en nuestra piel y respetarnos. Tenemos que respetar sobre todo a la persona que seremos en el futuro, la que se beneficiará de tener unos ahorros sustanciosos al jubilarse. Ha de importarnos y tener una clara imagen de quién seremos en el futuro. Los que recaudan fondos para organizaciones benéficas que ayudan a causas importantes, por ejemplo, tienen mucho más éxito cuando su campaña de mercadotecnia va dirigida a una víctima en concreto no anónima, a una persona que ha sufrido un desastre natural, una enfermedad o un delito en lugar de centrarse en las miles de víctimas con el mismo problema. ¿Parece contraintuitivo? ¿Es que no deberíamos desear aumentar la cantidad donada al saber que ayudaremos a miles de víctimas con nuestro dinero? Sí, pero no podemos entender fácilmente a miles de personas ni identificarnos con ellas, en cambio entenderemos sin duda a una y nos pondremos en su piel. Y cuanto con más viveza lo hagamos, mejor.[301]

Un estudio basado en neuroimágenes obtenidas con resonancia magnética realizado por Hersfield y sus colegas reveló que cuando los participantes se imaginaban a sí mismos al cabo de diez años, su actividad cerebral era como si estuvieran pensando en otra persona —en Matt Damon o Natalie Portman, por ejemplo—, a diferencia de cuando se imaginaban en el presente.[302]

301. T. Kogut y I. Ritov, «The "identified victim" effect: An identified group, or just a single individual?», *Journal of Behavioral Decision Making, 18,* 2005, págs. 157-167. G. Loewenstein, D. Small y J. Strand, «Statisical, identifiable, and iconic victims», en E. J. McCaffery y J. Slemrod (eds.), *Behavioral public finance,* Russell Sage Foundation, Nueva York, 2006, págs. 32-46.

302. H. Ersner-Hershfield, G. E. Wimmer y B. Knutson, «Saving for the future self: Neural measures of future self-continuity predict temporal discounting», *Social Cognitive and Affective Neuroscience, 4,* 2009, págs. 85-92.

Hershfield y sus colegas también descubrieron que al mostrarles fotografías del aspecto que tendrían en la vejez y ofrecerles la oportunidad hipotética de ahorrar dinero en una cuenta bancaria, ingresaron el doble de dinero en la cuenta que cuando no les mostraban las fotografías. Al identificarse con ellos mismos en el futuro estaban mucho más interesados en ahorrar para aquella persona.[303]

Hershfield te sugiere que imprimas una imagen con el aspecto que tendrás en el futuro,[304] en Internet encontrarás un programa para hacerlo (por más insólito que te parezca), y la cuelgues en el lugar donde estarás cuando tomes decisiones económicas importantes sobre tu futuro. O que antes de tomar decisiones económicas, escribas una carta concienciadora dirigida a ti cuando seas mayor. El objetivo es reducir la brecha entre quien eres ahora y quien serás en el futuro para traer al presente a la persona que serás con el fin de conocerla y conectar un poco con ella.

Los pequeños empujones que nos damos incluso funcionan al nivel superficial de la ropa. Lo que nos ponemos puede cambiar nuestra forma de vernos, percibirnos, considerarnos y actuar. Por ejemplo, en tres experimentos realizados en la Universidad de Northwestern, les asignaron a los participantes llevar una bata blanca de laboratorio. En el primer estudio, llevar una bata blanca mejoró la capacidad de concentración de los participantes, algo fundamental para estar presente en situaciones desconocidas que suceden a un ritmo trepidante. Pero los resultados llegaron un poco más lejos: cuando les dijeron que la bata era de médico, al ponérsela su capacidad de concentración aumentó todavía más. Sin embargo, al decirles que la bata era de pintor, no experimentaron el mismo beneficio.[305]

---

303. H. E. Hersfield, D. G. Goldstein, W. F. Sharpe, J. Fox, L. Yeykelis, L. L. Carstensen y J. N. Bailenson, «Increasing saving behavior through age-progressed renderings of the future self», *Journal of Marketing Research, 48,* 2011, págs. S23-S37.

304. Para conocer más a fondo la tecnología que ilustra los cambios físicos experimentados con el paso de los años, véase www.modiface.com/news.php?story=210.

305. H. Adam y A. D. Galinsky, «Enclothed cognition», *Journal of Experimental Social Psychology, 48,* 2012, págs. 918-925.

Interpretar de distinta manera una emoción, familiarizarte con el aspecto que tendrás de mayor o llevar una ropa acorde con el papel que desempeñas son solo algunas de las formas en que puedes transformar tu futuro poco a poco, cambiando paulatinamente cómo interactuas con el presente. Los psicólogos están intentando descubrir otros pequeños empujones que nos ayuden a progresar en la vida. Esto no es más que el principio.

Maria, una mujer que había estado luchando con una depresión que le impedía implicarse al cien por cien en su trabajo, me escribió este correo electrónico:

> Solía identificarme con mi «inteligencia» como una fuente enorme de confianza. Después de sufrir recurrentes brotes de depresión clínica, me descubrí sintiéndome cada vez más como una impostora al empezar un nuevo trabajo.
>
> Ayer, cinco segundos antes de darle clic a «enviar» para mandarle un correo a mi jefe en el que le explicaba por qué no podía aceptar mi nuevo cargo, cuarenta y cinco minutos antes de empezar mi nuevo trabajo, conseguí levantarme de la cama, adoptar una postura de poder y «reunir el valor» para ducharme, subirme al coche y entrar en mi nuevo despacho.

No significa que Maria no volverá a encontrarse con otros retos que le harán dudar de sí misma, pero a partir de ahora tendrá un nuevo recuerdo, una nueva imagen de sí misma, una sensación de eficiencia y de control, y además la estimulante reacción positiva que recibirá de su jefe y de sus compañeros de trabajo.

No es más que una cuestión de hoy, de la siguiente hora o del siguiente momento.

¿Te acuerdas de Eve Fairbanks —la periodista que aprendió a surfear— y de su descripción de lo que le sucedió: «El placer de mi hazaña generó más placer, la certeza de que cada vez que superaba una nueva prueba, mi habilidad aumentaba»?

A cada pequeño empujón, nos sentimos cada vez más satisfechos, más poderosos, más presentes.

11

Fíngelo hasta serlo

Soy más grande y mejor de lo que pensaba. No creí tener tanta bondad en mi interior.
WALT WHITMAN

Ojalá pudiera compartir contigo los miles de historias que la gente ha compartido conmigo. Con una asombrosa frecuencia, empiezan diciéndome: «Quiero contarte cómo me has cambiado la vida». Pero lo cierto es que *yo* no le he cambiado la vida a nadie, han sido *ellos* mismos quienes *lo* han hecho. Tomaron las ideas sencillas que presenté y las adaptaron y desarrollaron de una forma que nunca me habría imaginado. He elegido compartir contigo un puñado de historias. Son de personas que estaban enfrentándose a un gran reto o que ayudaron a otras cuando los afrontaban, que actuaron guiadas por su nuevo conocimiento de cómo el cuerpo influye en la mente, lo cual les permitió sacar su lado más audaz y auténtico tanto a ellas mismas como a las personas que ayudaban. Son historias de individuos que en muchos casos fingieron algo hasta llegar a serlo.

Espero que puedas identificarte con alguna, porque creo que la parte de mi charla TED que más le impactó a la gente no fue la de las investigaciones presentadas, sino la de mi confesión de haberme pasado una buena parte de la vida creyendo «no me merezco estar aquí». Aunque en aquella época no lo entendiera, ahora veo por qué era tan importante: hizo que la gente se sintiera menos sola en el mundo al saber que al menos otra persona había sentido lo mismo y había superado (en gran parte) ese sentimiento. Una historia real, una confesión sincera pueden ser muy poderosas.

Empezaré contándote la historia de Will. Me escribió a los veintiún años, cuando estudiaba en la Universidad de Oregón y trabajaba de actor a tiempo parcial.

El agente de Will le llamó para decirle que tenía un papel perfecto para él, una oportunidad de oro, la clase de trabajo que no podía dejar escapar. Era un papel en una importante película que se filmaría en Oregón, y el director y los productores estaban buscando actores jóvenes masculinos amantes de la naturaleza. Will pensó que su agente se había vuelto loco. No estaba preparado para el papel. Había aparecido en varios anuncios televisivos, actuado en un par de películas poco importantes, y salido en un episodio de una serie de televisión, pero no se había dedicado a ser actor. Sabía que tendría que competir con profesionales.

Will, que se consideraba un tanto audaz, aceptó asistir a la audición. Pero no fue a ella lleno de confianza. En su lugar, al llegar y echar un vistazo en la sala de espera, se dijo: «¿Por qué se me habrá ocurrido meterme en esto?» De pronto, embargado por una intensa ansiedad, recordó algo que un amigo le había dicho: si te pones nervioso antes de una entrevista, ve a un lugar privado y adopta la postura de Wonder Woman dos minutos.

Will se dirigió al servicio de los hombres. «Abrí la puerta del lavabo, me reí de mí mismo unos segundos y luego me puse en jarras, con la barbilla levantada, sacando pecho. Me quedé plantado en esta postura en silencio, sonriendo, durante ciento veinte segundos. Respirando hondo». No se acordaba exactamente para qué servía, pero admira a su amigo, a quien describe como alguien «que nunca me ha fallado en cuanto a compartir hechos o descubrimientos raros que me ayuden a hacer realidad mis sueños». Will confiaba lo bastante en el consejo de su amigo como para al menos probarlo.

«Al volver a la sala de espera me senté con la espalda recta y esperé a que me llamaran», recordó Will. Cuando lo hicieron, «entré en la sala de audiciones sin la más mínima preocupación. No tenía nada que perder.»

La audición le fue de maravilla. No solo no se sintió ansioso, sino que incluso disfrutó de la experiencia. La presencia del famoso director de la película no le intimidó en absoluto. Nunca se había sentido tan a gusto en una audición, tan vital, tan metido «en su papel».

Cuando Will salió de la audición, le estaba esperando su padre.

—¿Cómo te ha ido? —le preguntó.

—¡Genial! Me ha salido redonda —repuso Will sonriendo feliz.

—¿Te han dado el papel?

Will hizo una pausa.

—¡Oh, no…! Me refiero a que no lo sé. Pero me ha ido de maravilla. Me lo he pasado fenomenal. Nunca me había sentido tan bien en una audición.

Will casi se había olvidado del papel en la película. Había estado tan presente durante la audición, tan metido en el proceso, que el resultado se había vuelto secundario para él… o tal vez ya no le importaba demasiado.

Da la increíble casualidad que Will se apellida Cuddy. (No estamos emparentados.) Y su nombre aparece en los créditos de *Alma salvaje,* un filme nominado a un óscar protagonizado por Reese Witherspoon. Durante la audición transmitió su entusiasmo, confianza y pasión. Y su sensación de poder personal le permitió sacar y compartir las cualidades que necesitaba para triunfar en esa situación. Desde entonces, los Cuddy de Oregón y los de Boston se han estado manteniendo en contacto. De hecho, Will y su padre viajaron en avión a Boston para ver *Alma salvaje* con mi familia y conmigo la noche del estreno.

La historia de Will ilustra de maravilla el efecto ideal de la presencia: actúas con una cómoda confianza y sincronía, dejas atrás la situación con una sensación de satisfacción y de logro, sea cual sea el resultado perceptible. En el caso de Will, *casi* se olvidó del resultado.

Muchas de las historias que he oído tienen que ver con retos laborales o académicos, las arenas donde más intimidados nos sentimos y donde mayores son los obstáculos (y la ansiedad). La gente encuentra mil y una formas de aplicar la ciencia de la presencia en la búsqueda de empleo y en el proceso de selección. Aquí tienes cómo Melanie la aplicó a su vida:

> Después de ser despedida había estado buscando en vano trabajo durante meses, yendo de aquí para allá, sintiéndome como si estuviera participando sin parar en un concurso. Fue una época muy desmoralizadora. Mi hijo me dijo señalándome tu vídeo: «¡Tienes que intentarlo!»
>
> Y así lo hice, practiqué las posturas poderosas varios minutos antes de mantener mis tres siguientes entrevistas de trabajo. En lugar de sentarme con las manos unidas en el regazo, apoyé los codos en los reposabrazos. Me aceptaron en dos de las tres entrevistas a las que fui. Elegí la mejor oferta de las dos y empezaré a trabajar el lunes…
>
> Cuando empiece mi nuevo trabajo… ya no me achicaré ni me encogeré. Cuando la mente y las inseguridades nos hacen sentir insignificantes, por lo visto el cuerpo nos recuerda que en realidad estamos hechos de polvo de estrellas.

Thomas llevó la ciencia de la presencia a sus reuniones comerciales.

> Tengo una empresa de comercio en la que trato con una serie de marcas internacionales. Durante años he estado intentando comunicar mi experiencia y mi visión a empresarios sumamente dominantes y, hasta que vi tu charla TED, no me di

cuenta de que al lidiar con directores de compañías, mi comunicación no verbal siempre había asumido un papel carente de poder.

Durante dos meses había estado intentando zanjar un trato muy importante sin llegar a buen puerto. Todas las negociaciones se habían hecho a través de videollamadas y advertí que mi postura siempre había sido pésima. Encorvaba la espalda y mantenía a menudo una mano en la barbilla.

De modo que... hoy, inspirado por tu presentación, me he quedado plantado en mi despacho, con los brazos en jarras y los pies separados, y he decidido hacer una videollamada a los que toman las decisiones importantes. Me he descubierto hablando como si le estuviera explicando el trato a un amigo en mi cocina.

Moraleja: por primera vez, después de participar en media docena de reuniones, he logrado transmitir profesionalidad y buen criterio... y he conseguido zanjar el contrato. :) Como iniciativa, seguiré adoptando posturas poderosas con todas las empresas internacionales con las que trate. En las reuniones nos conocerán ¡como la compañía de los brazos en jarras!

En su condición de estudiante de Nigeria que estaba haciendo la carrera en Canadá, René se sentía desplazado.

Nunca solía participar en las discusiones de clase. Creo que, como la mayoría de estudiantes de primer año, me sentía un tanto intimidado. Dudaba de la validez de mis opiniones. Un buen amigo mío me envió tu charla TED y hoy puedo afirmar que ha cambiado por completo mi experiencia universitaria. He empezado a levantar la mano en clase, a asistir a conferencias e incluso a darlas ¡por iniciativa propia! Gracias por recordarnos que nada, absolutamente nada, en especial la inseguridad, debe impedirnos alcanzar todo nuestro potencial.

René encontró el modo de superar sus inseguridades y se acabó convirtiendo no solo en un estudiante brillante, sino además en el líder del campus y en un emprendedor.

También se han puesto en contacto conmigo padres y profesores que intentaban ayudar a sus hijos y alumnos a enfrentarse a los deberes, la vida social y a otras cuestiones importantes de la infancia y la adolescencia. Por ejemplo, Noah ayudó a su hija a usar la ciencia de la presencia para vencer el miedo:

> Como coach de ejecutivos y autor me apasiona estudiar las investigaciones sobre la neuroplasticidad y el cerebro, pero tu charla no solo me sirvió para mis intereses profesionales. La vi con mi mujer y mis dos hijas (de ocho y diez años). Desde entonces siempre hemos estado adoptando posturas poderosas. Por ejemplo, hace un par de meses a mi hija mayor, que va a cuarto, le dieron la opción de hacer una presentación especial los viernes. Es una presentación de treinta minutos en la que los alumnos eligen el tema que prefieran. Mi hija Sophie se había estado sintiendo… prácticamente paralizada solo de pensarlo, pero por alguna razón se ofreció para dar una. A pesar de mi perplejidad (y desoyendo mi consejo) insistió en hablar sobre el cerebro en su «viernes como experta» [presentación]. Diez minutos antes de hacer la presentación, se puso muy nerviosa y me describió lo que parecían ser los síntomas previos a un ataque de pánico. Como no tenía a nadie que le aconsejara, hizo lo que tú le enseñaste. Momentos antes de la presentación adoptó una postura poderosa. Me contó que este método la había tranquilizado y preparado para la situación.

Me dijo que la presentación le había salido «¡de maravilla!»
Habíamos estado un año entero intentando convencerla
para que dijera dos palabras delante de la clase. Las posturas
poderosas le han ayudado a hacerlo durante treinta minutos y
ahora quiere repetirlo.

Rebecca, la madre de una chica que aquel año acababa de entrar
en el instituto, dice que su hija ha usado la ciencia de la presencia para
sacar mejores notas:

Tu charla TED sobre las posturas poderosas me encantó. Por
una de esas casualidades del destino mi hija, que había empezado el bachiller, estaba también en la habitación y la vimos juntas. Como había estado sufriendo ansiedad cada vez que tenía
que hacer un examen, empezó a adoptar posturas poderosas antes de los exámenes en parte como un juego y en parte para intentar desesperadamente encontrar una solución, y ¡juro que desde
los últimos tres meses ha estado sacando solo sobresalientes! Sus
amigas, que al principio creían que estaba chiflada, ahora también las adoptan, y sus notas han mejorado. Ahora las posturas de
poder se han propagado por el equipo de fútbol femenino. Es una
epidemia de… ¡dobles de Wonder Woman difundiéndose entre
las jóvenes de nuestra comunidad! Tal vez sea como la pluma mágica de Dumbo, no estoy segura, pero aunque constituya una especie de autoengaño (algo que no creo), ha hecho que mi hija
confíe en sí misma y en su capacidad para funcionar bajo presión,
es todo un milagro. Te agradezco mucho que hayas compartido
tu maravilloso descubrimiento.

El siguiente mensaje es de Barbara, una profesora que llevó la
ciencia de la presencia a su clase.

La primavera pasada les enseñé a mis alumnos de física avanzada las posturas poderosas. Un alumno en particular siem-

pre se ponía nervioso en las evaluaciones y las notas que sacaba no reflejaban sus verdaderas aptitudes en esta asignatura. Puse el vídeo de tu charla en clase y les dije que intentaran aplicarlo para ver cómo les iba. Todos conocemos el antiguo argumento sobre la correlación y la causalidad, y esto no era un estudio científico, pero desde ese día ese alumno decidió adoptar posturas poderosas antes de cada prueba de física y pasó de sacar aprobados a notables —lo cual refleja su verdadero nivel de estudios—, y al final incluso sacó sobresalientes. Cuando hizo el examen de física avanzada a principios de mayo sacó un 4 [de una puntuación de 5]. Estoy convencida de que esta clase de preparación le ayudó, aunque no sea fácil de demostrar.

Una de mis historias preferidas se publicó en un maravilloso blog titulado «Mamá loca con hijos», la ingeniosa creación de C. G. Rawles, escritora, artista y diseñadora gráfica. En una de sus entradas hablaba de su hija de seis años. Sage había visto una película de terror por la televisión que la había dejado muerta de miedo. Estaba convencida de que sus muñecas la iban a atacar mientras dormía y a pesar de todos los intentos para tranquilizarla, seguía despertándose gritando en medio de la noche. Ni siquiera sirvió de nadar sacar todas las muñecas y los animales de peluche de su habitación.

Entonces Rawles escribió en su blog:

Vi por casualidad la charla TED de Amy Cuddy: «Tu lenguaje corporal condiciona quién eres». Me asombró el contenido y decidí aplicar los principios con mis niñas, sobre todo con Sage. Resumiendo, les dije que «íbamos a fingirlo hasta serlo», citando las propias palabras de Amy Cuddy.

Seguí cada día el consejo de Cuddy diciéndole a mis hijas que adoptaran una postura poderosa y la mantuvieran dos minutos. Como Sage se convirtió en una gran fan de la postura de Wonder Woman, le hacía ponerse con los brazos en jarras, los pies separados a la distancia de los hombros y la cabeza erguida antes de entrar sola en su habitación.

Le fue de maravilla. A veces, antes de ir a buscar algo para mí a la otra punta de nuestra casa o de quedarse sola en su habitación, Sage ponía los brazos en jarras y adoptaba esta postura, o alzaba los brazos en alto como si acabara de ganar una carrera.

Su ansiedad empezó a desaparecer y recuperó la confianza.

Y ahora, al cabo de un año... Sage ya ha mejorado muchísimo. Solo necesita conectar con su Wonder Woman interior y adoptar una postura poderosa.

También ayuda el hecho de que sus muñecas sigan encerradas en el armario.

Y el siguiente correo me lo mandó un maestro de primaria, en el que describe cómo aplicó la idea de «fíngelo hasta serlo» para ayudar a un alumno de quinto con mutismo selectivo, un trastorno de ansiedad infantil que bloquea a los niños afectados impidiéndoles comunicarse en ciertas situaciones sociales.

Este año he estado llevando un diario casi cada día con un alumno y ha empezado a abrirse un poco en él y también en clase. Hemos visto juntos la última parte de tu charla TED «fíngelo hasta serlo» y le he explicado que me gustaría que lo intentara hacer una vez al día en clase cuando yo esté allí (una hora diaria aproximadamente). Mientras veíamos tu charla «le» dije con delicadeza que quería verle triunfar en el futuro, lo inteligente que es y cómo se aprecian sus cualidades de líder por el modo en que sus compañeros quieren trabajar siempre con él. Se echó a llorar en el mismo momento en que tú lo hacías en la charla (yo logré contenerme, pero se me saltaron las lágrimas al regresar a casa), y desde entonces ha estado respondiendo en clase a una o dos preguntas. Hace poco le pedí que se ocupara de la primera pregunta de comprensión lectora que leíamos en grupo y lo hizo sin titubear.

Como has visto a lo largo del libro, las posturas poderosas y atléticas coinciden de manera natural, todas las distintas posturas de victoria son idénticas a las que se han estado mostrando, en el laboratorio, para aumentar la confianza y la presencia. Se lo he oído decir a innumerables atletas y entrenadores de atletismo, esquí de competición, remo, béisbol, baloncesto, waterpolo, fútbol, gimnasia, balonvolea e incluso vela.

En el primer mes después de aparecer mi charla TED en Internet, se lo oí decir a un entrenador de natación olímpica mientras explicaba cómo había estado aplicando la estrategia de las posturas poderosas —con gran éxito— durante años: animando a algunos de sus nadadores, en cuanto se despertaran el día de la competición, a comportarse físicamente como si la hubieran ganado. Los nadadores, como señaló, son conocidos por el uso de su lenguaje corporal dominante momentos antes de participar en una competición, no solo para indicar su poder como competidores, sino también para desentumecer los músculos y venirse arriba. A veces se golpean literalmente el pecho como gorilas. Pero el método de este entrenador —animar a los nadadores a adoptar posturas no verbales «alfa» en cuanto se despertaban los días de la competición— les funcionaba sobre todo a los nadadores desanimados por un bajo rendimiento o a los que sentían una oleada de inseguridad o dudaban de sí mismos.

Jess Book, entrenador de natación y buceo del Kenyon College vio por casualidad el vídeo de mi charla TED y creyó que tal vez ayudaría a su equipo a rendir más. «Las posturas poderosas refuerzan la idea de que queremos sentirnos poderosos, fuertes y seguros», les dijo a los reporteros de la revista *Swimming World*. «Aunque no a todos les gustó la idea, muchos la adoptaron. Y los que más se beneficiaron de ella fueron los que normalmente sentían la presión de sus propios pensamientos. Las posturas poderosas no solo les provocaron un subidón fisiológico, sino que además crearon una conexión tangible con el resto del equipo, con algo exterior a ellos».

La nadadora keniana, Sarah Lloyd, escribió sobre lo que ocurría cuando todo el equipo, entrenadores incluidos, se plantaban con las piernas separadas y los brazos alzados en forma de V antes de una competición:

> No podías evitar soltar unas risitas al verlo. Dábamos una imagen bastante estrambótica, pero creo que nos funcionaba. Nos conectábamos como equipo de un modo que no lo habíamos hecho la temporada anterior. Nuestros niveles de energía se disparaban, los nadadores individuales y los de las carreras de relevos nadaron con una rapidez portentosa y todos rendimos de maravilla en la piscina.

El siguiente correo, sobre balonvolea, me lo envió Steve, un profesor de instituto del Medio Oeste de Estados Unidos:

> Hoy les he mostrado a mis alumnos tu charla TED. Les ha gustado mucho y a lo largo del día me han ido señalando varias posturas poderosas que adoptaban de manera natural. Lo mejor de la historia es lo que ha ocurrido esta noche cuando nuestro equipo de balonvolea perdió su primer partido en los partidos de desempate regionales y al volver al campo empezaron el segundo adoptando una postura poderosa. Ganaron los tres siguientes partidos y se clasificaron para la final. Creo que se debió a su increíble preparación y a su gran entrenamiento, pero todas las jugadoras creyeron en TU mensaje lo bastante como para usarlo en situaciones duras. Después del partido las chicas me fueron a ver para preguntarme si estaba orgulloso de sus «posturas poderosas».

¡Me encantó! Gracias por formar parte de nuestras charlas TED de los martes y por colaborar en la educación de mis alumnos.

Pero lo más inspirador para mí es cuando me entero de que personas que atraviesan serias dificultades —maltrato doméstico y violencia, la falta de vivienda y otros problemas que pueden convertir la vida en un infierno— han conseguido volver a recuperar las riendas de su vida y de su futuro. Estas historias siempre me conmueven mucho.

También me han escrito varios excombatientes, como el correo electrónico que me mandó Roberto:

Soy un veterano de guerra que sufre problemas de TEPT y en la actualidad estoy estudiando Psicología. Vi por casualidad el vídeo de tu charla y para acortar la historia, realmente me tomé en serio tu información y tus experiencias personales. Desde que escuché tu presentación sobre las posturas poderosas soy muy consciente de mi lenguaje corporal y noto cuándo me estoy aislando de manera inconsciente. Esta información ha abierto mi cerrada existencia y me ha ayudado a superar algunos de los síntomas de desasosiego e hipervigilancia asociados con mi TEPT. Desde que he añadido el ser consciente del lenguaje corporal a mis estrategias para manejar mi situación, he podido destacar en áreas en las que antes me sentía inseguro.

CJ, una funcionaria que trabajaba en Turning Point, un centro estatal que se ocupa de las víctimas de la violencia doméstica, y que ahora da clase en reformatorios femeninos (por ejemplo, prisiones de mujeres), compartió esta historia conmigo.

Soy una superviviente de la violencia doméstica. Conseguí un trabajo en un centro para víctimas de la violencia doméstica después de cortar con mi pareja [la maltrataba]. He hecho mucha autocuración y crecimiento personal, y he seguido desarrollándome interiormente con métodos no convencionales. A lo largo de los años he aprendido que soy en cierto modo un bicho raro. Me encanta leer estudios científicos y sobre todo me apasiona la ciencia social.

Después de estar trabajando durante veinte años en el ámbito de la violencia doméstica, he empezado a dirigir grupos educativos en una cárcel de mujeres. Las reclusas absorben la información como esponjas, sobre todo al enterarse de que cuando nos asustamos es nuestro cuerpo el que libera las sustancias químicas asociadas con esta emoción y cómo los antiguos traumas contribuyen a ello.

He estado mostrando tu vídeo en mis clases. Ojalá pudieras ver cómo al contemplarlo se les enciende una lucecita en la cabeza. Después hablamos sobre el tema y yo les pregunto cómo creen que les pueden beneficiar las posturas poderosas.

Estos son los momentos que mis alumnas han elegido para usar posturas poderosas.

1. En su audiencia judicial, antes de que la junta decida si les otorgará la libertad condicional.

2. En una investigación llevada a cabo en la prisión.

3. Al hacer el examen para obtener el diploma de la escuela secundaria.

4. En entrevistas de trabajo tras ser puestas en libertad.

5. En las entrevistas carcelarias para obtener puestos privilegiados en el comité.

Lo que has descubierto sobre las posturas poderosas y la forma en que nos llevan de vuelta a nuestra verdadera esencia me ha llegado al alma. Gracias por decir «Comparte la ciencia». Lo estoy haciendo. Tu labor se está aplicando dentro de los muros de la prisión y se está compartiendo con las personas que más lo necesitan.

Mac, que vive en California, se enfrenta cada día a dificultades que la mayoría de las personas nunca han vivido. Ha dedicado parte de su tiempo a compartir estas reflexiones:

No tengo un techo bajo el que vivir desde setiembre de 2012. Como no es una historia demasiado interesante que digamos, no vale la pena que te la cuente. Pero lo que sí quiero decirte es que tus posturas poderosas me han ayudado inmensamente. No, no le dieron la vuelta a mi situación ni me ayudaron a obtener un puesto de trabajo de primera, pero ahora soy capaz de afrontar las numerosas dificultades y otros problemas espantosos de los indigentes en parte porque, mientras me alojaba en un centro de acogida el pasado invierno para no morirme de frío, vi tu charla TED en una tableta que tenía en aquella época. Antes de verla me acosaba una intensa sensación de vergüenza y de marginación. Además, mis problemas de depresión y ansiedad de toda la vida empeoraron al perder mi hogar. Mi situación de indigente era de lo más evidente: iba sucio y descuidado y estaba seguro de tener pinta de vagabundo.

Sin embargo ahora, aunque esta noche duerma sobre un trozo de cartón, nadie diría que soy un indigente. Otros vagabundos que me ven por la calle incluso me suelen pedir dinero y todo, pero yo les respondo (con una sonrisa): «Yo también vivo en la calle». Creo que este cambio se debe sobre todo a haber adoptado posturas poderosas de manera consciente y maximizado mi espacio, y a que me contengo al darme cuenta de estar a punto de hacer lo contrario. No es mi intención irme por las ramas, pero también vi una parte de tu vídeo en la que hablabas de un violinista y de otras clases de personas, y supuse que nunca habías oído hablar de un indigente que también adoptara las posturas poderosas. Bueno, al menos en mi caso, me funcionan. Te agradezco el tiempo que me has dedicado y te deseo todo lo mejor.

Annike, una chica suiza recién licenciada, me describió cómo reunió el valor para cortar con una relación abusiva que mantenía desde hacía mucho tiempo y empezó a recuperarse.

«Él me quitó toda mi confianza en mí misma y toda mi motivación para tener aficiones o cualquier deseo de ser feliz», me escribió. «Me había convertido en otra persona». Mientras visitaba a una amiga en Irlanda, descubrió mi charla TED y la vieron juntas. Se ve que su amiga intuía que podía serle de ayuda. Annike me describió lo que le ocurrió después de verla:

A partir de aquel día, mi amiga me enviaba a diario un mensaje pidiéndome que le mandara una fotografía mía en una postura poderosa, dondequiera que yo estuviera en ese momento. Tal vez parezca cursi, pero creo que esto me cambió la vida. Estuve fingiendo durante mucho tiempo que me sentía poderosa hasta llegar a serlo, como tú dijiste. Poco a poco volví a ser la chica de antes, siempre tenía presentes tus instrucciones en mi cabeza. Conseguí romper con mi novio y empecé a ver mis cualidades. En cuanto empezaba a sentirme insegura, adoptaba posturas poderosas en toda clase de situaciones.

Ahora incluso estoy intentando dejar mi zona de confort con regularidad porque sé que este truco me hace sentir bien. Ayer estuve haciendo una presentación en la universidad frente a algunos de los investigadores más destacados en mi campo, aunque solo haga una semana que he empezado los estudios de doctorado. La Annike de antes habría encontrado una excusa para evitarlo, pero yo lo hice y me fue de maravilla. Me trataron como a una colega y pude convencerles de que cooperaran conmigo. Vuelvo a creer en mí y estoy orgullosa de mí misma.

Pero de pronto Annike se enfrentó a su mayor reto:

Dos días atrás me topé con mi exnovio. Hacía un año y medio que no lo veía y me sentí aterrada. Cuando lo vi cruzando el vestíbulo de la universidad erguí la cabeza, enderecé el cuerpo con valentía y me acerqué a él. Por primera vez fui yo la que tomó la iniciativa en la conversación y vi que se quedó muy sorprendido de mi seguridad. Es la primera vez desde hace muchos años que vuelvo a ser feliz y tu charla me ha ayudado a conseguirlo… Con tu ayuda no me ha costado nada llegar hasta aquí.

También he oído hablar de terapeutas, psicólogos clínicos y médicos que han descubierto cómo usar las posturas poderosas para ayudar a sus pacientes. Myra las aplica de este modo:

Soy una psicóloga clínica en Sudáfrica y estoy usando las posturas poderosas para que mis pacientes cambien las ideas negativas que tienen de sí mismos. Cuando se sienten atrapados por una idea… les hago levantarse y adoptar una postura poderosa. Me han dicho que les es imposible albergar una idea negativa de sí mismos ¡en esa postura!

David, un instructor de personas discapacitadas en Australia, me envió este mensaje:

Trabajo como instructor de discapacitados, ayudándoles en un entorno habilitado para maximizar sus aptitudes y alcanzar la meta de encontrar trabajo en los principales servicios de empleo. Impartirles una formación es la parte más fácil, pero ayudarles a confiar en sí mismos es un poco más difícil, al menos antes de presentarles las posturas poderosas de las que hablabas. Los cambios positivos de actitud y la disminución de la ansiedad que han experimentado al adoptarlas son evidentes y les han ayudado a conseguir un empleo a jornada completa.

¿Por qué solo aplicarlas en los humanos? Algunas personas están usando las posturas poderosas para ayudar a los animales. Uno de los correos más inusuales que recibí fue de Kathy, una adiestradora equina que llevaba años trabajando en un proyecto que «anima a los caballos a encontrar conductas que les motiven interiormente a recuperarse tanto física como mentalmente».

Tu charla TED me fue de maravilla, aunque no creo que a ti esto te sorprenda. Me ayudó a aclararme sobre un montón de cosas, así que probé un pequeño experimento con uno de mis caballos. Siempre había estado en el último lugar de la jerarquía, a pesar de ser físicamente más grande, atlético y fuerte que el resto. Era introvertido, no jugaba con los otros caballos, y nunca quería hacerse ver, ni siquiera mientras jugaba. Sin embargo, ahora se está volviendo atlético y muy talentoso.

Después de reflexionar en tu investigación, me inventé un ejercicio que le hiciera «actuar» físicamente como un tipo duro (al perseguir algo como un depredador, intentando abalanzarse o atacar, que es lo que los caballos hacen cuando juegan o flirtean). El ejercicio superó cualquier expectativa, produciendo unos efectos asombrosos. A los tres días ya estaba haciendo esos mismos movimientos en el prado e intentando jugar con una cierta rudeza con sus compañeros. Era una conducta totalmente inusual (y les ha chocado un poco a los otros caballos). No se ha vuelto más agresivo, pero sí que lo *parece*, aunque así es precisamente cómo se comporta un caballo con más testosterona y menos cortisol.

Varios meses más tarde, Kathy me escribía en otro correo:

Casi todos los miembros de nuestra comunidad de adiestradores de caballos islandeses y de entusiastas habían tachado a *Vafi* de ser «simplemente un caballo de recreo», sin duda no la clase de caballo que pertenece a los niveles más altos de competición, donde se encuentran solo los caballos más talentosos, atléticos y, sobre todo, *orgullosos*.

La semana pasada tuvo lugar nuestra exhibición anual de primavera de caballos islandeses. *Vafi* participó en la categoría más elevada, donde competían los mejores equipos de caballos y jinetes, junto con otros nueve.

Supongo que te imaginarás por dónde van los tiros.

Todo el mundo se quedó pasmado cuando nos clasificamos para la final, quedaron cinco caballos —*Vafi* y cuatro más—, todos ellos tenían las cualidades para participar en los campeonatos mundiales de Berlín. Fue una escena increíble y docenas de espectadores se preguntaron qué magia o vudú había transformado a Vafi en un caballo tan distinto. :)

En la exhibición había gente que se había planteado comprar a *Vafi* antes que yo, pero nadie pensó que valía como caballo de competición… no era más que un «caballo de senderismo para críos». Se dieron cuenta de lo equivocados que estaban, pero lo que más les chocó fue el «misterio» de cómo había cambiado tanto. Porque *no* es que ahora sea más atlético y capaz, sino que *quiere* hacerse ver… demostrar su rapidez, poderío y estampa, algo que —en el mundo de los caballos islandeses— es una parte tremendamente importante. Se trata de los caballos de los vikingos y tanto la comunidad como los jueces le dan mucha importancia al brío... mostramos a estos caballos en una pista de carreras. :)

Te doy las gracias de nuevo, tu labor nos ha dado algo inesperado y maravilloso a mis caballos y a mí.

Y un año más tarde, cuando empezó a entrenar a *Draumur*, un nuevo caballo, Kathy me escribió:

Las pruebas para participar en el campeonato mundial de caballos islandeses tendrán lugar dentro de diez semanas y pienso llevar a *ambos* caballos al evento. Todos los expertos del mundo equino habrían creído que era absolutamente imposible unos años atrás. Mientras tanto, *Vafi* y *Draumur* han llevado lo del método de las posturas poderosas y lo de actuar como tipos duros a nuevos niveles. Por el momento siguen cosechando beneficios, los caballos no dejan de estar cada vez más motivados, atléticos y fuertes. Los expertos en biomecánica equina están empezando a reparar en ello y el adiestrador más importante a nivel mundial de Islandia viajó en avión al lugar donde yo vivo para saber cómo he logrado esto con *Draumur*. Empezaste algo que está cobrando vida en el mundo equino.[306]

Y en su último correo me escribió:

Acabo de hablar con nuestra comunidad del mundo equino sobre el hecho de que este método de las posturas poderosas parece tener un potencial ilimitado. Ya llevo aplicándolo varios años y los caballos *siguen* haciendo grandes progresos. Es un ciclo tan positivo que sus progresos no hacen más que *aumentar a pasos agigantados*. Con este método de las posturas

---

306. Para ver un vídeo sobre *Vafi*, entra en: www.youtube.com/watch?v=IKzftoa2WAE. Para ver un vídeo sobre *Draumur*, entra en: https//vimeo.com/104160336.

poderosas los caballos son como Benjamin Button, se comportan como si estuvieran rejuveneciéndose en lugar de envejecer.

De momento en el mundo equino los progresos de las posturas poderosas ¡SIGUEN AVANZANDO!

En cierto modo, esta es la prueba anecdótica más convincente de todas: nadie les dijo a *Vafi*, a *Draumur* ni a ninguno de los otros caballos, los cambios que supuestamente experimentarían con las posturas poderosas.[307] Kathy y yo descubrimos que los adiestradores ya llevan mucho tiempo aplicándolas a sus caballos, a decir verdad, hace más de dos mil años.

> *Dejad que el caballo aprenda… a mantener la cabeza alta*
> *y el cuello arqueado… Al adiestrarle para adoptar el porte*
> *y la elegancia que exhibiría cuando quiere lucir toda su bizarría,*
> *tendréis… a un animal espléndido y ostentoso, que será una*
> *dicha para los que lo contemplen… En una placentera sensación*
> *de libertad… con porte majestuoso galopará orgulloso doblando*
> *grácilmente las patas, imitando en cualquier sentido el aire y la*
> *estampa de un caballo acercándose a otros caballos.*
> Jenofonte (430-354 a. C.)

Recientemente alguien compartió una historia conmigo que me dejó estupefacta y al borde de las lágrimas. Acababa de dar una charla y una serie de personas se habían acercado a mí para saludarme, hacerme preguntas… Advertí a una joven que aguardaba su turno pacien-

---

307. Los humanos y los caballos no son los únicos, también les ocurre a los perros, en especial en situaciones sociales, como se puede apreciar en los parques: las posturas caninas encorvadas y «bajas» se han vinculado con elevados niveles de cortisol y un aparente estrés, a diferencia de las posturas abiertas. Véase L. O. Carrier, A. Cyr, R. E. Anderson y C. J. Walsh, «Exploring the dog park: Relationships between social behaviours, personality and cortisol in companion dogs», *Applied Animal Behaviour Science*, 146, *Applied Animal Behaviour Science*, 58, 1998, págs. 365-381.

temente. Ahora sé captar enseguida cuándo alguien necesita privacidad. Lo veo en la intensidad de su mirada. Me está haciendo saber que tiene algo personal para compartir, algo que le incomoda decir delante de desconocidos.

Esta mujer estaba flanqueada por dos amigas que le acariciaban con ternura los hombros, hablándole en voz baja, reconfortándola y animándola. Cuando se acercó a mí, con los ojos empañados de lágrimas, al principio le costó hablar. Se hizo un largo silencio, pero en lugar de ser incómodo fue más bien como un momento de reorientación para ambas. De preparación. Se recompuso y tomando una bocanada de aire, me dijo: «He venido a verte porque necesitaba decirte hasta qué punto me has cambiado la vida».

La historia que me contó aquella noche también me cambió la vida a mí. Me demostró de manera fascinante cómo conectamos a través de nuestro cuerpo con nuestro verdadero ser, liberamos nuestro poder personal y usamos estos elementos para estar presentes en los retos más colosales de la vida, permitiendo a los demás estar presentes también. E ilustró exactamente cómo yo esperaba que la gente aplicara esta investigación: para descubrir su poder personal cuando dispusiera de muy poco poder social o estatus. Para canalizar la valentía y la generosidad. Para cambiar el curso de su vida. En beneficio tanto de sí mismos como de los demás.

Le pregunté si estaría dispuesta a compartir su historia con mis lectores y repuso: «Estoy deseando hacerlo para que la gente se sienta apoyada e inspirada a hacer lo mismo».

De modo que nos pasamos la tarde del día siguiente conversando. Esta es la historia de Kristin:

De pronto sentí el deseo de ir a vivir a Sudamérica. Me casé siendo muy joven, me divorcié a los treinta, y sentí que no podría progresar en la vida hasta conocer el mundo un poco más. Así que decidí viajar y encontré un lugar donde vivir con otras pocas personas, lo llamamos la casa del árbol. Era una cabaña de madera reciclada que se alzaba sobre cuatro pilares. Un hogar sencillo y precioso.

Kristin empezó a trabajar en un café del lugar.

Todo parecía irme sobre ruedas y el incidente no me ocurrió enseguida, pero al cabo de un par de semanas mi jefe empezó a hacer comentarios desagradables sobre mi cuerpo. Y sobre mis pechos, diciéndome que me darían más propinas que a las otras camareras por estar tan bien dotada y cada vez lo fue haciendo más a menudo. Me hacía comentarios de esta índole a todas horas. Y mi primera reacción fue de decepción, porque creía que era de otra manera. Tiene dos hijos pequeños, reside cerca de mi casa y vivimos en un pueblo, y al conocerle me llevé una impresión muy distinta de él. Pero supongo que estas cosas pasan... y tal vez no sea tan malo, después de todo. Al ser extranjera estaba asustada, la sensación de pertenencia puede ser muy fuerte y poderosa, y hacer que te sientas atemorizada. Cuando abandonas tu país para mudarte al extranjero dejas tu terreno conocido e intentas salir adelante. Te sientes muy vulnerable.

Cada día la acosaba sexualmente con más saña.

Me dije que era una mujer dura y que no me amedrentaría. Que aquel tipo no era más que un «gilipollas». Pero la cosa fue de mal en peor. No creo que en aquellos momentos me diera cuenta, pero cada vez me sentía más y más insignificante... Y de pronto un día dejó de llamarme por mi nombre para referirse a mí con un nombre muy vulgar. A partir de aquel día me llamó siempre por ese nombre.

Sabía que se estaba propasando y yo odiaba la situación, pero a veces dudas de ti y te dices: «Tal vez le estoy dando más importancia de la que tiene». Pero ahora veo que era un asunto muy serio.

Al poco tiempo su pequeño grupo de amigas y amigos íntimos la invitó a cenar. Me contó que «se sentía tan insignificante y rota por dentro que estuvo a punto de no ir». Pero al final fue.

Me dije: «No me atreveré a contarles a mis amigos lo que estoy dejando que ocurra». Pero de pronto empecé a pensar de dónde venía, en todas las visicitudes por las que había pasado, y en quien soy en lo más íntimo… de modo que decidí contárselo. Todos mis amigos me apoyaron tanto que me animé a tomar una decisión: sabía que en aquel punto tenía que decirle algo a mi jefe, tenía que defenderme por mí misma y por todas las personas que habían vivido la misma situación. Por todas a las que les podría pasar en el futuro. Tenía que hacerlo por mí y por ellas.

Mi amiga había compartido conmigo tu charla varios meses atrás y me había impactado mucho. Vi que era hora de poner en práctica tu mensaje. Tenía un par de días para reflexionar en ello. Decidí ir al trabajo antes de la reunión que los empleados manteníamos por la mañana. Recuerdo que estaba sola en la casa del árbol, algo muy inusual. Puse una cierta canción y me aseguré de lucir una ropa que me hiciera sentir bien… Y entonces me quedé plantada en esa cabaña que se alzaba sobre cuatro pilares, erguida y firme, con los brazos en jarras y la espalda recta, durante más de un par de minutos, porque quería impregnarme a fondo de la sensación de poder que me daba. Al salir de casa para ir a pie a la ciudad, me fui sintiendo cada vez más importante, de un modo que hacía mucho no me sentía. Estaba encarnando mi lado más elevado e inteligente. «¡Le mostraré quien soy! Tengo que hacerlo por mí y sobre todo por cualquier otra persona que esté pasando por lo mismo». Ignorarle o enviarle una nota comunicándole que me iba estaba fuera de cuestión. Podía resolver la situación de otras maneras, pero defenderme por mí misma era una forma de volver a sentir mi poder...

Al llegar al café donde trabajaba me sentí fuerte y vi que mi jefe no era tan imponente como creía. Me pareció más canijo. Y sentí que yo recuperaba el poder que había dejado que me quitara. Le dije que me iba y le conté por qué: «Ya sabes que lo que has estado haciéndome está mal. Lo sabes porque tienes unas hijas a las que quieres y nunca desearías que alguien las tratara como tú me has tratado». Añadí que no quería hacerle daño a él o a su negocio, y que esperaba que no siguiera comportándose así para que no le hiciera daño a nadie más, para que fuera una persona más buena y digna. Él me respondió: «Tienes razón. Lo siento. No sé por qué te he hecho esto», y me pidió perdón una y otra vez. Estuvimos hablando ¡durante veinte minutos! Sentí dentro de mí una increíble generosidad. Me sentí fuerte, pero no en el sentido de una alfa dominante. Me sentí lo bastante fuerte como para ser compasiva. Y casi siento no haber grabado lo que dije, no me podía creer lo que salió de mi boca, fue algo... divino.

Y le contesté a Kristin: «Fue divino porque eras tú realmente la que lo decía. Era la mejor parte de ti, la más fuerte y generosa».

Como he dicho al comienzo, este libro trata de momentos. De estar presente en los momentos más difíciles. También trata de confiar en que iremos superándolos a empujones, fortaleciendo nuestros pensamientos, sentimientos y fisiología. Hasta que por fin esos momentos nos cambien la vida.

La frase más citada de mi charla TED es: «No lo finjas hasta conseguirlo, fíngelo hasta serlo». Y este libro trata de esto, de ir progresando a base de empujones hasta ser la mejor versión de ti. De estar presente en los momentos retadores. No se trata de engañar a los demás para salirte con la tuya y seguir con la farsa, sino de engañarte a ti mismo un poco, hasta sentirte más poderoso, más presente, y de seguir practicándolo, aunque te lleve su tiempo lograrlo. Como Monique, una joven, me escribió: «Sigo fingiéndolo hasta serlo, pero fingirlo ¡es sin duda mejor que evitarlo!» Recuerda lo que William James, mi amor platónico académico nos dijo: «Empieza a ser lo que serás de aquí en adelante».

Con todas estas cosas bailando por mi cabeza me acordé de la legendaria coreógrafa y bailarina Agnes de Mille, que dijo: «Bailar es estar fuera de ti. Ser más grande, más bello, más poderoso. Este poder es el cielo en la Tierra y te pertenece por derecho».

Baila hacia el estado de presencia. Haz tuyas las partes magníficas, hermosas y poderosas de ti, aquellas que amas y en las que crees. Están esperando a que las disfrutes.

Agradecimientos

Escribir estos agradecimientos ha sido una tarea hercúlea, por suerte, porque significa que muchas, muchísimas personas me han apoyado, orientado, ayudado y estimulado. Le doy las gracias a las innumerables personas que me han dedicado tanto tiempo y sabiduría para que *PRESENCIA* saliera a la luz.

Ya sé que es inusual empezar los agradecimientos citando los agradecimientos de otro, pero no sé si puedo describir a Richard Pine mejor de lo que Susan Cain lo ha descrito en *Quiet:* «El agente literario más inteligente, sabio y bondadoso con el que cualquier escritor podría desear trabajar». Ve con gran claridad una idea y el potencial de esta antes de que nadie más la capte plenamente. Y cuando lo hace, apoya la idea y al autor con una devoción y lealtad portentosas. Siempre estaré en deuda con él y con el equipo de InkWell Management.

En cuanto a la editorial Little Brown, le agradezco a Reagan Arthur por haber creído en este proyecto y haberme ofrecido un equipo de gente maravillosa para llevarlo a cabo. Ha sido un honor trabajar con Tracy Behar, mi extraordinaria editora, que sabía exactamente cómo ayudarme a conectar todas las piezas, que me ha dado tanto de sí misma en este libro y que además lo ha hecho con una gran elegancia y presencia. Gracias por ocuparte de mí, Tracy, y no rendirte en mis numerosos momentos de inseguridades. También quiero dar las gracias a todo el increíble equipo de Little Brown, como a Nicole Dewey, que me ha acompañado paso a paso en el proceso de aprender a compartir con los demás mi propio entusiasmo sobre este libro, a Jean Garnett, amante de las palabras y pulidora incomparable de frases (no sé si esta es la palabra exacta para describirte, Jean), y a Miriam Parker, que ha creado una web maravillosa. También les agradezco a Mario Pulice, Julie Ertl, Betsy Uhrig y Genevieve Nierman, todos ellos miembros de mi fantástico equipo ideal de Little Brown. He tenido la suerte de trabajar con el editor del exterior Bill Tonelli, que tiene un don especial para saber contar una historia; con Matthew Hutson, que repasó, cuestionó y revisó a conciencia la investigación que he presentado en este libro; y con Sheri Fink, que me señaló sensatamente las partes que necesitaba pulir. Con Chris Werner, Jeff Gernsheimer y Jack Gernsheimer, que tomaron mi idea de la escuela primaria para una sudadera y la transformaron en algo con lo que me enorgullezco enormemente que me asocien: os doy las gracias por vuestra visión y paciencia.

En la Escuela de Negocios de Harvard hay varias personas que han hecho posible la publicación de *El poder de la presencia,* todas ellas además de ser increíblemente competentes, son maravillosas y generosas. Mi antiguo jefe de laboratorio Nico Thornley organizó milagrosamente un montón de proyectos de investigación, reunió, formó y dirigió a un grupo de ayudantes universitarios de investigación fenomenales, contribuyó enormemente a desarrollar la teoría, las preguntas y los métodos, y además lo hizo sin perder la calma. Kailey Anarino *es* mi memoria de trabajo al equilibrar y organizar las innumerables partes dinámicas de mi vida laboral con soltura y profesionalidad. ¡Realmente no sé cómo lo hace! Jack Schultz, mi actual jefe de laboratorio, trabaja incansablemente para dirigir de maravilla mi grupo de laboratorio y mis numerosos proyectos de investigación, y se ocupa además de comunicarse con mis colaboradores, buscar ayudantes, organizar las reuniones de laboratorio online, recopilar datos, hacer análisis y estudiar una inmensa cantidad de bibliografía, y está siempre buscando soluciones creativas para los grandes retos. Estoy en deuda con muchos entregados ayudantes de investigación y universitarios que me han estado echando una mano en esta investigación a lo largo de los años. Quiero dar las gracias a Brian Hall y Joe Navarro por poner en marcha este proyecto. A mis amables e inteligentes colegas del departamento de Negotiations, Organizations, and Markets (NOM) de la Escuela de Negocios de Harvard, es un honor trabajar con vosotros. Y a mis estudiantes universitarios, doctorandos y alumnos de posgrado de Dirección de Empresas, y becarios en empresas internacionales.

Soy afortunada por haber gozado mientras crecía de una larga línea de profesoras y mentoras, cada una me alimentó, regó e iluminó con su cálida luz antes de entregarme con dulzura a la siguiente. Empezando por las maestras de Conrad Weiser, mi diminuto colegio rural de Pensilvania: Elsa Wertz, mi maestra de tercero, me ayudó a confiar en mi capacidad para *pensar* y en mi derecho a hacerlo (e hizo lo mismo con sus dos brillantes hijas, Annie y Mary, con las que ahora colaboro); Kathy Mohn, mi profesora de inglés del instituto, cultivó mi amor compulsivo por la escritura; y Barbara O'Connor, mi profesora de historia y sociología del instituto, me enseñó a cuestionarme el status quo con valentía y buen humor. Cuando estudiaba en la Universidad de Colorado, la profesora Bernadette Park y Jennifer Overbeck, por aquel entonces doctoranda, me presentaron el mundo de la psicología social, me guiaron en mi tesis doctoral relacionada con un tema del que yo estaba convencida que era importante y después tuvieron la bastante fe en mí como para asignarme como tutora a Susan Fiske. Susan se merece una medalla porque, cuando empecé los estudios de posgrado, no tenía prácticamente más que optimismo y audacia. Nunca he conocido en mi vida a una tutora más entregada y considerada. Sin duda alguna. No sé por qué me aceptó bajo su tutela, pero le estaré eternamente agradecida. En mi primer año como profesora en la Escuela de Negocios de Harvard, otras mujeres siguieron animándome, apoyándome y estimulándome, como Kathleen McGinn, Robin Ely, Teresa Amabile, Jan Hammond, Youngme Moon,

Frances Frei y Rosabeth Moss Kanter. Gracias a vosotras he llegado hasta aquí. Y yo procuraré hacer lo mismo por otras jóvenes mujeres (y hombres) que necesiten recibir alimento, agua y luz.

Sin las investigaciones que he llevado a cabo habría dispuesto de mucha menos información sobre la que escribir. La lista de científicos inteligentes que han contribuido a ellas es larguísima. Pero ante todo le estoy eternamente agradecida a Dana Carney, una científica meticulosa y entregada, el auténtico cerebro que hay detrás de gran parte de las investigaciones que aparecen en este libro; he aprendido muchísimo al trabajar contigo. También ha sido un placer trabajar con Andy Yap, mi atento e inspirador colaborador. Os doy las gracias, Susan Fiske y Peter Glick por incluirme y trabajar conmigo durante más de quince años, aunque la investigación que habéis compartido no sea el tema principal de este libro, en cierto modo respalda mis ideas sobre la psicología social. Lizzie Baily Wolf, me has ayudado a reflexionar sobre muchos detalles de estas ideas, además de ser una colaboradora excepcional. Y también quiero dar las gracias a todos los otros colaboradores que han contribuido de manera significativa a llevar a cabo estas investigaciones: Maarten Bos, James Gross, Kelly Hoffman, Elise Holland, Christina Kallitsantsi, Julia Lee, Jennifer Lerner, Christine Looser, Brian Lucas, Chris Oveis, Jonathan Renshon, Jack Schultz, Gary Sherman, Nico Thornley, Niko Troje, Abbie Wazlawek, Annie Wertz y Caroline Wilmuth.

Hay una larga lista de investigadores con los que no he colaborado directamente, pero cuyas extraordinarias investigaciones han sido sumamente importantes para mi forma de entender la presencia, el poder y la conexión cuerpo-mente, como (aunque sin duda no los incluye a todos): Jessica Tracy, Pamela Smith, Joe Magee, Adam Galinsky, Deb Gruenfeld, Vanessa Bohns, Li Huang, Scott Wiltermuth, Bob Josephs, Pranj Mehta, Lakshmi Balachandra, Leanne ten Brinke, Nancy Etcoff, Dan Cable, Alison Wood Brooks, Francesca Gino, Alison Lenton, Laura Morgan Roberts, Claude Steele, Geoff Cohen, David Sherman, Robert Sapolsky y Bessel van der Kolk. Os lo agradezco mucho a todos y también a los otros investigadores que han contribuido con sus ideas y estudios en este campo.

Doy las gracias a mi querida comunidad de amigos escritores, la mayoría me escucharon cuando les llamé por teléfono presa del pánico y me ayudaron pacientemente a encontrar las palabras adecuadas. Le doy un millar de gracias a este grupo tan especial: Susan Cain, Adam Grant, Neil Gaiman, Amanda Palmer, Simon Sinek, Adam Alter, Bill Ury y Brené Brown. Me disteis exactamente la clase de tranquilizante optimismo que necesitaba.

El apoyo y aliento de mis amigos en el campo de la psicología social ha sido importantísimo para mí. Doy las gracias en especial a Kenworthey Bilz, Molly Crockett, Liz Dunn, Eli Finkel, June Gruber, Elizabeth Haines, Lily Jampol, Michael Morris, Kathy Phillips, Jennifer Richeson, Mindi Rock y Todd Rose.

Muchos amigos y seguidores me han ayudado y animado de distintas formas antes y durante el proceso de escribir el libro, como Michael Wheeler, Chantal y Michelle Blais, Marina Mitchell, Monica Lewinsky, Guy Raz, Joanna Coles, Mika Brzezinski, Jane McGonigal, Kelly McGonigal, Ken Cain, David Hochman, Eileen Lorraine, Kristin Vergara, Kendra Lauren «Mayor of Aspen» Gros, Peggy Fitzsimmons, Jason Webley, Wendy Berry Mendes, In Paik, Toni Schmader, David Gergen, Piper Kerman, Sam Sommers, Katie Stewart Sigler, Bret Sigler, Vera Sundström, Olga y Sergei Demidov, Alex y Amy Myles, April Rinne, Laurie y Josh Casselberry, Pat y Jack Casselberry, Christine Getman, Mac McGill, Uyen Nguyen y tantos otros miembros de mi comunidad de Jóvenes Líderes Mundiales.

Quiero dar en especial las gracias a las personas que me ayudaron a expresar mis ideas de viva voz, sin vosotros tal vez no habría tenido la oportunidad de hacerlo por escrito. Gracias, Liz Dunn, por llevarme como invitada a PopTech en 2010 y por mostrarme cómo dar una gran conferencia de psicología ante un público numeroso. También quiero agradecer a Andrew Zolli, Erik Hersman y al equipo de Pop-Tech por invitarme a dar una conferencia en el PopTech de 2011. Y a Bruno Giussani y Chris Anderson por invitarme a dar una charla en el TED Global de 2012. Les doy las gracias a todo el equipo TED, incluidos June Cohen, Ben Lillie, Emily McManus y muchos otros.

Estaré siempre en deuda con las personas que, con gran generosidad (y presencia), me dieron horas (y horas) de su tiempo mientras las entrevistaba para *El poder de la presencia*. Sus historias y puntos de vista son esenciales para este libro: el reverendo Jeffrey Brown, Pauline Rose Clance, Will Cuddy, Neil Gaiman, Jamini Kwon, Julianne Moore, Mikko Nissinen, Calida Garcia Rawles, Emma Seppälä y Kathy Sierra.

Doy las gracias a muchas otras personas maravillosas que me permitieron compartir sus historias a lo largo del libro. Aunque no pueda mencionar vuestro nombre quiero que sepáis que tenéis mi eterna admiración y agradecimiento. He aprendido mucho de vosotros y me siento afortunada por haber podido compartir vuestras historias con lectores que aprenderán de ellas.

Y también quiero dar las gracias a todos los que habéis tenido la valentía de compartir vuestras historias conmigo. Por extraño que parezca, me habéis enseñado muchas cosas sobre el tema que he estado estudiando en el laboratorio. Habéis hecho que la ciencia cobre vida. Habéis dado forma a las cuestiones que ahora planteo en mi investigación. Estáis en cada una de las páginas de este libro. Y cada día aviváis mi incesante optimismo sobre la gente, esto es lo que me motiva a seguir investigando. Os lo agradezco profundamente y espero haberos expresado de forma apropiada mi admiración y estima en estas páginas.

Y, por último, ahora que he escrito un libro entiendo perfectamente por qué los escritores dan las gracias a su familia: se las dan porque escribir un libro es un poco como adoptar de repente un nuevo miembro en la familia y ocuparse de él… día y noche. Cuando no escribes, estás pensando en lo que escribirás. Cuando no piensas en lo que escribirás, estás pensando en lo que *deberías* estar pensando sobre lo que escribirás. Escuchas las historias de tu familia y piensas en cómo guardan relación con el material del libro. Sinceramente, apoyar a alguien que está escribiendo un libro exige por parte de la familia una cantidad inmensa de amor y paciencia. Mi marido, Paul Coster, y mi hijo, Jonah Cuddy, también se merecen una medalla por su amor, paciencia y absoluta devoción y fe en mí. No sé si yo podría haber hecho lo que ellos han hecho. Jonah, eres un alma sabia y dulce con un estado de presencia que a menudo me deja pasmada. ¿Cómo es posible que sea tan afortunada? Paul, te has recorrido medio mundo para estar conmigo y ofrecerme aventuras y el amor más puro... ¡Vaya, me alegro mucho de que te compraras aquellos pantalones azules! Os lo agradezco de todo corazón, Paul y Jonah.

ECOSISTEMA DIGITAL